Verbos españoles
conjugados

PALOMA RUBIO MORAIZ

VERBOS
ESPAÑOLES
CONJUGADOS

SOCIEDAD GENERAL ESPAÑOLA DE LIBRERÍA, S. A.

Primera edición en 1990
Duodécima edición en el 2002

Produce: SGEL - Educación
        Avda. Valdelaparra, 29 - 28108 ALCOBENDAS (MADRID)

ISBN: 84-7143-421-0
Depósito Legal: M. 53.789-2001
Impreso en España - Printed in Spain

Compone: MONOCOMP
Imprime: NUEVA IMPRENTA, S. A.
Encuaderna: RÚSTICA HILO, S. L.

SUMARIO

PREÁMBULO

El verbo es la palabra oracional por excelencia. Tiene las siguientes propiedades:

1. Es el núcleo del predicado y es el centro de todos sus complementos.
2. Expresa la actitud enunciativa, desiderativa o imperativa del que habla, con lo cual establece la unidad de pensamiento en la oración.
3. Con sus sufijos repite la persona gramatical del sujeto.
4. Con sus tiempos sitúa no sólo su significado, sino el de toda la oración en el presente, en el pasado o en el futuro.

El verbo es la parte de la oración más rica en variaciones, formas o acidentes gramaticales. El conjunto de accidentes gramaticales del verbo se llama **conjugación.**

Los accidentes gramaticales del verbo son:

Voz: Expresa si el sujeto ejecuta la acción **(voz activa)** o si la recibe **(voz pasiva).** La voz activa es la forma normal del verbo: *Juan compra un libro.* La voz pasiva se forma con el verbo auxiliar **ser** y el participio pasivo del verbo que se conjugue: *El libro fue comprado por Juan.*

Modo: Significa las distintas maneras que el hablante tiene de considerar o de enfrentarse con la acción del verbo:

— Indicativo: Presenta el hecho como real, de manera objetiva: *El médico visita a sus enfermos por la mañana.*
— Subjuntivo: Expresa el hecho como un deseo, de una manera subjetiva. Es el modo usado, preferentemente, en la subordinación: *Siento que María no haya venido. Cuando llegue el verano iré a la playa.*
— Imperativo: Presenta el hecho como un mandato, consejo o ruego: *No corras. Venid pronto.*

Tiempo: Expresa el momento en que la acción se realiza: presente. Se ha realizado: pasado. Se realizará: futuro.

Presente: *Hoy tengo vacaciones.*
Pasado: *La semana pasada fui al cine dos veces.*
Futuro: *Dentro de tres días llegará mi hermano.*

Número: Es el accidente gramatical que indica si el sujeto es uno o más de uno: *Yo trabajo. Vosotros coméis.*

Persona: Señala el sujeto del verbo. Puede ser primera, segunda o tercera, tanto en singular como en plural. Los pronombres personales que hacen la función de sujeto son:

SINGULAR	PLURAL
1.ª persona: **yo**	1.ª persona: **nosotros/as**
2.ª persona: **tú**	2.ª persona: **vosotros/as**
3.ª persona: **él, ella, usted**	3.ª persona: **ellos, ellas, ustedes**

Aspecto: Nos informa sobre el desarrollo de la acción, con independencia del tiempo en que se desarrolle.

Las formas simples de la conjugación, excepto el pretérito indefinido, expresan aspecto **imperfecto**, es decir, acción inacabada.

Vivo en Madrid. Trabajaré en París. Enseñaba español.

Las formas compuestas y también el pretérito indefinido expresan aspecto **perfecto**, es decir, acción acabada:

Viví en Italia dos años. Yo lo hubiera comprado azul.

Los verbos son designados por su infinitivo: cantar, escribir, tener... Los infinitivos pueden terminar en **-ar, -er, -ir**. Tenemos en español, por tanto, tres tipos de conjugación:

1.ª conjugación: verbos terminados en **-ar**.
2.ª conjugación: verbos terminados en **-er**.
3.ª conjugación: verbos terminados en **-ir**.

1. CONJUGACIÓN REGULAR

Llamamos verbos regulares a los que se conjugan según los modelos establecidos, sin sufrir ningún tipo de variación.

PARADIGMA DE LA CONJUGACIÓN REGULAR

1.ª conjugación: -ar   2.ª conjugación: -er   3.ª conjugación: -ir

PRESENTE DE INDICATIVO

-o	-o	-o
-as	-es	-es
-a	-e	-e
-amos	-emos	-imos
-áis	-éis	-ís
-an	-en	-en

IMPERFECTO DE INDICATIVO

-aba	-ía	-ía
-abas	-ías	-ías
-aba	-ía	-ía
-ábamos	-íamos	-íamos
-abais	-íais	-íais
-aban	-ían	-ían

PRETÉRITO INDEFINIDO

-é	-í	-í
-aste	-iste	-iste
-ó	-ió	-ió
-amos	-imos	-imos
-asteis	-isteis	-isteis
-aron	-ieron	-ieron

FUTURO IMPERFECTO

-aré	-eré	-iré
-arás	-erás	-irás
-ará	-erá	-irá
-aremos	-eremos	-iremos
-aréis	-eréis	-iréis
-arán	-erán	-irán

CONDICIONAL SIMPLE

-aría	-ería	-iría
-arías	-erías	-irías
-aría	-ería	-iría
-aríamos	-eríamos	-iríamos
-aríais	-eríais	-iríais
-arían	-erían	-irían

IMPERATIVO

-a	-e	-e
-e	-a	-a
-emos	-amos	-amos
-ad	-ed	-id
-en	-an	-an

PRESENTE DE SUBJUNTIVO

-e	-a	-a
-es	-as	-as
-e	-a	-a
-emos	-amos	-amos
-éis	-áis	-áis
-en	-an	-an

IMPERFECTO DE SUBJUNTIVO

-ara o -ase	-iera o -iese	-iera o -iese
-aras o -ases	-ieras o -ieses	-ieras o -ieses
-ara o -ase	-iera o -iese	-iera o -iese
-áramos o -ásemos	-iéramos o -iésemos	-iéramos o -iésemos
-arais o -aseis	-ierais o -ieseis	-ierais o -ieseis
-aran o -asen	-ieran o -iesen	-ieran o -iesen

FORMAS NO PERSONALES

Infinitivo

-ar	-er	-ir

Gerundio

-ando	-iendo	-iendo

Participio pasado

-ado	-ido	-ido

TIEMPOS COMPUESTOS

Los tiempos compuestos de todos los verbos se forman con el auxiliar **haber** y el participio pasivo del verbo que se conjuga:

INDICATIVO

Pretérito perfecto

Presente **haber** + participio

He	amado	temido	vivido
Has	amado	temido	vivido
Ha	amado	temido	vivido
Hemos	amado	temido	vivido
Habéis	amado	temido	vivido
Han	amado	temido	vivido

Pretérito pluscuamperfecto

Imperfecto **haber** + participio

Había	amado	temido	vivido
Habías	amado	temido	vivido
Había	amado	temido	vivido
Habíamos	amado	temido	vivido
Habíais	amado	temido	vivido
Habían	amado	temido	vivido

Pretérito anterior

Pretérito indefinido **haber** + participio

Hube	amado	temido	vivido
Hubiste	amado	temido	vivido
Hubo	amado	temido	vivido
Hubimos	amado	temido	vivido
Hubisteis	amado	temido	vivido
Hubieron	amado	temido	vivido

Futuro compuesto

Futuro simple **haber** + participio

Habré	amado	temido	vivido
Habrás	amado	temido	vivido
Habrá	amado	temido	vivido
Habremos	amado	temido	vivido
Habréis	amado	temido	vivido
Habrán	amado	temido	vivido

Condicional compuesto

Condicional simple + participio

Habría	amado	temido	vivido
Habrías	amado	temido	vivido
Habría	amado	temido	vivido
Habríamos	amado	temido	vivido
Habríais	amado	temido	vivido
Habrían	amado	temido	vivido

Futuro perfecto de subjuntivo

Futuro simple **haber** + participio

Hubiere	amado	temido	vivido
Hubieres	amado	temido	vivido
Hubiere	amado	temido	vivido
Hubiéremos	amado	temido	vivido
Hubiereis	amado	temido	vivido
Hubieren	amado	temido	vivido

SUBJUNTIVO

Pretérito perfecto

Presente **haber** + participio

Haya	amado	temido	vivido
Hayas	amado	temido	vivido
Haya	amado	temido	vivido
Hayamos	amado	temido	vivido
Hayáis	amado	temido	vivido
Hayan	amado	temido	vivido

Pretérito pluscuamperfecto

Imperfecto **haber** + participio

Hubiera	amado	temido	vivido
Hubieras	amado	temido	vivido
Hubiera	amado	temido	vivido
Hubiéramos	amado	temido	vivido
Hubierais	amado	temido	vivido
Hubieran	amado	temido	vivido

FORMAS NO PERSONALES

Infinitivo compuesto

Infinitivo simple **haber** + participio

Haber	amado	temido	vivido

Gerundio compuesto

Gerundio simple **haber** + participio

Habiendo	amado	temido	vivido

VERBOS REGULARES: PRIMERA CONJUGACIÓN

FORMAS NO PERSONALES

Simples		Compuestas	
INFINITIVO:	**Am**ar	Haber	amado
GERUNDIO:	**Am**ando	Habiendo	amado
PARTICIPIO:	**Am**ado		

INDICATIVO

Presente	Pretérito perfecto		Presente	Pretérito perfecto	
Amo	He	amado	**Am**e	Haya	amado
Amas	Has	amado	**Am**es	Hayas	amado
Ama	Ha	amado	**Am**e	Haya	amado
Amamos	Hemos	amado	**Am**emos	Hayamos	amado
Amáis	Habéis	amado	**Am**éis	Hayáis	amado
Aman	Han	amado	**Am**en	Hayan	amado

Pretérito imperfecto	Pretérito pluscuamperfecto		Pretérito imperfecto		
Amaba	Había	amado	**Am**ara	o	**Am**ase
Amabas	Habías	amado	**Am**aras	o	**Am**ases
Amaba	Había	amado	**Am**ara	o	**Am**ase
Amábamos	Habíamos	amado	**Am**áramos	o	**Am**ásemos
Amabais	Habíais	amado	**Am**arais	o	**Am**aseis
Amaban	Habían	amado	**Am**aran	o	**Am**asen

Pretérito indefinido	Pretérito anterior		Pretérito pluscuamperfecto			
Amé	Hube	amado	Hubiera	o	Hubiese	amado
Amaste	Hubiste	amado	Hubieras	o	Hubieses	amado
Amó	Hubo	amado	Hubiera	o	Hubiese	amado
Amamos	Hubimos	amado	Hubiéramos	o	Hubiésemos	amado
Amasteis	Hubisteis	amado	Hubierais	o	Hubieseis	amado
Amaron	Hubieron	amado	Hubieran	o	Hubiesen	amado

Futuro imperfecto	Futuro perfecto		Futuro imperfecto	Futuro perfecto	
Amaré	Habré	amado	**Am**are	Hubiere	amado
Amarás	Habrás	amado	**Am**ares	Hubieres	amado
Amará	Habrá	amado	**Am**are	Hubiere	amado
Amaremos	Habremos	amado	**Am**áremos	Hubiéremos	amado
Amaréis	Habréis	amado	**Am**areis	Hubiereis	amado
Amarán	Habrán	amado	**Am**aren	Hubieren	amado

SUBJUNTIVO (encabeza columnas derechas)

Condicional simple	Condicional compuesto		IMPERATIVO
Amaría	Habría	amado	**Am**a
Amarías	Habrías	amado	**Am**e
Amaría	Habría	amado	**Am**emos
Amaríamos	Habríamos	amado	
Amaríais	Habríais	amado	**Am**ad
Amarían	Habrían	amado	**Am**en

VERBOS REGULARES: SEGUNDA CONJUGACIÓN

FORMAS NO PERSONALES

Simples		Compuestas	
INFINITIVO:	Temer	Haber	temido
GERUNDIO:	Temiendo	Habiendo	temido
PARTICIPIO:	Temido		

INDICATIVO

Presente	Pretérito perfecto	
Temo	He	temido
Temes	Has	temido
Teme	Ha	temido
Tememos	Hemos	temido
Teméis	Habéis	temido
Temen	Han	temido

Pretérito imperfecto	Pretérito pluscuamperfecto	
Temía	Había	temido
Temías	Habías	temido
Temía	Había	temido
Temíamos	Habíamos	temido
Temíais	Habíais	temido
Temían	Habían	temido

Pretérito indefinido	Pretérito anterior	
Temí	Hube	temido
Temiste	Hubiste	temido
Temió	Hubo	temido
Temimos	Hubimos	temido
Temisteis	Hubisteis	temido
Temieron	Hubieron	temido

Futuro imperfecto	Futuro perfecto	
Temeré	Habré	temido
Temerás	Habrás	temido
Temerá	Habrá	temido
Temeremos	Habremos	temido
Temereis	Habréis	temido
Temerán	Habrán	temido

Condicional simple	Condicional compuesto	
Temería	Habría	temido
Temerías	Habrías	temido
Temería	Habría	temido
Temeríamos	Habríamos	temido
Temeríais	Habríais	temido
Temerían	Habrían	temido

SUBJUNTIVO

Presente	Pretérito perfecto	
Tema	Haya	temido
Temas	Hayas	temido
Tema	Haya	temido
Temamos	Hayamos	temido
Temáis	Hayáis	temido
Teman	Hayan	temido

Pretérito imperfecto		
Temiera	o	Temiese
Temieras	o	Temieses
Temiera	o	Temiese
Temiéramos	o	Temiésemos
Temierais	o	Temieseis
Temieran	o	Temiesen

Pretérito pluscuamperfecto			
Hubiera	o	Hubiese	temido
Hubieras	o	Hubieses	temido
Hubiera	o	Hubiese	temido
Hubiéramos	o	Hubiésemos	temido
Hubierais	o	Hubieseis	temido
Hubieran	o	Hubiesen	temido

Futuro imperfecto	Futuro perfecto	
Temiere	Hubiere	temido
Temieres	Hubieres	temido
Temiere	Hubiere	temido
Temiéremos	Hubiéremos	temido
Temiereis	Hubiereis	temido
Temieren	Hubieren	temido

IMPERATIVO

Teme

Tema

Temamos

Temed

Teman

VERBOS REGULARES: TERCERA CONJUGACIÓN

FORMAS NO PERSONALES

Simples		Compuestas	
INFINITIVO:	Vivir	Haber	vivido
GERUNDIO:	Viviendo	Habiendo	vivido
PARTICIPIO:	Vivido		

INDICATIVO		SUBJUNTIVO	

Presente / Pretérito perfecto / Presente / Pretérito perfecto

Presente	Pretérito perfecto		Presente	Pretérito perfecto	
Vivo	He	vivido	Viva	Haya	vivido
Vives	Has	vivido	Vivas	Hayas	vivido
Vive	Ha	vivido	Viva	Haya	vivido
Vivimos	Hemos	vivido	Vivamos	Hayamos	vivido
Vivís	Habéis	vivido	Viváis	Hayáis	vivido
Viven	Han	vivido	Vivan	Hayan	vivido

Pretérito imperfecto	Pretérito pluscuamperfecto		Pretérito imperfecto		
Vivía	Había	vivido	Viviera	o	Viviese
Vivías	Habías	vivido	Vivieras	o	Vivieses
Vivía	Había	vivido	Viviera	o	Viviese
Vivíamos	Habíamos	vivido	Viviéramos	o	Viviésemos
Vivíais	Habíais	vivido	Vivierais	o	Vivieseis
Vivían	Habían	vivido	Vivieran	o	Viviesen

Pretérito indefinido	Pretérito anterior		Pretérito pluscuamperfecto			
Viví	Hube	vivido	Hubiera	o	Hubiese	vivido
Viviste	Hubiste	vivido	Hubieras	o	Hubieses	vivido
Vivió	Hubo	vivido	Hubiera	o	Hubiese	vivido
Vivimos	Hubimos	vivido	Hubiéramos	o	Hubiésemos	vivido
Vivisteis	Hubisteis	vivido	Hubierais	o	Hubieseis	vivido
Vivieron	Hubieron	vivido	Hubieran	o	Hubiesen	vivido

Futuro imperfecto	Futuro perfecto		Futuro imperfecto	Futuro perfecto	
Viviré	Habré	vivido	Viviere	Hubiere	vivido
Vivirás	Habrás	vivido	Vivieres	Hubieres	vivido
Vivirá	Habrá	vivido	Viviere	Hubiere	vivido
Viviremos	Habremos	vivido	Viviéremos	Hubiéremos	vivido
Viviréis	Habréis	vivido	Viviereis	Hubiereis	vivido
Vivirán	Habrán	vivido	Vivieren	Hubieren	vivido

Condicional simple	Condicional compuesto		IMPERATIVO
Viviría	Habría	vivido	Vive
Vivirías	Habrías	vivido	Viva
Viviría	Habría	vivido	Vivamos
Viviríamos	Habríamos	vivido	
Viviríais	Habríais	vivido	Vivid
Vivirían	Habrían	vivido	Vivan

II. VERBOS AUXILIARES

Son aquellos que han perdido su significado original y se han gramaticalizado, fusionándose de una manera más o menos estrecha como participios, infinitivos o gerundios.

En español los dos verbos auxiliares básicos son HABER y SER.

VERBO HABER

La conjugación de este verbo sirve para formar los tiempos compuestos de los demás verbos. Para ello se une con el participio pasivo del verbo que se conjuga.

La tercera persona del singular del presente de indicativo con valor unipersonal es **hay**. Tiene la misma forma en singular que en plural: *hay un niño/hay unos niños.*

El sujeto de **hay** lleva artículo indefinido o no lo lleva: *hay un libro en la mesa / hay libros en la mesa.*

También se usa con valor impersonal la tercera persona del singular del imperfecto de indicativo: *había (había un problema/había varios problemas).*

VERBO SER

La conjugación de este verbo sirve para formar los tiempos de la voz pasiva. Para ello se une el tiempo correspondiente del verbo SER con el participio del verbo que se conjuga.

En español el número de verbos auxiliares es relativamente grande. Además de haber y ser, señalamos los que intervienen en las llamadas formas perifrásticas: *ir, venir, tener, estar, deber, hacer...*

VERBO AUXILIAR HABER

FORMAS NO PERSONALES

Simples		Compuestas	
INFINITIVO: **Haber**		Haber habido	
GERUNDIO: **Habiendo**		Habiendo habido	
PARTICIPIO: **Habido**			

INDICATIVO | | SUBJUNTIVO

Presente	Pretérito perfecto		Presente	Pretérito perfecto	
He	He	habido	Haya	Haya	habido
Has	Has	habido	Hayas	Hayas	habido
Ha/Hay	Ha	habido	Haya	Haya	habido
Hemos	Hemos	habido	Hayamos	Hayamos	habido
Habéis	Habéis	habido	Hayáis	Hayáis	habido
Han	Han	habido	Hayan	Hayan	habido

Pretérito imperfecto	Pretérito pluscuamperfecto		Pretérito imperfecto		
Había	**Había**	habido	Hubiera	o	Hubiese
Habías	**Habías**	habido	Hubieras	o	Hubieses
Había	**Había**	habido	Hubiera	o	Hubiese
Habíamos	**Habíamos**	habido	Hubiéramos	o	Hubiésemos
Habíais	**Habíais**	habido	Hubierais	o	Hubieseis
Habían	**Habían**	habido	Hubieran	o	Hubiesen

Pretérito indefinido	Pretérito anterior		Pretérito pluscuamperfecto			
Hube	Hube	habido	Hubiera	o	Hubiese	habido
Hubiste	Hubiste	habido	Hubieras	o	Hubieses	habido
Hubo	Hubo	habido	Hubiera	o	Hubiese	habido
Hubimos	Hubimos	habido	Hubiéramos	o	Hubiésemos	habido
Hubisteis	Hubisteis	habido	Hubierais	o	Hubieseis	habido
Hubieron	Hubieron	habido	Hubieran	o	Hubiesen	habido

Futuro imperfecto	Futuro perfecto		Futuro imperfecto	Futuro perfecto	
Habré	Habré	habido	Hubiere	Hubiere	habido
Habrás	Habrás	habido	Hubieres	Hubieres	habido
Habrá	Habrá	habido	Hubiere	Hubiere	habido
Habremos	Habremos	habido	Hubiéremos	Hubiéremos	habido
Habréis	Habréis	habido	Hubiereis	Hubiereis	habido
Habrán	Habrán	habido	Hubieren	Hubieren	habido

Condicional simple	Condicional compuesto		IMPERATIVO
Habría	Habría	habido	He
Habrías	Habrías	habido	Haya
Habría	Habría	habido	Hayamos
Habríamos	Habríamos	habido	
Habríais	Habríais	habido	Habed
Habrían	Habrían	habido	Hayan

VERBO SER

FORMAS NO PERSONALES

Simples		Compuestas	
INFINITIVO:	**Ser**	Haber	sido
GERUNDIO:	Siendo	Habiendo	sido
PARTICIPIO:	Sido		

INDICATIVO

Presente	Pretérito perfecto	
Soy	He	sido
Eres	Has	sido
Es	Ha	sido
Somos	Hemos	sido
Sois	Habéis	sido
Son	Han	sido

Pretérito imperfecto	Pretérito pluscuamperfecto	
Era	Había	sido
Eras	Habías	sido
Era	Había	sido
Éramos	Habíamos	sido
Erais	Habíais	sido
Eran	Habían	sido

Pretérito indefinido	Pretérito anterior	
Fui	Hube	sido
Fuiste	Hubiste	sido
Fue	Hubo	sido
Fuimos	Hubimos	sido
Fuisteis	Hubisteis	sido
Fueron	Hubieron	sido

Futuro imperfecto	Futuro perfecto	
Seré	Habré	sido
Serás	Habrás	sido
Será	Habrá	sido
Seremos	Habremos	sido
Sereis	Habréis	sido
Serán	Habrán	sido

Condicional simple	Condicional compuesto	
Sería	Habría	sido
Serías	Habrías	sido
Sería	Habría	sido
Seríamos	Habríamos	sido
Seríais	Habríais	sido
Serían	Habrían	sido

SUBJUNTIVO

Presente	Pretérito perfecto	
Sea	Haya	sido
Seas	Hayas	sido
Sea	Haya	sido
Seamos	Hayamos	sido
Seáis	Hayáis	sido
Sean	Hayan	sido

Pretérito imperfecto		
Fuera	o	Fuese
Fueras	o	Fueses
Fuera	o	Fuese
Fuéramos	o	Fuésemos
Fuerais	o	Fueseis
Fueran	o	Fuesen

Pretérito pluscuamperfecto			
Hubiera	o	Hubiese	sido
Hubieras	o	Hubieses	sido
Hubiera	o	Hubiese	sido
Hubiéramos	o	Hubiésemos	sido
Hubierais	o	Hubieseis	sido
Hubieran	o	Hubiesen	sido

Futuro imperfecto	Futuro perfecto	
Fuere	Hubiere	sido
Fueres	Hubieres	sido
Fuere	Hubiere	sido
Fuéremos	Hubiéremos	sido
Fuereis	Hubiereis	sido
Fueren	Hubieren	sido

IMPERATIVO

Sé

Sea

Seamos

Sed

Sean

VERBO ESTAR

FORMAS NO PERSONALES

Simples		Compuestas
INFINITIVO: **Estar**		Haber estado
GERUNDIO: **Estando**		Habiendo estado
PARTICIPIO: **Estado**		

INDICATIVO

Presente / Pretérito perfecto

Presente	Pretérito perfecto	
Estoy	He	estado
Estás	Has	estado
Está	Ha	estado
Estamos	Hemos	estado
Estáis	Habéis	estado
Están	Han	estado

Pretérito imperfecto / Pretérito pluscuamperfecto

Pretérito imperfecto	Pretérito pluscuamperfecto	
Estaba	Había	estado
Estabas	Habías	estado
Estaba	Había	estado
Estábamos	Habíamos	estado
Estabais	Habíais	estado
Estaban	Habían	estado

Pretérito indefinido / Pretérito anterior

Pretérito indefinido	Pretérito anterior	
Estuve	Hube	estado
Estuviste	Hubiste	estado
Estuvo	Hubo	estado
Estuvimos	Hubimos	estado
Estuvisteis	Hubisteis	estado
Estuvieron	Hubieron	estado

Futuro imperfecto / Futuro perfecto

Futuro imperfecto	Futuro perfecto	
Estaré	Habré	estado
Estarás	Habrás	estado
Estará	Habrá	estado
Estaremos	Habremos	estado
Estareis	Habréis	estado
Estarán	Habrán	estado

Condicional simple / Condicional compuesto

Condicional simple	Condicional compuesto	
Estaría	Habría	estado
Estarías	Habrías	estado
Estaría	Habría	estado
Estaríamos	Habríamos	estado
Estaríais	Habríais	estado
Estarían	Habrían	estado

SUBJUNTIVO

Presente / Pretérito perfecto

Presente	Pretérito perfecto	
Esté	Haya	estado
Estés	Hayas	estado
Esté	Haya	estado
Estemos	Hayamos	estado
Estéis	Hayáis	estado
Estén	Hayan	estado

Pretérito imperfecto

Estuviera	o	Estuviese
Estuvieras	o	Estuvieses
Estuviera	o	Estuviese
Estuviéramos	o	Estuviésemos
Estuvierais	o	Estuviéseis
Estuvieran	o	Estuviesen

Pretérito pluscuamperfecto

Hubiera	o Hubies	estado
Hubieras	o Hubieses	estado
Hubiera	o Hubiese	estado
Hubiéramos	o Hubiésemos	estado
Hubierais	o Hubieseis	estado
Hubieran	o Hubiesen	estado

Futuro imperfecto / Futuro perfecto

Futuro imperfecto	Futuro perfecto	
Estuviere	Hubiere	estado
Estuvieres	Hubieres	estado
Estuviere	Hubiere	estado
Estuviéremos	Hubiéremos	estado
Estuviereis	Hubieres	estado
Estuvieren	Hubieren	estado

IMPERATIVO

Está

Esté

Estemos

Estad

Estén

III. VOZ PASIVA

En español la voz pasiva de los verbos se forma:

ser + participio
estar + participio

En la construcción pasiva el sujeto no es el agente o productor de la acción verbal, sino el paciente o receptor de la acción que otro realiza.

Pasiva con ser: La pasiva con **ser** no suele usarse en presente e imperfecto cuando queremos expresar la acción momentánea de un verbo disinente, es decir, de un verbo que indica acción acabada, completa o perfecta. No se dice: *La ventana es abierta por el profesor.* Se emplea mejor la construcción activa: *El profesor abre la ventana.*

Con los tiempos perfectos se puede usar la pasiva con cualquier clase de verbos: *El ladrón fue detenido por la policía.*

Pasiva con estar: El resultado de una acción acabada se enuncia con **estar** + participio.

La acción verbal que expresa la pasiva con **estar** se da como terminada o cumplida antes del tiempo que indica el auxiliar. Decimos que *una puerta está abierta* [presente], cuando *ha sido abierta* [perfecto].

FORMAS NO PERSONALES

Simples		Compuestas	
INFINITIVO:	Sea amado	Haber sido	amado
GERUNDIO:	Siendo amado	Habiendo sido	amado
PARTICIPIO:	Sido amado		

INDICATIVO

Presente		Pretérito perfecto	
Soy	amado	He	sido amado
Eres	amado	Has	sido amado
Es	amado	Ha	sido amado
Somos	amados	Hemos	sido amados
Sois	amados	Habéis	sido amados
Son	amados	Han	sido amados

Pretérito imperfecto		Pretérito pluscuamperfecto	
Era	amado	Había	sido amado
Eras	amado	Habías	sido amado
Era	amado	Había	sido amado
Éramos	amados	Habíamos	sido amados
Erais	amados	Habíais	sido amados
Eran	amados	Habían	sido amados

Pretérito indefinido		Pretérito anterior	
Fui	amado	Hube	sido amado
Fuiste	amado	Hubiste	sido amado
Fue	amado	Hubo	sido amado
Fuimos	amados	Hubimos	sido amados
Fuisteis	amados	Hubisteis	sido amados
Fueron	amados	Hubieron	sido amados

Futuro imperfecto		Futuro perfecto	
Seré	amado	Habré	sido amado
Serás	amado	Habrás	sido amado
Será	amado	Habrá	sido amado
Seremos	amados	Habremos	sido amados
Seréis	amados	Habréis	sido amados
Serán	amados	Habrán	sido amados

Condicional simple		Condicional compuesto	
Sería	amado	Habría	sido amado
Serías	amado	Habrías	sido amado
Sería	amado	Habría	sido amado
Seríamos	amados	Habríamos	sido amados
Seríais	amados	Habríais	sido amados
Serían	amados	Habrían	sido amados

SUBJUNTIVO

Presente		Pretérito perfecto	
Sea	amado	Haya	sido amado
Seas	amado	Hayas	sido amado
Sea	amado	Haya	sido amado
Seamos	amados	Hayamos	sido amados
Seáis	amados	Hayáis	sido amados
Sean	amados	Hayan	sido amados

Pretérito imperfecto

Fuera	o	Fuese	amado	
Fueras	o	Fueses	amado	
Fuera	o	Fuese	amado	
Fuéramos	o	Fuésemos	amados	
Fuerais	o	Fueseis	amados	
Fueran	o	Fuesen	amados	

Pretérito pluscuamperfecto

Hubiera	o	Hubiese	sido amado
Hubieras	o	Hubieses	sido amado
Hubiera	o	Hubiese	sido amado
Hubiéramos	o	Hubiésemos	sido amados
Hubierais	o	Hubieseis	sido amados
Hubieran	o	Hubiesen	sido amados

Futuro imperfecto		Futuro perfecto	
Fuere	amado	Hubiere	sido amado
Fueres	amado	Hubieres	sido amado
Fuere	amado	Hubiere	sido amado
Fuéremos	amados	Hubiéremos	sido amados
Fuereis	amados	Hubiereis	sido amados
Fueren	amados	Hubieren	sido amados

IMPERATIVO

Sé amado

Sea amado
Seamos amados

Sed amados

Sean amados

IV. VERBOS REFLEXIVOS

En los verbos reflexivos la acción vuelve de un modo u otro sobre el sujeto que la realiza. Los verbos reflexivos se conjugan como sus verbos correspondientes (regulares e irregulares), pero acompañados de las formas **me, te, se, nos, os, se.** Estas formas van inmediatamente detrás del sujeto, excepto en el imperativo, que obligatoriamente va pospuesto, formando una sola palabra: *péinate, lavaos.* La segunda persona del plural del imperativo, que acaba en **-d:** *lavad, vestid,* cuando es reflexivo y se une al pronombre **os,** se pierde la **-d,** así: *lavaos, vestíos, peinaos.* Se exceptúa el imperativo de **ir,** que es **idos.**

Cuando el infinitivo y el gerundio tienen en la oración un sujeto claro, llevan la forma **me, te, se, nos, os, se** pospuestas: *lavarte, peinándose.*

Los pronombres **me, te, se, nos, os, se** desempeñan en la oración el papel de complemento directo o indirecto del verbo. Por ejemplo: *ella se peina,* el pronombre **se** es complemento directo del verbo **peina;** en: *tú te lavas el pelo,* el complemento directo es **el pelo,** y **te** es complemento indirecto.

FORMAS NO PERSONALES

Simples		Compuestas	
INFINITIVO:	Lavarse	Haberse	lavado
GERUNDIO:	Lavándose	Habiéndose	lavado
PARTICIPIO:	Lavado		

INDICATIVO

SUBJUNTIVO

Presente	Pretérito perfecto		Presente	Pretérito perfecto	
Me lavo	Me he	lavado	Me lave	Me haya	lavado
Te lavas	Te has	lavado	Te laves	Te hayas	lavado
Se lava	Se ha	lavado	Se lave	Se haya	lavado
Nos lavamos	Nos hemos	lavado	Nos lavemos	Nos hayamos	lavado
Os laváis	Os habéis	lavado	Os lavéis	Os hayáis	lavado
Se lavan	Se han	lavado	Se laven	Se hayan	lavado

Pretérito imperfecto	Pretérito Pluscuamperfecto		Pretérito imperfecto		
Me lavaba	Me había	lavado	Me lavara	o	Me lavase
Te lavabas	Te habías	lavado	Te lavaras	o	Te lavases
Se lavaba	Se había	lavado	Se lavara	o	Se lavase
Nos lavábamos	Nos habíamos	lavado	Nos laváramos	o	Nos lavásemos
Os lavabais	Os habíais	lavado	Os lavarais	o	Os lavaseis
Se lavaban	Se habían	lavado	Se lavaran	o	Se lavasen

Pretérito indefinido	Pretérito anterior		Pretérito pluscuamperfecto		
Me lavé	Me hube	lavado	Me hubiera	o Me hubiese	lavado
Te lavaste	Te hubiste	lavado	Te hubieras	o Te hubieses	lavado
Se lavó	Se hubo	lavado	Se hubiera	o Se hubiese	lavado
Nos lavamos	Nos hubimos	lavado	Os hubiéramos	o Nos hubiésemos	lavado
Os lavasteis	Os hubisteis	lavado	Nos hubierais	o Os hubieseis	lavado
Se lavaron	Nos hubieron	lavado	Se hubieran	o Nos hubiesen	lavado

Futuro imperfecto	Futuro perfecto		Futuro imperfecto	Futuro perfecto	
Me lavaré	Me habré	lavado	Me lavare	Me hubiere	lavado
Te lavarás	Te habrás	lavado	Te lavares	Te hubieres	lavado
Se lavará	Se habrá	lavado	Se lavare	Se hubiere	lavado
Nos lavaremos	Nos habremos	lavado	Nos laváremos	Nos hubiéremos	lavado
Os lavaréis	Os habréis	lavado	Os lavareis	Os hubiereis	lavado
Se lavarán	Se habrán	lavado	Se lavaren	Se hubieren	lavado

Condicional simple	Condicional compuesto		IMPERATIVO
Me lavaría	Me habría	lavado	Lávate
Te lavarías	Te habrías	lavado	Lávese
Se lavaría	Se habría	lavado	Lavémonos
Nos lavaríamos	Nos habríamos	lavado	
Os lavaríais	Os habríais	lavado	Lavaos
Se lavarían	Se habrían	lavado	Lávense

V. VERBOS PRONOMINALES

A partir de su edición de 1970, el Diccionario de la Real Academia de la Lengua Española califica como pronominal a todo verbo o acepción que se construye en todas sus formas con pronombres reflexivos: **me, te, se, nos, os, se.**

Hay verbos que actualmente no admiten más formas de expresión que la pronominal: *arrepentirse, atreverse, quejarse...*

VERBO PRONOMINAL: QUEJARSE

FORMAS NO PERSONALES

Simples		Compuestas	
INFINITIVO:	**Quej**arse	Haberse	quejado
GERUNDIO:	**Quej**ándose	Habiéndose	quejado
PARTICIPIO:	**Quej**ado		

INDICATIVO

Presente

Me **quej**o		
Te **quej**as		
Se **quej**a		
Nos **quej**amos		
Os **quej**áis		
Se **quej**an		

Pretérito perfecto

Me he	quejado
Te has	quejado
Se ha	quejado
Nos hemos	quejado
Os habéis	quejado
Se han	quejado

Pretérito imperfecto

Me **quej**aba
Te **quej**abas
Se **quej**aba
Nos **quej**ábamos
Os **quej**abais
Se **quej**aban

Pretérito pluscuamperfecto

Me había	quejado
Te habías	quejado
Se había	quejado
Nos habíamos	quejado
Os habíais	quejado
Se habían	quejado

Pretérito indefinido

Me **quej**é
Te **quej**aste
Se **quej**ó
Nos **quej**amos
Os **quej**asteis
Se **quej**aron

Pretérito anterior

Me hube	quejado
Te hubiste	quejado
Se hubo	quejado
Nos hubimos	quejado
Os hubisteis	quejado
Se hubieron	
o se Hubiesen	quejado

Futuro imperfecto

Me **quej**aré
Te **quej**arás
Se **quej**ará
Nos **quej**aremos
Os **quej**aréis
Se **quej**arán

Futuro perfecto

Hubiere	quejado
Hubieres	quejado
Hubiere	quejado
Hubiéremos	quejado
Hubiereis	quejado
Hubieren	quejado

Condicional simple

Me **quej**aría
Te **quej**arías
Se **quej**aría
Nos **quej**aríamos
Os **quej**aríais
Se **quej**arían

Condicional compuesto

Me había	quejado
Te habrías	quejado
Se habría	quejado
Nos habríamos	quejado
Os habríais	quejado
Se habrían	quejado

SUBJUNTIVO

Presente

Me **quej**e
Te **quej**es
Se **quej**e
Nos **quej**emos
Os **quej**éis
Se **quej**en

Pretérito perfecto

Me haya	quejado
Te hayas	quejado
Se haya	quejado
No hayamos	quejado
Os hayáis	quejado
Se hayan	quejado

Pretérito imperfecto

Me **quej**ara	o	Me **quej**ase
Te **quej**aras	o	Te **quej**ases
Se **quej**ara	o	Se **quej**ase
Nos **quej**áramos	o	Nos **quej**ásemos
Os **quej**arais	u	Os **quej**aseis
Se **quej**aran	o	Se **quej**asen

Pretérito pluscuamperfecto

Me hubiera	o Me hubiese	quejado
Te hubieras	o Te hubieses	quejado
Se hubiera	o Se hubiese	quejado
Nos hubiéramos	o Nos hubiésemos	quejado
Os hubiérais	u Os hubieseis	quejado
Se hubieran	o Se hubiesen	quejado

Futuro imperfecto

Me **quej**are
Te **quej**ares
Se **quej**are
Nos **quej**áremos
Os **quej**areis
Se **quej**aren

Futuro perfecto

Me hubiere	quejado
Te hubieres	quejado
Se hubiere	quejado
Nos hubiéremos	quejado
Os hubiereis	quejado
Se hubieren	quejado

IMPERATIVO

Quéjate

    Quéjese

    Quejémonos

Quejaos

    Quéjense

VI. VERBOS REGULARES CON VARIACIONES ORTOGRÁFICAS

Para calificar a un verbo de regular o irregular no debemos atenernos a las letras con que se escribe, sino a los sonidos con que se pronuncia. Por tanto, no se consideran como irregulares ciertas modificaciones ortográficas, que son necesarias para que no se alteren los sonidos de ciertos verbos.

1. **Verbos que cambian «c» en «qu» delante de «e».** Esta variación tiene lugar en el pretérito indefinido, presente de subjuntivo e imperativo.

Pretérito indefinido	Presente de subjuntivo	Imperativo	
TOCAR			
Toqué	Toque	Toca	
Tocaste	Toques		Toque
Tocó	Toque		Toquemos
Tocamos	Toquemos	Tocad	
Tocasteis	Toquéis		Toquen
Tocaron	Toquen		
APLACAR			
Aplaqué	Aplaque	Aplaca	
Aplacaste	Aplaques		Aplaque
Aplacó	Aplaque		Aplaquemos
Aplacamos	Aplaquemos	Aplacad	
Aplacasteis	Aplaquéis		Aplaquen
Aplacaron	Aplaquen		
EXPLICAR			
Expliqué	Explique	Explica	
Explicaste	Expliques		Explique
Explicó	Explique		Expliquemos
Explicamos	Expliquemos	Explicad	
Explicasteis	Expliquéis		Expliquen
Explicaron	Expliquen		

2. **Verbos que cambian «qu» en «c» delante de «o, a».** Esta variación tiene lugar en los tres presentes.

Presente de indicativo	Presente de subjuntivo	Imperativo	
DELINQUIR			
Delinco	Delinca		
Delinques	Delincas	Delinque	
Delinque	Delinca		Delinca
Delinquimos	Delincamos		Delincamos
Delinquís	Delincáis	Delinquid	
Delinquen	Delincan		Delincan

3. **Verbos que cambian la g en gu delante de e.** Esta variación tiene lugar en el pretérito indefinido, presente de subjuntivo e imperativo.

Pretérito indefinido	Presente subjuntivo	Imperativo	
PAGAR			
Pagué	Pague		
Pagaste	Pagues	Paga	
Pagó	Pague		Pague
Pagamos	Paguemos		Paguemos
Pagasteis	Paguéis	Pagad	
Pagaron	Paguen		Paguen

FATIGAR			
Fatigué	Fatigue		
Fatigaste	Fatigues	Fatiga	
Fatigó	Fatigue		Fatigue
Fatigamos	Fatiguemos		Fatiguemos
Fatigasteis	Fatiguéis	Fatigad	
Fatigaron	Fatiguen		Fatiguen

4. **Verbos que pierden la «u» delante de «o, a».** Esta variación tiene lugar en los tres presentes.

Presente de indicativo	Presente de subjuntivo	Imperativo	
DISTINGUIR			
Distingo	Distinga		
Distingues	Distingas	Distingue	
Distingue	Distinga		Distinga
Distinguimos	Distingamos		Distingamos
Distinguís	Distingáis	Distinguid	
Distingue	Distingan		Distingan

5. Verbos que cambian la «g» en «j» delante de «o, a». Esta variación tiene lugar en los tres presentes

Presente de indicativo	Presente de subjuntivo	Imperativo	

COGER

Cojo	Coja		
Coges	Cojas	Coge	
Coge	Coja		Coja
Cogemos	Cojamos		Cojamos
Cogéis	Cojáis	Coged	
Cogen	Cojan		Cojan

FINGIR

Finjo	Finja		
Finges	Finjas	Finge	
Finge	Finja		Finja
Fingimos	Finjamos		Finjamos
Fingís	Finjáis	Fingid	
Fingen	Finjan		Finjan

6. Verbos que cambian la «c» en «z» delante de la «o, a». Esta variación tiene lugar en los tres presentes.

Presente de indicativo	Presente de subjuntivo	Imperativo	

MECER

Mezo	Meza		
Meces	Mezas	Mece	
Mece	Meza		Meza
Mecemos	Mezamos		Mezamos
Mecéis	Mezáis	Meced	
Mecen	Mezan		Mezan

VENCER

Venzo	Venza		
Vences	Venzas	Vence	
Vence	Venza		Venza
Vencemos	Venzamos		Venzamos
Vencéis	Venzáis	Venced	
Vencen	Venzan		Venzan

ESPARCIR

Esparzo	Esparza		
Esparces	Esparzas	Esparce	
Esparce	Esparza		Esparza
Esparcimos	Esparzamos		Esparzamos
Esparcís	Esparzáis	Esparcid	
Esparcen	Esparzan		Esparzan

7. **Verbos que cambian «z» en «c» delante de «e».** Esta variación tiene lugar en el pretérito indefinido, presente de subjuntivo e imperativo.

Pretérito indefinido	Presente de subjuntivo	Imperativo	

ALZAR

Alcé	Alce		
Alzaste	Alces	Alza	
Alzó	Alce		Alce
Alzamos	Alcemos		Alcemos
Alzasteis	Alcéis	Alzad	
Alzaron	Alcen		Alcen

TRAZAR

Tracé	Trace		
Trazaste	Traces	Traza	
Trazó	Trace		Trace
Trazamos	Tracemos		Tracemos
Trazasteis	Tracéis	Trazad	
Trazaron	Tracen		Tracen

8. **Verbos que vocalizan la «u» de «gu» deltante de la «e».** Esta variación tiene lugar en el pretérito indefinido, presente de subjuntivo e imperativo.

Pretérito indefinido	Presente de subjuntivo	Imperativo	

DESAGUAR

Desagüé	Desagüe		
Desaguaste	Desagües	Desagua	
Desaguó	Desagüe		Desagüe
Desaguamos	Desagüemos		Desagüemos
Desaguasteis	Desagüéis	Desaguad	
Desaguaron	Desagüen		Desagüen

VII. VERBOS DEFECTIVOS

Existen verbos que carecen de algunos tiempos completos, o de algunas personas. Tal carencia o defecto se debe, ya al significado de estos verbos, que rechazan el empleo de sus formas, ya a sus estructuras que dificultan la conjugación.

Veamos los principales verbos defectivos españoles:

FORMAS NO PERSONALES

Simples	Compuestas
INFINITIVO: **Abol**ir	Haber abolido
GERUNDIO: **Abol**iendo	Habiendo abolido
PARTICIPIO: **Abol**ido	

INDICATIVO

Presente	Pretérito perfecto
	He abolido
	Has abolido
	Ha abolido
Abolimos	Hemos abolido
Abolís	Habéis abolido
	Han abolido

Pretérito imperfecto	Pretérito pluscuamperfecto
Abolía	Había abolido
Abolías	Habías abolido
Abolía	Había abolido
Abolíamos	Habíamos abolido
Abolíais	Habíais abolido
Abolían	Habían abolido

Pretérito indefinido	Pretérito anterior
Abolí	Hube abolido
Aboliste	Hubiste abolido
Abolió	Hubo abolido
Abolimos	Hubimos abolido
Abolisteis	Hubisteis abolido
Abolieron	Hubieron abolido

Futuro imperfecto	Futuro perfecto
Aboliré	Habré abolido
Abolirás	Habrás abolido
Abolirá	Habrá abolido
Aboliremos	Habremos abolido
Aboliréis	Habréis abolido
Abolirán	Habrán abolido

Condicional simple	Condicional compuesto
Aboliría	Habría abolido
Abolirías	Habrías abolido
Aboliría	Habría abolido
Aboliríamos	Habríamos abolido
Aboliríais	Habríais abolido
Abolirían	Habrían abolido

SUBJUNTIVO

Presente	Pretérito perfecto
	Haya abolido
	Hayas abolido
	Haya abolido
	Hayamos abolido
	Hayáis abolido
	Hayan abolido

Pretérito imperfecto		
Aboliera	o	**Abol**iese
Abolieras	o	**Abol**ieses
Aboliera	o	**Abol**iese
Aboliéramos	o	**Abol**iésemos
Abolierais	o	**Abol**ieseis
Abolieran	o	**Abol**iesen

Pretérito pluscuamperfecto			
Hubiera	o	Hubiese	abolido
Hubieras	o	Hubieses	abolido
Hubiera	o	Hubiese	abolido
Hubiéramos	o	Hubiésemos	abolido
Hubierais	o	Hubieseis	abolido
Hubieran	o	Hubiesen	abolido

Futuro imperfecto	Futuro perfecto	
Aboliere	Hubiere	abolido
Abolieres	Hubieres	abolido
Aboliere	Hubiere	abolido
Aboliéremos	Hubiéremos	abolido
Aboliereis	Hubiereis	abolido
Abolieren	Hubieren	abolido

IMPERATIVO

Abolid

FORMAS NO PERSONALES

Simples		Compuestas	
INFINITIVO:	**Agred**ir	Haber	agredido
GERUNDIO:	**Agred**iendo	Habiendo	agredido
PARTICIPIO:	**Agred**ido		

INDICATIVO

SUBJUNTIVO

Presente	Pretérito perfecto		Presente	Pretérito perfecto	
Agredo	He	agredido	**Agred**a	Haya	agredido
Agredes	Has	agredido	**Agred**as	Hayas	agredido
Agrede	Ha	agredido	**Agred**a	Haya	agredido
Agredimos	Hemos	agredido	**Agred**amos	Hayamos	agredido
Agredís	Habéis	agredido	**Agred**áis	Hayáis	agredido
Agreden	Han	agredido	**Agred**an	Hayan	agredido

Pretérito imperfecto	Pretérito pluscuamperfecto		Pretérito imperfecto		
Agredía	Había	agredido	**Agred**iera	o	**Agred**iese
Agredías	Habías	agredido	**Agred**ieras	o	**Agred**ieses
Agredía	Había	agredido	**Agred**iera	o	**Agred**iese
Agredíamos	Habíamos	agredido	**Agred**iéramos	o	**Agred**iésemos
Agredíais	Habíais	agredido	**Agred**ieras	o	**Agred**ieseis
Agredían	Habían	agredido	**Agred**ieran	o	**Agred**iesen

Pretérito indefinido	Pretérito anterior		Pretérito pluscuamperfecto			
Agredí	Hube	agredido	Hubiera	o	Hubiese	agredido
Agrediste	Hubiste	agredido	Hubieras	o	Hubieses	agredido
Agredió	Hubo	agredido	Hubiera	o	Hubiese	agredido
Agredimos	Hubimos	agredido	Hubiéramos	o	Hubiésemos	agredido
Agredisteis	Hubisteis	agredido	Hubierais	o	Hubieseis	agredido
Agredieron	Hubieron	agredido	Hubieran	o	Hubiesen	agredido

Futuro imperfecto	Futuro perfecto		Futuro imperfecto	Futuro perfecto	
Agrediré	Habré	agredido	**Agred**iere	Hubiere	agredido
Agredirás	Habrás	agredido	**Agred**ieres	Hubieres	agredido
Agredirá	Habrá	agredido	**Agred**iere	Hubiere	agredido
Agrediremos	Habremos	agredido	**Agred**iéremos	Hubiéremos	agredido
Agrediréis	Habréis	agredido	**Agred**iereis	Hubiereis	agredido
Agredirán	Habrán	agredido	**Agred**ieren	Hubieren	agredido

Condicional simple	Condicional compuesto		IMPERATIVO
Agrediría	Habría	agredido	**Agred**e
Agredirías	Habrías	agredido	**Agred**a
Agrediría	Habría	agredido	**Agred**amos
Agrediríamos	Habríamos	agredido	
Agrediríais	Habríais	agredido	**Agred**id
Agredirían	Habrían	agredido	**Agred**an

BALBUCIR

FORMAS NO PERSONALES

Simples

INFINITIVO:	**Balbuc**ir
GERUNDIO:	**Balbuc**iendo
PARTICIPIO:	**Balbuc**ido

Compuestas

Haber	balbucido
Habiendo	balbucido

INDICATIVO

Presente | Pretérito perfecto

Presente	Pretérito perfecto
	He balbucido
Balbuces	Has balbucido
Balbuce	Ha balbucido
Balbucimos	Hemos balbucido
Balbucís	Habéis balbucido
Balbucen	Han balbucido

Pretérito imperfecto | Pretérito pluscuamperfecto

Pretérito imperfecto	Pretérito pluscuamperfecto
Balbucía	Había balbucido
Balbucías	Habías balbucido
Balbucía	Había balbucido
Balbucíamos	Habíamos balbucido
Balbucíais	Habíais balbucido
Balbucían	Habían balbucido

Pretérito indefinido | Pretérito anterior

Pretérito indefinido	Pretérito anterior
Balbucí	Hube balbucido
Balbuciste	Hubiste balbucido
Balbució	Hubo balbucido
Balbucimos	Hubimos balbucido
Balbucisteis	Hubisteis balbucido
Balbucieron	Hubieron balbucido

Futuro imperfecto | Futuro perfecto

Futuro imperfecto	Futuro perfecto
Balbuciré	Habré balbucido
Balbucirás	Habrás balbucido
Balbucirá	Habrá balbucido
Balbuciremos	Habremos balbucido
Balbuciréis	Habréis balbucido
Balbucirán	Habrán balbucido

Condicional simple | Condicional compuesto

Condicional simple	Condicional compuesto
Balbuciría	Habría balbucido
Balbucirías	Habrías balbucido
Balbuciría	Habría balbucido
Balbuciríamos	Habríamos balbucido
Balbuciríais	Habríais balbucido
Balbucirían	Habrían balbucido

SUBJUNTIVO

Presente | Pretérito perfecto

Presente	Pretérito perfecto
	Haya balbucido
	Hayas balbucido
	Haya balbucido
	Hayamos balbucido
	Hayáis balbucido
	Hayan balbucido

Pretérito imperfecto

Balbuciera	o	**Balbuc**iese
Balbucieras	o	**Balbuc**ieses
Balbuciera	o	**Balbuc**iese
Balbuciéramos	o	**Balbuc**iésemos
Balbucierais	o	**Balbuc**ieseis
Balbucieran	o	**Balbuc**iesen

Pretérito pluscuamperfecto

Hubiera	o	Hubiese	balbucido
Hubieras	o	Hubieses	balbucido
Hubiera	o	Hubiese	balbucido
Hubiéramos	o	Hubiésemos	balbucido
Hubierais	o	Hubieseis	balbucido
Hubieran	o	Hubiesen	balbucido

Futuro imperfecto | Futuro perfecto

Futuro imperfecto	Futuro perfecto
Balbuciere	Hubiere balbucido
Balbucieres	Hubieres balbucido
Balbuciere	Hubiere balbucido
Balbuciéremos	Hubiéremos balbucido
Balbuciereis	Hubiereis balbucido
Balbucieren	Hubieren balbucido

IMPERATIVO

Balbuce
Balbucid

Nota.—No se usan las formas en que debía producirse el grupo consonántico **cz**

32

CONCERNIR

FORMAS NO PERSONALES

Simples	Compuestas
INFINITIVO: **Concern**ir	
GERUNDIO: **Concern**iendo	
PARTICIPIO:	

INDICATIVO / SUBJUNTIVO

Presente	Pretérito perfecto	Presente	Pretérito perfecto
Concierne		Concierna	
Conciernen		Conciernan	

Pretérito imperfecto	Pretérito pluscuamperfecto	Pretérito imperfecto	
Conernía			
Concernían			

Pretérito indefinido	Pretérito anterior	Pretérito pluscuamperfecto	

Futuro imperfecto	Futuro perfecto	Futuro imperfecto	Futuro perfecto
		Concerniere	Hubieren concernido
		Concernieren	Hubieren concernido

Condicional simple	Condicional compuesto	IMPERATIVO	

PLACER

FORMAS NO PERSONALES

Simples	Compuestas
INFINITIVO: **Pla**cer	Haber placido
GERUNDIO: **Plac**iendo	Habiendo placido
PARTICIPIO: **Plac**ido	

INDICATIVO / SUBJUNTIVO

Presente	Pretérito perfecto	Presente	Pretérito perfecto
Place	Ha placido	Plegue/Plazca	Haya placido
Placen	Han placido	Plazcan	Hayan placido

Pretérito imperfecto	Pretérito pluscuamperfecto	Pretérito imperfecto	
Placía	Había placido	Pluguiera/**Plac**iera o Plugiese/**Plac**iese	
Placían	Habían placido	Pluguieran/**Plac**ieran o Plugiesen/**Plac**iesen	

Pretérito indefinido	Pretérito anterior	Pretérito pluscuamperfecto	
Plugo/Plació	Hubo placido	Hubiera o Hubiese placido	
Plugieron/Placieron	Hubieron placido	Hubieran o hubiesen placido	

Futuro imperfecto	Futuro perfecto	Futuro imperfecto	Futuro perfecto
Placerá	Habrá placido	**Plac**iere/Plugiere	
Placerán	Habrá Placido	**Plac**ieren/Plugieren	

Condicional simple	Condicional compuesto	IMPERATIVO	
Placería	Habría placido		
Placerían	Habría placido		

SOLER

Simples	Compuestas
INFINITIVO: **Sol**er	
GERUNDIO: **Sol**iendo	
PARTICIPIO: **Sol**ido	

INDICATIVO   SUBJUNTIVO

Presente	Pretérito perfecto	Presente	Pretérito perfecto
Suelo		Suela	
Suele		Suelas	
Suele		Suela	
Solemos		**Sol**amos	
Soléis		**Sol**áis	
Suelen		Suelan	

Pretérito imperfecto	Pretérito pluscuamperfecto	Pretérito imperfecto	
Solía			
Solías			
Solía			
Solíamos			
Solíais			
Solían			

Pretérito indefinido	Pretérito anterior	Pretérito pluscuamperfecto	

Futuro imperfecto	Futuro perfecto	Futuro imperfecto	Futuro perfecto

Condicional simple	Condicional compuesto	IMPERATIVO

TRANSGREDIR

FORMAS NO PERSONALES

Simples		Compuestas	
INFINITIVO:	**Transgred**ir	Haber	transgredido
GERUNDIO:	**Transgred**iendo	Habiendo	transgredido
PARTICIPIO:	**Transgred**ido		

INDICATIVO

SUBJUNTIVO

Presente	Pretérito perfecto		Presente	Pretérito perfecto	
	He	transgredido		Haya	transgredido
	Has	transgredido		Hayas	transgredido
	Ha	transgredido		Haya	transgredido
Transgredimos	Hemos	transgredido		Hayamos	transgredido
Transgredís	Habéis	transgredido		Hayáis	transgredido
	Han	transgredido		Hayan	transgredido

Pretérito imperfecto	Pretérito pluscuamperfecto		Pretérito imperfecto		
Transgredía	Había	transgredido	**Transgred**iera	o	**Transgred**iese
Transgredías	Habías	transgredido	**Transgred**ieras	o	**Transgred**ieses
Transgredía	Había	transgredido	**Transgred**iera	o	**Transgred**iese
Transgredíamos	Habíamos	transgredido	**Transgred**iéramos	o	**Transgred**iésemos
Transgredíais	Habíais	transgredido	**Transgred**ierais	o	**Transgred**ieseis
Transgredían	Habían	transgredido	**Transgred**ieran	o	**Transgred**iesen

Pretérito indefinido	Pretérito anterior		Pretérito pluscuamperfecto			
Transgredí	Hube	transgredido	Hubiera	o	Hubiese	transgredido
Transgrediste	Hubiste	transgredido	Hubieras	o	Hubieses	transgredido
Transgredió	Hubo	transgredido	Hubiera	o	Hubiese	transgredido
Transgredimos	Hubimos	transgredido	Hubiéramos	o	Hubiésemos	transgredido
Transgredisteis	Hubisteis	transgredido	Hubierais	o	Hubieseis	transgredido
Transgredieron	Hubieron	transgredido	Hubieran	o	Hubiesen	transgredido

Futuro imperfecto	Futuro perfecto		Futuro imperfecto	Futuro perfecto		
Transgrediré	Habré	transgredido	**Transgred**iere	Hubiere	transgredido	
Transgredirás	Habrás	transgredido	**Transgred**ieres	Hubieres	transgredido	
Transgredirá	Habrá	transgredido	**Transgred**iere	Hubiere	transgredido	
Transgrediremos	Habremos	transgredido	**Transgred**iéremos	Hubiéremos	transgredido	
Transgrediréis	Habréis	transgredido	**Transgred**iereis	Hubiereis	transgredido	
Transgredirán	Habrán	transgredido	**Transgred**ieren	Hubieren	transgredido	

Condicional simple	Condicional compuesto		IMPERATIVO
Transgrediría	Habría	transgredido	**Transgred**id
Transgredirías	Habrías	transgredido	
Transgrediría	Habría	transgredido	
Transgrediríamos	Habríamos	transgredido	
Transgrediríais	Habríais	transgredido	**Nota.**—Presenta el mismo problema
Transgredirían	Habrían	transgredido	y características que AGREDIR

VIII. VERBOS IMPERSONALES

La mayoría de estos verbos se refieren a fenómenos atmosféricos. Sólo se usan en tercera persona del singular de cada tiempo, y en las formas no personales: infinitivo, gerundio y participio.

Se conjugan como sus modelos correspondientes, regulares o irregulares.

Se usan como impersonales los siguientes verbos:

Acaecer	Concernir	Helar
Acontecer	Chaparrear	Lloviznar
Alborear	Chispear	Nevar
Anochecer	Deshelar	Oscurecer
Atañer	Diluviar	Relampaguear
Atardecer	Escampar	Suceder
Centellear	Escarchar	Tronar
Clarear	Granizar	Ventear
		Ventisquear

AMANECER

FORMAS NO PERSONALES

Simples	Compuestas
INFINITIVO: **Amanec**er	Haber amanecido
GERUNDIO: **Amanec**iendo	Habiendo amanecido
PARTICIPIO: **Amanec**ido	

INDICATIVO		SUBJUNTIVO	
Presente	**Pretérito perfecto**	**Presente**	**Pretérito perfecto**
Amanece	He Has Ha amanecido Hemos Habéis Han	**Amanezca**	Haya amanecido
Pretérito imperfecto	**Pretérito pluscuamperfecto**	**Pretérito imperfecto**	
Amanecía	Había Habías Había amanecido Habíamos Habíais Habían	**Amanec**iera o **Amanec**iese	
Pretérito indefinido	**Pretérito anterior**	**Pretérito pluscuamperfecto**	
Amaneció	Hube Hubiste Hubo amanecido Hubimos Hubisteis Hubieron	Hubiera o Hubiese amanecido	
Futuro imperfecto	**Futuro perfecto**	**Futuro imperfecto**	**Futuro perfecto**
Amanecerá	Habré Habrás Habrá amanecido Habremos Habréis Habrán	**Amanec**ire	Hubiere amacenido
Condicional simple	**Condicional compuesto**	**IMPERATIVO**	
Amanecería	Habría Habrías Habría amanecido Habríamos Habríais Habrían		

LLOVER

FORMAS NO PERSONALES

Simples	Compuestas
INFINITIVO: **Llov**er	Haber llovido
GERUNDIO: **Llov**iendo	Habiendo llovido
PARTICIPIO: **Llov**ido	

INDICATIVO		SUBJUNTIVO	
Presente	**Pretérito perfecto**	**Presente**	**Pretérito perfecto**
L!ueve	Ha llovido	Llueva	Haya llovido
Pretérito imperfecto	**Pretérito pluscuamperfecto**	**Pretérito imperfecto**	
Llovía	Había llovido	**Llov**iera o **Llov**iese	
Pretérito indefinido	**Pretérito anterior**	**Pretérito pluscuamperfecto**	
Llovió	Hubo llovido	Hubiera o hubiese llovido	
Futuro imperfecto	**Futuro perfecto**	**Futuro imperfecto**	**Futuro perfecto**
Lloverá	Habrá llovido	**Llov**iere	Hubiere llovido
Condicional simple	**Condicional compuesto**	**IMPERATIVO**	
Llovería	Habría llovido		

NEVAR

FORMAS NO PERSONALES

Simples	Compuestas
INFINITIVO: **Nev**ar	Haber nevado
GERUNDIO: **Nev**ando	Habiendo nevado
PARTICIPIO: **Nev**ado	

INDICATIVO

Presente	Pretérito perfecto
Nieva	Ha nevado

Pretérito imperfecto	Pretérito pluscuamperfecto
Nevaba	Había nevado

Pretérito indefinido	Pretérito anterior
Nevó	Hubo nevado

Futuro imperfecto	Futuro perfecto
Nevará	Hubiere nevado

Condicional simple	Condicional compuesto
Nevaría	Habría nevado

SUBJUNTIVO

Presente	Pretérito perfecto
Nieve	Haya nevado

Pretérito imperfecto
Nevara o **Nev**ase

Pretérito pluscuamperfecto
Hubiera o Hubiese nevado

Futuro imperfecto	Futuro perfecto
Nevare	Hubiere nevado

IMPERATIVO

IX. VERBOS IRREGULARES

Llamamos verbos irregulares a los que en su conjugación alteran su lexema, la terminación o ambas cosas a la vez, si los comparamos con los ejemplos o modelos de la conjugación regular a la que pertenecen.

Las alteraciones pueden ser: vocálicas, consonánticas o mixtas.

Siempre que en un verbo aparece un tipo irregular, esa irregularidad afecta a otros tiempos. Podemos señalar tres grupos de tiempos con las mismas irregularidades.

1. Si es irregular el presente de indicativo, también lo son el presente de subjuntivo y el imperativo:
   Así, el presente de indicativo de **pedir** es **pido,** y tienen la misma irregularidad los de otros presentes: **pida** (presente de subjuntivo) y **pide** (imperativo).

2. Si es irregular el pretérito indefinido, también lo es el pretérito imperfecto y el futuro de subjuntivo:
   Así, el pretérito indefinido de **tener** es **tuve,** la misma irregularidad presenta el imperfecto de subjuntivo: **tuviera** o **tuviese.**

3. Si es irregular el futuro de indicativo, también lo es el condicional simple:
   Así el futuro de **poner** es **pondré**, la misma irregularidad presenta el condicional simple: **pondría.**

A continuación vamos a señalar las principales irregularidades que podemos encontrar en la conjugación española, y citaremos en su correspondiente grupo de irregularidad los verbos conjugados en el presente libro:

1. IRREGULARIDADES QUE AFECTAN AL LEXEMA

A) IRREGULARIDADES VOCÁLICAS.

Diptongación de una vocal en el lexema.

1. Verbos que diptongan la **e** del lexema en **ie**.

Se conjugan así:

acertar, adquirir, advertir, apretar, arrendar, ascender, asentir, atender, atravesar, calentar, cerrar, comenzar, confesar, convertir, defender, descender, despertar, diferir, discernir, divertir, empezar, encender, enmendar, entender, extender, fregar, gobernar, helar, herir, hervir, mentir, merendar, negar, nevar, pensar, perder, preferir, quebrar, querer, referir, regar, reventar, segar, sembrar, sentar, sentir, serrar, sugerir, temblar y tender.

2. Verbos que diptongan la **o** del lexema en **ue.**
Se conjugan así:
almorzar, amoblar, apostar, aprobar, avergonzar, cocer, colar, colgar, consolar, contar, doler, dormir, encontrar, jugar, llover, moler, morder, morir, mover, oler, poblar, poder, probar, recordar, renovar, rodar, rogar, soldar, soltar, soñar, torcer, tostar, volar y volver.

3. Verbos que diptongan la **u** del lexema en **ue.** Esta irregularidad sólo la tiene el verbo jugar.

Cierre de una vocal en el lexema.
Se conjugan así:
ceñir, competir, concebir, elegir, gemir, medir, pedir, regir, rendir, reñir, repetir, seguir, servir, teñir y vestir.

B) IRREGULARIDADES CONSONÁNTICAS.

Cambio consonántico en el lexema.

1. Cambio de la **c** del lexema por una **g**, según la persona y el tiempo.
Se conjugan así:
hacer, satisfacer, yacer.

2. Cambio de la **b** del lexema por **y**.
Se conjuga así:
haber (presente de subjuntivo).

3. Adición de una consonante en el lexema:

a) **c ⟶ zc**
Se conjugan así:
aborrecer, agradecer, aparecer, avergonzar, carecer, conducir, conocer, crecer, deducir, envejecer, introducir, lucir, nacer, parecer, perecer, placer, producir, torcer y traducir.

b) **n ⟶ ng**
Se conjugan así:
poner, suponer, tener y venir.

c) **l ⟶ lg**
Se conjugan así:
salir y valer.

d) **s ⟶ sg**
Se conjuga así:
asir.

e) **u** ⟶ **uy**
Se conjugan así:
atribuir, concluir, construir, contribuir, destruir, distribuir, huir, incluir, restituir y retribuir.

C) IRREGULARIDADES VOCÁLICAS Y CONSONÁNTICAS.

1. Adición de vocal y consonante en el lexema.
Se conjugan así:
caer, oír y traer.
2. Cambio vocálico y consonántico en el lexema:
   a) **e** ⟶ **i, c** ⟶ **g**
   Se conjugan así:
   bendecir y decir.
   b) **ab** ⟶ **ep**
   Se conjugan así:
   caber y saber.
3. Irregularidades que afectan a todo el lexema.
Se conjugan así:
er y ser.

2. IRREGULARIDADES QUE AFECTAN A LA VOCAL TEMÁTICA

a) Desaparición de la vocal temática en el imperativo.
Se conjuga así:
hacer.
b) Desaparición de la vocal temática en el futuro y condicional.
Se conjugan así:
caber, haber, hacer, decir, poder, poner, querer, saber, salir, tener y valer.

3. PRETÉRITO FUERTE

A diferencia de los verbos regulares cuyo pretérito indefinido va acentuado en la última sílaba: amé, viví, algunos verbos irregulares se acentúan en la penúltima sílaba. Son los llamados pretéritos fuertes.

A) IRREGULARIDADES POR ADICIÓN DE FONEMAS.
Se conjugan así:
andar, estar, ir y ser.

B) IRREGULARIDADES POR EL CAMBIO DE UNA VOCDAL O EN UNA CONSONANTE.
Se conjugan así:
conducir, haber, hacer, poder, poner, querer, traer y venir.

C) IRREGULARIDAD POR EL CAMBIO EN UNA VOCAL Y EN UNA CONSONANTE

Se conjugan así:

caber, decir, saber y tener.

PARTICIPIOS CON IRREGULARIDADES

Existen dos clases de participios:

1. Participio activo, que tiene como sufijo **-ante, -ente** o **-iente,** que expresa el agente causante o actor del fenómeno: *amante* = el que ama. Sin embargo, de esta forma carecen gran número de verbos, por lo que debe ser excluida de la conjugación y considerado solamente como un adjetivo de origen verbal
2. Participio pasivo: es el que propiamente recibe el nombre genérico de participio:

   1.ª conjugación: **-ado.**
   2.ª conjugación: **-ido.**
   3.ª conjugación: **-ido.**

Hay verbos que presentan irregularidades en el participio al no acabar en **-ado** (1.ª conjugación) o en **-ido** (2.ª y 3.ª conjugación):

abrir	abierto
cubrir	cubierto
decir	dicho
escribir	escrito
hacer	hecho
morir	muerto
poner	puesto
romper	roto
volver	vuelto

Algunos verbos poseen dos participios, uno regular y otro irregular. Las formas regulares se emplean para la formación de los tiempos compuestos y las irregulardes como adjetivos. Se exceptúan: **frito** (freir), **provisto** (proveer) y **roto** (romper) que emplean estas formas para ambos usos:

Infinitivo	Participio regular	Participio irregular
abstraer	abstraído	abstracto
afligir	afligido	aflicto
atender	atendido	atento
bendecir	bendecido	bendito
circuncidar	circuncidado	circunciso
comprimir	comprimido	compreso

Infinitivo	Participio regular	Participio irregular
concluir	concluido	concluso
confesar	confesado	confeso
confundir	confundido	confuso
convencer	convencido	convicto
convertir	convertido	converso
corregir	corregido	correcto
corromper	corrompido	corrupto
despertar	despertado	despierto
difundir	difundido	difuso
elegir	elegido	electo
excluir	excluido	excluso
eximir	eximido	exento
expresar	expresado	expreso
extender	extendido	extenso
fijar	fijado	fijo
freir	freído	frito
hartar	hartado	harto
incluir	incluido	incluso
infundir	infundido	infuso
insertar	insertado	inserto
invertir	invertido	inverso
juntar	juntado	junto
maldecir	maldecido	maldito
manifestar	manifestado	manifiesto
oprimir	oprimido	opreso
poseer	poseído	poseso
prender	prendido	preso
presumir	presumido	presunto
proveer	proveído	provisto
recluir	recluido	recluso
salvar	salvado	salvo
soltar	soltado	suelto
sujetar	sujetado	sujeto
suspender	suspendido	suspenso
sustituir	sustituido	sustituto
torcer	torcido	tuerto

ABORRECER

FORMAS NO PERSONALES

Simples		Compuestas	
INFINITIVO:	**Aborrec**er	Haber	aborrecido
GERUNDIO:	**Aborrec**iendo	Habiendo	aborrecido
PARTICIPIO:	**Aborrec**ido		

INDICATIVO SUBJUNTIVO

Presente	Pretérito perfecto		Presente	Pretérito perfecto	
Aborrezco	He	aborrecido	Aborrezca	Haya	aborrecido
Aborreces	Has	aborrecido	Aborrezcas	Hayas	aborrecido
Aborrece	Ha	aborrecido	Aborrezca	Haya	aborrecido
Aborrecemos	Hemos	aborrecido	Aborrezcamos	Hayamos	aborrecido
Aborrecéis	Habéis	aborrecido	Aborrezcáis	Hayáis	aborrecido
Aborrecen	Han	aborrecido	Aborrezcan	Hayan	aborrecido

Pretérito imperfecto	Pretérito pluscuamperfecto		Pretérito imperfecto		
Aborrecía	Había	aborrecido	**Aborrec**iera	o	**Aborrec**iese
Aborrecías	Habías	aborrecido	**Aborrec**ieras	o	**Aborrec**ieses
Aborrecía	Había	aborrecido	**Aborrec**iera	o	**Aborrec**iese
Aborrecíamos	Habíamos	aborrecido	**Aborrec**iéramos	o	**Aborrec**iésemos
Aborrecíais	Habíais	aborrecido	**Aborrec**ierais	o	**Aborrec**ieseis
Aborrecían	Habían	aborrecido	**Aborrec**ieran	o	**Aborrec**iesen

Pretérito indefinido	Pretérito anterior		Pretérito pluscuamperfecto			
Aborrecí	Hube	aborrecido	Hubiera	o	Hubiese	aborrecido
Aborreciste	Hubiste	aborrecido	Hubieras	o	Hubieses	aborrecido
Aborreció	Hubo	aborrecido	Hubiera	o	Hubiese	aborrecido
Aborrecimos	Hubimos	aborrecido	Hubiéramos	o	Hubiésemos	aborrecido
Aborrecisteis	Hubisteis	aborrecido	Hubierais	o	Hubieseis	aborrecido
Aborrecieron	Hubieron	aborrecido	Hubieran	o	Hubiesen	aborrecido

Futuro imperfecto	Futuro perfecto		Futuro imperfecto	Futuro perfecto	
Aborreceré	Habré	aborrecido	**Aborrec**iere	Hubiere	aborrecido
Aborrecerás	Habrás	aborrecido	**Aborrec**ieres	Hubieres	aborrecido
Aborrecerá	Habrá	aborrecido	**Aborrec**iere	Hubiere	aborrecido
Aborreceremos	Habremos	aborrecido	**Aborrec**iéremos	Hubiéremos	aborrecido
Aborreceréis	Habréis	aborrecido	**Aborrec**iereis	Hubiereis	aborrecido
Aborrecerán	Habrán	aborrecido	**Aborrec**ieren	Hubieren	aborrecido

Condicional simple	Condicional compuesto		IMPERATIVO
Aborrecería	Habría	aborrecido	**Aborrec**e
Aborrecerías	Habrías	aborrecido	Aborrezca
Aborrecería	Habría	aborrecido	Aborrezcamos
Aborreceríamos	Habríamos	aborrecido	
Aborreceríais	Habríais	aborrecido	**Aborrec**ed
Aborrecerían	Habrían	aborrecido	Aborrezcan

ACERTAR

FORMAS NO PERSONALES

Simples		Compuestas	
INFINITIVO:	**Acert**ar	Haber	acertado
GERUNDIO:	**Acert**ando	Habiendo	acertado
PARTICIPIO:	**Acert**ado		

INDICATIVO

SUBJUNTIVO

Presente	Pretérito perfecto		Presente	Pretérito perfecto	
Acierto	He	acertado	Acierte	Haya	acertado
Aciertas	Has	acertado	Aciertes	Hayas	acertado
Acierta	Ha	acertado	Acierte	Haya	acertado
Acertamos	Hemos	acertado	**Acert**emos	Hayamos	acertado
Acertáis	Habéis	acertado	**Acert**éis	Hayáis	acertado
Aciertan	Han	acertado	Acierten	Hayan	acertado

Pretérito imperfecto	Pretérito pluscuamperfecto		Pretérito imperfecto		
Acertaba	Había	acertado	**Acert**ara	o	**Acert**ase
Acertabas	Habías	acertado	**Acert**aras	o	**Acert**ases
Acertaba	Había	acertado	**Acert**ara	o	**Acert**ase
Acertábamos	Habíamos	acertado	**Acert**áramos	o	**Acert**ásemos
Acertabais	Habíais	acertado	**Acert**arais	o	**Acert**aseis
Acertaban	Habían	acertado	**Acert**aran	o	**Acert**asen

Pretérito indefinido	Pretérito anterior		Pretérito pluscuamperfecto			
Acerté	Hube	acertado	Hubiera	o	Hubiese	acertado
Acertaste	Hubiste	acertado	Hubieras	o	Hubieses	acertado
Acertó	Hubo	acertado	Hubiera	o	Hubiese	acertado
Acertamos	Hubimos	acertado	Hubiéramos	o	Hubiésemos	acertado
Acertasteis	Hubisteis	acertado	Hubierais	o	Hubieseis	acertado
Acertaron	Hubieron	acertado	Hubieran	o	Hubiesen	acertado

Futuro imperfecto	Futuro perfecto		Futuro imperfecto	Futuro perfecto	
Acertaré	Habré	acertado	**Acert**are	Hubiere	acertado
Acertarás	Habrás	acertado	**Acert**ares	Hubieres	acertado
Acertará	Habrá	acertado	**Acert**are	Hubiere	acertado
Acertaremos	Habremos	acertado	**Acert**áremos	Hubiéremos	acertado
Acertaréis	Habréis	acertado	**Acert**areis	Hubiereis	acertado
Acertarán	Habrán	acertado	**Acert**aren	Hubieren	acertado

Condicional simple	Condicional compuesto	
Acertaría	Habría	acertado
Acertarías	Habrías	acertado
Acertaría	Habría	acertado
Acertaríamos	Habríamos	acertado
Acertaríais	Habríais	acertado
Acertarían	Habrían	acertado

IMPERATIVO

Acierta

Acierte

Acertemos

Acertad

Acierten

ACOGER

FORMAS NO PERSONALES

Simples		Compuestas	
INFINITIVO:	Acoger	Haber	acogido
GERUNDIO:	Acogiendo	Habiendo	acogido
PARTICIPIO:	Acogido		

INDICATIVO

Presente	Pretérito perfecto	
Acojo	He	acogido
Acoges	Has	acogido
Acoge	Ha	acogido
Acogemos	Hemos	acogido
Acogéis	Habéis	acogido
Acogen	Han	acogido

Pretérito imperfecto	Pretérito pluscuamperfecto	
Acogía	Había	acogido
Acogías	Habías	acogido
Acogía	Había	acogido
Acogíamos	Habíamos	acogido
Acogíais	Habíais	acogido
Acogían	Habían	acogido

Pretérito indefinido	Pretérito anterior	
Acogí	Hube	acogido
Acogiste	Hubiste	acogido
Acogió	Hubo	acogido
Acogimos	Hubimos	acogido
Acogisteis	Hubisteis	acogido
Acogieron	Hubieron	acogido

Futuro imperfecto	Futuro perfecto	
Acogeré	Habré	acogido
Acogerás	Habrás	acogido
Acogerá	Habrá	acogido
Acogeremos	Habremos	acogido
Acogeréis	Habréis	acogido
Acogerán	Habrán	acogido

Condicional simple	Condicional compuesto	
Acogería	Habría	acogido
Acogerías	Habrías	acogido
Acogería	Habría	acogido
Acogeríamos	Habríamos	acogido
Acogeríais	Habríais	acogido
Acogerían	Habrían	acogido

SUBJUNTIVO

Presente	Pretérito perfecto	
Acoja	Haya	acogido
Acojas	Hayas	acogido
Acoja	Haya	acogido
Acojamos	Hayamos	acogido
Acojáis	Hayáis	acogido
Acojan	Hayan	acogido

Pretérito imperfecto		
Acogiera	o	Acogiese
Acogieras	o	Acogieses
Acogiera	o	Acogiese
Acogiéramos	o	Acogiésemos
Acogierais	o	Acogieseis
Acogieran	o	Acogiesen

Pretérito pluscuamperfecto			
Hubiera	o	Hubiese	acogido
Hubieras	o	Hubieses	acogido
Hubiera	o	Hubiese	acogido
Hubiéramos	o	Hubiésemos	acogido
Hubierais	o	Hubieseis	acogido
Hubieran	o	Hubiesen	acogido

Futuro imperfecto	Futuro perfecto	
Acogiere	Hubiere	acogido
Acogieres	Hubieres	acogido
Acogiere	Hubiere	acogido
Acogiéremos	Hubiéremos	acogido
Acogiereis	Hubiereis	acogido
Acogieren	Hubieren	acogido

IMPERATIVO

Acoge
    Acoja
    Acojamos

Acoged
    Acojan

ACTUAR

Simples		Compuestas	
INFINITIVO: Actuar		Haber actuado	
GERUNDIO: Actuando		Habiendo actuado	
PARTICIPIO: Actuado			

INDICATIVO — SUBJUNTIVO

Presente	Pretérito perfecto		Presente	Pretérito perfecto	
Actúo	He	actuado	Actúe	Haya	actuado
Actúas	Has	actuado	Actúes	Hayas	actuado
Actúa	Ha	actuado	Actúe	Haya	actuado
Actuamos	Hemos	actuado	Actuemos	Hayamos	actuado
Actuáis	Habéis	actuado	Actuéis	Hayáis	actuado
Actúan	Han	actuado	Actúen	Hayan	actuado

Pretérito imperfecto	Pretérito pluscuamperfecto		Pretérito imperfecto		
Actuaba	Había	actuado	Actuara	o	Actuase
Actuabas	Habías	actuado	Actuaras	o	Actuases
Actuaba	Había	actuado	Actuara	o	Actuase
Actuábamos	Habíamos	actuado	Actuáramos	o	Actuásemos
Actuabais	Habíais	actuado	Actuarais	o	Actuaseis
Actuaban	Habían	actuado	Actuaran	o	Actuasen

Pretérito indefinido	Pretérito anterior		Pretérito pluscuamperfecto			
Actué	Hube	actuado	Hubiera	o	Hubiese	actuado
Actuaste	Hubiste	actuado	Hubieras	o	Hubieses	actuado
Actuó	Hubo	actuado	Hubiera	o	Hubiese	actuado
Actuamos	Hubimos	actuado	Hubiéramos	o	Hubiésemos	actuado
Actuasteis	Hubisteis	actuado	Hubierais	o	Hubieseis	actuado
Actuaron	Hubieron	actuado	Hubieran	o	Hubiesen	actuado

Futuro imperfecto	Futuro perfecto		Futuro imperfecto	Futuro perfecto	
Actuaré	Habré	actuado	Actuare	Hubiere	actuado
Actuarás	Habrás	actuado	Actuares	Hubieres	actuado
Actuará	Habrá	actuado	Actuare	Hubiere	actuado
Actuaremos	Habremos	actuado	Actuáremos	Hubiéremos	actuado
Actuaréis	Habréis	actuado	Actuareis	Hubiereis	actuado
Actuarán	Habrán	actuado	Actuaren	Hubieren	actuado

Condicional simple	Condicional compuesto		IMPERATIVO
Actuaría	Habría	actuado	Actúa
Actuarías	Habrías	actuado	Actúe
Actuaría	Habría	actuado	Actuemos
Actuaríamos	Habríamos	actuado	
Actuaríais	Habríais	actuado	Actuad
Actuarían	Habrían	actuado	Actúen

FORMAS NO PERSONALES

Simples		Compuestas	
INFINITIVO:	**Adquir**ir	Haber	adquirido
GERUNDIO:	**Adquir**iendo	Habiendo	adquirido
PARTICIPIO:	**Adquir**ido		

INDICATIVO

Presente

Presente	Pretérito perfecto	
Adquiero	He	adquirido
Adquieres	Has	adquirido
Adquiere	Ha	adquirido
Adquirimos	Hemos	adquirido
Adquirís	Habéis	adquirido
Adquieren	Han	adquirido

Pretérito imperfecto	Pretérito pluscuamperfecto	
Adquiría	Había	adquirido
Adquirías	Habías	adquirido
Adquiría	Había	adquirido
Adquiríamos	Habíamos	adquirido
Adquiríais	Habíais	adquirido
Adquirían	Habían	adquirido

Pretérito indefinido	Pretérito anterior	
Adquirí	Hube	adquirido
Adquiriste	Hubiste	adquirido
Adquirió	Hubo	adquirido
Adquirimos	Hubimos	adquirido
Adquiristeis	Hubisteis	adquirido
Adquirieron	Hubieron	adquirido

Futuro imperfecto	Futuro perfecto	
Adquiriré	Habré	adquirido
Adquirirás	Habrás	adquirido
Adquirirá	Habrá	adquirido
Adquiriremos	Habremos	adquirido
Adquiriréis	Habréis	adquirido
Adquirirán	Habrán	adquirido

Condicional simple	Condicional compuesto	
Adquiriría	Habría	adquirido
Adquirirías	Habrías	adquirido
Adquiriría	Habría	adquirido
Adquiriríamos	Habríamos	adquirido
Adquiriríais	Habríais	adquirido
Adquirirían	Habrían	adquirido

SUBJUNTIVO

Presente	Pretérito perfecto	
Adquiera	Haya	adquirido
Adquieras	Hayas	adquirido
Adquiera	Haya	adquirido
Adquiramos	Hayamos	adquirido
Adquiráis	Hayáis	adquirido
Adquieran	Hayan	adquirido

Pretérito imperfecto

Adquiriera	o **Adquir**iese	
Adquirieras	o **Adquir**ieses	
Adquiriera	o **Adquir**iese	
Adquiriéramos	o **Adquir**iésemos	
Adquirierais	o **Adquir**ieseis	
Adquirieran	o **Adquir**iesen	

Pretérito pluscuamperfecto

Hubiera	o	Hubiese	adquirido
Hubieras	o	Hubieses	adquirido
Hubiera	o	Hubiese	adquirido
Hubiéramos	o	Hubiésemos	adquirido
Hubierais	o	Hubieseis	adquirido
Hubieran	o	Hubiesen	adquirido

Futuro imperfecto	Futuro perfecto	
Adquiriere	Hubiere	adquirido
Adquirieres	Hubieres	adquirido
Adquiriere	Hubiere	adquirido
Adquiriéremos	Hubiéremos	adquirido
Adquiriereis	Hubiereis	adquirido
Adquirieren	Hubieren	adquirido

IMPERATIVO

Adquiere
Adquiera
Adquiramos
Adquirid
Adquieran

ADVERTIR

FORMAS NO PERSONALES

Simples		Compuestas	
INFINITIVO: **Advert**ir		Haber advertido	
GERUNDIO: Advirtiendo		Habiendo advertido	
PARTICIPIO: **Advert**ido			

INDICATIVO

SUBJUNTIVO

Presente	Pretérito perfecto		Presente	Pretérito perfecto	
Advierto	He	advertido	Advierta	Haya	advertido
Adviertes	Has	advertido	Adviertas	Hayas	advertido
Advierte	Ha	advertido	Advierta	Haya	advertido
Advertimos	Hemos	advertido	Advirtamos	Hayamos	advertido
Advertís	Habéis	advertido	Advirtáis	Hayáis	advertido
Advierten	Han	advertido	Adviertan	Hayan	advertido

Pretérito imperfecto	Pretérito pluscuamperfecto		Pretérito imperfecto		
Advertía	Había	advertido	Advirtiera	o	Advirtiese
Advertías	Habías	advertido	Advirtieras	o	Advirtieses
Advertía	Había	advertido	Advirtiera	o	Advirtiese
Advertíamos	Habíamos	advertido	Advirtiéramos	o	Advirtiésemos
Advertíais	Habíais	advertido	Advirtierais	o	Advirtieseis
Advertían	Habían	advertido	Advirtieran	o	Advertiesen

Pretérito indefinido	Pretérito anterior		Pretérito pluscuamperfecto			
Advertí	Hube	advertido	Hubiera	o	Hubiese	advertido
Advertiste	Hubiste	advertido	Hubieras	o	Hubieses	advertido
Advirtió	Hubo	advertido	Hubiera	o	Hubiese	advertido
Advertimos	Hubimos	advertido	Hubiéramos	o	Hubiésemos	advertido
Advertisteis	Hubisteis	advertido	Hubierais	o	Hubieseis	advertido
Advirtieron	Hubieron	advertido	Hubieran	o	Hubiesen	advertido

Futuro imperfecto	Futuro perfecto		Futuro imperfecto	Futuro perfecto	
Advertiré	Habré	advertido	Advirtiere	Hubiere	advertido
Advertirás	Habrás	advertido	Advirtieres	Hubieres	advertido
Advertirá	Habrá	advertido	Advirtiere	Hubiere	advertido
Advertiremos	Habremos	advertido	Advirtiéremos	Hubiéremos	advertido
Advertiréis	Habréis	advertido	Advirtiereis	Hubiereis	advertido
Advertirán	Habrán	advertido	Advirtieren	Hubieren	advertido

Condicional simple	Condicional compuesto		IMPERATIVO
Advertiría	Habría	advertido	Advierte
Advertirías	Habrías	advertido	Advierta
Advertiría	Habría	advertido	Advirtamos
Advertiríamos	Habríamos	advertido	
Advertiríais	Habríais	advertido	**Advert**id
Advertirían	Habrían	advertido	Adviertan

FORMAS NO PERSONALES

Simples		Compuestas	
INFINITIVO:	**Agradec**er	Haber	agradecido
GERUNDIO:	**Agradec**iendo	Habiendo	agradecido
PARTICIPIO:	**Agradec**ido		

INDICATIVO

SUBJUNTIVO

Presente	Pretérito perfecto		Presente	Pretérito perfecto	
Agradezco	He	agradecido	Agradezca	Haya	agradecido
Agradeces	Has	agradecido	Agradezcas	Hayas	agradecido
Agradece	Ha	agradecido	Agradezca	Haya	agradecido
Agradecemos	Hemos	agradecido	Agradezcamos	Hayamos	agradecido
Agradecéis	Habéis	agradecido	Agradezcáis	Hayáis	agradecido
Agradecen	Han	agradecido	Agradezcan	Hayan	agradecido

Pretérito imperfecto	Pretérito pluscuamperfecto		Pretérito imperfecto		
Agradecía	Había	agradecido	**Agradec**iera	o	**Agradec**iese
Agradecías	Habías	agradecido	**Agradec**ieras	o	**Agradec**ieses
Agradecía	Había	agradecido	**Agradec**iera	o	**Agradec**iese
Agradecíamos	Habíamos	agradecido	**Agradec**iéramos	o	**Agradec**iésemos
Agradecíais	Habíais	agradecido	**Agradec**ierais	o	**Agradec**ieseis
Agradecían	Habían	agradecido	**Agradec**ieran	o	**Agradec**iesen

Pretérito indefinido	Pretérito anterior		Pretérito pluscuamperfecto			
Agradecí	Hube	agradecido	Hubiera	o	Hubiese	agradecido
Agradeciste	Hubiste	agradecido	Hubieras	o	Hubieses	agradecido
Agradeció	Hubo	agradecido	Hubiera	o	Hubiese	agradecido
Agradecimos	Hubimos	agradecido	Hubiéramos	o	Hubiésemos	agradecido
Agradecisteis	Hubisteis	agradecido	Hubierais	o	Hubieseis	agradecido
Agradecieron	Hubieron	agradecido	Hubieran	o	Hubiesen	agradecido

Futuro imperfecto	Futuro perfecto		Futuro imperfecto	Futuro perfecto	
Agradeceré	Habré	agradecido	**Agradec**iere	Hubiere	agradecido
Agradecerás	Habrás	agradecido	**Agradec**ieres	Hubieres	agradecido
Agradecerá	Habrá	agradecido	**Agradec**iere	Hubiere	agradecido
Agradeceremos	Habremos	agradecido	**Agradec**iéremos	Hubiéremos	agradecido
Agradeceréis	Habréis	agradecido	**Agradec**iereis	Hubiereis	agradecido
Agradecerán	Habrán	agradecido	**Agradec**ieren	Hubieren	agradecido

Condicional simple	Condicional compuesto		IMPERATIVO
Agradecería	Habría	agradecido	**Agradec**e
Agradecerías	Habrías	agradecido	Agradezca
Agradecería	Habría	agradecido	Agradezcamos
Agradeceríamos	Habríamos	agradecido	
Agradeceríais	Habríais	agradecido	**Agradec**ed
Agradecerían	Habrían	agradecido	Agradezcan

ALMORZAR

FORMAS NO PERSONALES

Simples

INFINITIVO: **Almorz**ar
GERUNDIO: **Almorz**ando
PARTICIPIO: **Almorz**ado

Compuestas

Haber almorzado
Habiendo almorzado

INDICATIVO

Presente	Pretérito perfecto	
Almuerzo	He	almorzado
Almuerzas	Has	almorzado
Almuerza	Ha	almorzado
Almorzamos	Hemos	almorzado
Almorzáis	Habéis	almorzado
Almuerzan	Han	almorzado

Pretérito imperfecto	Pretérito pluscuamperfecto	
Almorzaba	Había	almorzado
Almorzabas	Habías	almorzado
Almorzaba	Había	almorzado
Almorzábamos	Habíamos	almorzado
Almorzabais	Habíais	almorzado
Almorzaban	Habían	almorzado

Pretérito indefinido	Pretérito anterior	
Almorcé	Hube	almorzado
Almorzaste	Hubiste	almorzado
Almorzó	Hubo	almorzado
Almorzamos	Hubimos	almorzado
Almorzasteis	Hubisteis	almorzado
Almorzaron	Hubieron	almorzado

Futuro imperfecto	Futuro perfecto	
Almorzaré	Habré	almorzado
Almorzarás	Habrás	almorzado
Almorzará	Habrá	almorzado
Almorzaremos	Habremos	almorzado
Almorzaréis	Habréis	almorzado
Almorzarán	Habrán	almorzado

Condicional simple	Condicional compuesto	
Almorzaría	Habría	almorzado
Almorzarías	Habrías	almorzado
Almorzaría	Habría	almorzado
Almorzaríamos	Habríamos	almorzado
Almorzaríais	Habríais	almorzado
Almorzarían	Habrían	almorzado

SUBJUNTIVO

Presente	Pretérito perfecto	
Almuerce	Haya	almorzado
Almuerces	Hayas	almorzado
Almuerce	Haya	almorzado
Almorcemos	Hayamos	almorzado
Almorcéis	Hayáis	almorzado
Almuercen	Hayan	almorzado

Pretérito imperfecto

Almorzara	o	**Almorz**ase
Almorzaras	o	**Almorz**ases
Almorzara	o	**Almorz**ase
Almorzáramos	o	**Almorz**ásemos
Almorzarais	o	**Almorz**aseis
Almorzaran	o	**Almorz**asen

Pretérito pluscuamperfecto

Hubiera	o	Hubiese	almorzado
Hubieras	o	Hubieses	almorzado
Hubiera	o	Hubiese	almorzado
Hubiéramos	o	Hubiésemos	almorzado
Hubierais	o	Hubieseis	almorzado
Hubieran	o	Hubiesen	almorzado

Futuro imperfecto	Futuro perfecto	
Almorzare	Hubiere	almorzado
Almorzares	Hubieres	almorzado
Almorzare	Hubiere	almorzado
Almorzáremos	Hubiéremos	almorzado
Almorzareis	Hubiereis	almorzado
Almorzaren	Hubieren	almorzado

IMPERATIVO

Almuerza
Almuerce
Almorcemos

Almorzad
Almuercen

FORMAS NO PERSONALES

Simples	Compuestas
INFINITIVO: **Amobl**ar	Haber amoblado
GERUNDIO: **Amobl**ando	Habiendo amoblado
PARTICIPIO: **Amobl**ado	

INDICATIVO

Presente	Pretérito perfecto		Presente	Pretérito perfecto	
Amueblo	He	amoblado	Amueble	Haya	amoblado
Amueblas	Has	amoblado	Amuebles	Hayas	amoblado
Amuebla	Ha	amoblado	Amueble	Haya	amoblado
Amoblamos	Hemos	amoblado	**Amobl**emos	Hayamos	amoblado
Amobláis	Habéis	amoblado	**Amobl**éis	Hayáis	amoblado
Amueblan	Han	amoblado	Amueblen	Hayan	amoblado

SUBJUNTIVO

Pretérito imperfecto	Pretérito pluscuamperfecto		Pretérito imperfecto		
Amoblaba	Había	amoblado	**Amobl**ara	o	**Amobl**ase
Amoblabas	Habías	amoblado	**Amobl**aras	o	**Amobl**ases
Amoblaba	Había	amoblado	**Amobl**ara	o	**Amobl**ase
Amoblábamos	Habíamos	amoblado	**Amobl**áramos	o	**Amobl**ásemos
Amoblabais	Habíais	amoblado	**Amobl**arais	o	**Amobl**aseis
Amoblaban	Habían	amoblado	**Amobl**aran	o	**Amobl**asen

Pretérito indefinido	Pretérito anterior		Pretérito pluscuamperfecto			
Amoblé	Hube	amoblado	Hubiera	o	Hubiese	amoblado
Amoblaste	Hubiste	amoblado	Hubieras	o	Hubieses	amoblado
Amobló	Hubo	amoblado	Hubiera	o	Hubiese	amoblado
Amoblamos	Hubimos	amoblado	Hubiéramos	o	Hubiésemos	amoblado
Amoblasteis	Hubisteis	amoblado	Hubierais	o	Hubieseis	amoblado
Amoblaron	Hubieron	amoblado	Hubieran	o	Hubiesen	amoblado

Futuro imperfecto	Futuro perfecto		Futuro imperfecto	Futuro perfecto	
Amoblaré	Habré	amoblado	**Amobl**are	Hubiere	amoblado
Amoblarás	Habrás	amoblado	**Amobl**ares	Hubieres	amoblado
Amoblará	Habrá	amoblado	**Amobl**are	Hubiere	amoblado
Amoblaremos	Habremos	amoblado	**Amobl**áremos	Hubiéremos	amoblado
Amoblaréis	Habréis	amoblado	**Amobl**areis	Hubiereis	amoblado
Amoblarán	Habrán	amoblado	**Amobl**aren	Hubieren	amoblado

Condicional simple	Condicional compuesto		IMPERATIVO
Amoblaría	Habría	amoblado	Amuebla
Amoblarías	Habrías	amoblado	Amueble
Amoblaría	Habría	amoblado	**Amobl**emos
Amoblaríamos	Habríamos	amoblado	
Amoblaríais	Habríais	amoblado	**Amobl**ad
Amoblarían	Habrían	amoblado	Amueblen

ANDAR

FORMAS NO PERSONALES

Simples		Compuestas	
INFINITIVO: **And**ar		Haber andado	
GERUNDIO: **And**ando		Habiendo andado	
PARTICIPIO: **And**ado			

INDICATIVO

Presente	Pretérito perfecto	
Ando	He	andado
Andas	Has	andado
Anda	Ha	andado
Andamos	Hemos	andado
Andáis	Habéis	andado
Andan	Han	andado

Pretérito imperfecto	Pretérito pluscuamperfecto	
Andaba	Había	andado
Andabas	Habías	andado
Andaba	Había	andado
Andábamos	Habíamos	andado
Andabais	Habíais	andado
Andaban	Habían	andado

Pretérito indefinido	Pretérito anterior	
Anduve	Hube	andado
Anduviste	Hubiste	andado
Anduvo	Hubo	andado
Anduvimos	Hubimos	andado
Anduvisteis	Hubisteis	andado
Anduvieron	Hubieron	andado

Futuro imperfecto	Futuro perfecto	
Andaré	Habré	andado
Andarás	Habrás	andado
Andará	Habrá	andado
Andaremos	Habremos	andado
Andaréis	Habréis	andado
Andarán	Habrán	andado

Condicional simple	Condicional compuesto	
Andaría	Habría	andado
Andarías	Habrías	andado
Andaría	Habría	andado
Andaríamos	Habríamos	andado
Andaríais	Habríais	andado
Andarían	Habrían	andado

SUBJUNTIVO

Presente	Pretérito perfecto	
Ande	Haya	andado
Andes	Hayas	andado
Ande	Haya	andado
Andemos	Hayamos	andado
Andéis	Hayáis	andado
Anden	Hayan	andado

Pretérito imperfecto

Anduviera	o	Anduviese
Anduvieras	o	Anduvieses
Anduviera	o	Anduviese
Anduviéramos	o	Anduviésemos
Anduvierais	o	Anduvieseis
Anduvieran	o	Anduviesen

Pretérito pluscuamperfecto

Hubiera	o	Hubiese	andado
Hubieras	o	Hubieses	andado
Hubiera	o	Hubiese	andado
Hubiéramos	o	Hubiésemos	andado
Hubierais	o	Hubieseis	andado
Hubieran	o	Hubiesen	andado

Futuro imperfecto	Futuro perfecto	
Anduviere	Hubiere	andado
Anduvieres	Hubieres	andado
Anduviere	Hubiere	andado
Anduviéremos	Hubiéremos	andado
Anduviereis	Hubiereis	andado
Anduvieren	Hubieren	andado

IMPERATIVO

Anda
Ande
Andemos

Andad
Anden

APARECER

FORMAS NO PERSONALES

Simples		Compuestas	
INFINITIVO:	**Aparec**er	Haber	aparecido
GERUNDIO:	**Aparec**iendo	Habiendo	aparecido
PARTICIPIO:	**Aparec**ido		

INDICATIVO

Presente	Pretérito perfecto	
Aparezco	He	aparecido
Apareces	Has	aparecido
Aparece	Ha	aparecido
Aparecemos	Hemos	aparecido
Aparecéis	Habéis	aparecido
Aparecen	Han	aparecido

Pretérito imperfecto	Pretérito Pluscuamperfecto	
Aparecía	Había	aparecido
Aparecías	Habías	aparecido
Aparecía	Había	aparecido
Aparecíamos	Habíamos	aparecido
Aparecíais	Habíais	aparecido
Aparecían	Habían	aparecido

Pretérito indefinido	Pretérito anterior	
Aparecí	Hube	aparecido
Apareciste	Hubiste	aparecido
Apareció	Hubo	aparecido
Aparecimos	Hubimos	aparecido
Aparecisteis	Hubisteis	aparecido
Aparecieron	Hubieron	aparecido

Futuro imperfecto	Futuro perfecto	
Apareceré	Habré	aparecido
Aparecerás	Habrás	aparecido
Aparecerá	Habrá	aparecido
Apareceremos	Habremos	aparecido
Apareceréis	Habréis	aparecido
Aparecerán	Habrán	aparecido

Condicional simple	Condicional compuesto	
Aparecería	Habría	aparecido
Aparecerías	Habrías	aparecido
Aparecería	Habría	aparecido
Apareceríamos	Habríamos	aparecido
Apareceríais	Habríais	aparecido
Aparecerían	Habrían	aparecido

SUBJUNTIVO

Presente	Pretérito perfecto	
Aparezca	Haya	aparecido
Aparezcas	Hayas	aparecido
Aparezca	Haya	aparecido
Aparezcamos	Hayamos	aparecido
Aparezcáis	Hayáis	aparecido
Aparecan	Hayan	aparecido

Pretérito imperfecto		
Apareciera	o	**Aparec**iese
Aparecieras	o	**Aparec**ieses
Apareciera	o	**Aparec**iese
Apareciéramos	o	**Aparec**iésemos
Aparecierais	o	**Aparec**ieseis
Aparecieran	o	**Aparec**iesen

Pretérito pluscuamperfecto			
Hubiera	o	Hubiese	aparecido
Hubieras	o	Hubieses	aparecido
Hubiera	o	Hubiese	aparecido
Hubiéramos	o	Hubiésemos	aparecido
Hubierais	o	Hubieseis	aparecido
Hubieran	o	Hubiesen	aparecido

Futuro imperfecto	Futuro perfecto	
Apareciere	Hubiere	aparecido
Aparecieres	Hubieres	aparecido
Apareciere	Hubiere	aparecido
Apareciéremos	Hubiéremos	aparecido
Apareciereis	Hubiereis	aparecido
Aparecieren	Hubieren	aparecido

IMPERATIVO

Aparece
Aparezca
Aparezcamos

Apareced
Aparezcan

APETECER

FORMAS NO PERSONALES

Simples		Compuestas	
INFINITIVO:	**Apetec**er	Haber	apetecido
GERUNDIO:	**Apetec**iendo	Habiendo	apetecido
PARTICIPIO:	**Apetec**ido		

INDICATIVO

Presente	Pretérito perfecto		Presente	Pretérito perfecto	
Apetezco	He	apetecido	Apetezca	Haya	apetecido
Apeteces	Has	apetecido	Apetezcas	Hayas	apetecido
Apetece	Ha	apetecido	Apetezca	Haya	apetecido
Apetecemos	Hemos	apetecido	Apetezcamos	Hayamos	apetecido
Apetecéis	Habéis	apetecido	Apetezcáis	Hayáis	apetecido
Apetecen	Han	apetecido	Apetezcan	Hayan	apetecido

Pretérito imperfecto	Pretérito pluscuamperfecto		Pretérito imperfecto		
Apetecía	Había	apetecido	**Apetec**iera	o	**Apetec**iese
Apetecías	Habías	apetecido	**Apetec**ieras	o	**Apetec**ieses
Apetecía	Había	apetecido	**Apetec**iera	o	**Apetec**iese
Apetecíamos	Habíamos	apetecido	**Apetec**iéramos	o	**Apetec**iésemos
Apetecíais	Habíais	apetecido	**Apetec**ierais	o	**Apetec**ieseis
Apetecían	Habían	apetecido	**Apetec**ieran	o	**Apetec**iesen

Pretérito indefinido	Pretérito anterior		Pretérito pluscuamperfecto			
Apetecí	Hube	apetecido	Hubiera	o	Hubiese	apetecido
Apeteciste	Hubiste	apetecido	Hubieras	o	Hubieses	apetecido
Apeteció	Hubo	apetecido	Hubiera	o	Hubiese	apetecido
Apetecimos	Hubimos	apetecido	Hubiéramos	o	Hubiésemos	apetecido
Apetecisteis	Hubisteis	apetecido	Hubierais	o	Hubieseis	apetecido
Apetecieron	Hubieron	apetecido	Hubieran	o	Hubiesen	apetecido

Futuro imperfecto	Futuro perfecto		Futuro imperfecto	Futuro perfecto	
Apeteceré	Habré	apetecido	**Apetec**iere	Hubiere	apetecido
Apetecerás	Habrás	apetecido	**Apetec**ieres	Hubieres	apetecido
Apetecerá	Habrá	apetecido	**Apetec**iere	Hubiere	apetecido
Apeteceremos	Habremos	apetecido	**Apetec**iéremos	Hubiéremos	apetecido
Apeteceréis	Habréis	apetecido	**Apetec**iereis	Hubiereis	apetecido
Apetecerán	Habrán	apetecido	**Apetec**ieren	Hubieren	apetecido

Condicional simple	Condicional compuesto		IMPERATIVO
Apetecería	Habría	apetecido	**Apetec**e
Apetecerías	Habrías	apetecido	Apetezca
Apetecería	Habría	apetecido	Apetezcamos
Apeteceríamos	Habríamos	apetecido	
Apeteceríais	Habríais	apetecido	**Apetec**ed
Apetecerían	Habrían	apetecido	Apetezcan

FORMAS NO PERSONALES

Simples		Compuestas	
INFINITIVO:	**Apost**ar	Haber	apostado
GERUNDIO:	**Apost**ando	Habiendo	apostado
PARTICIPIO:	**Apost**ado		

INDICATIVO

SUBJUNTIVO

Presente	Pretérito perfecto		Presente	Pretérito perfecto	
Apuesto	He	apostado	Apueste	Haya	apostado
Apuestas	Has	apostado	Apuestes	Hayas	apostado
Apuesta	Ha	apostado	Apueste	Haya	apostado
Apostamos	Hemos	apostado	**Apost**emos	Hayamos	apostado
Apostáis	Habéis	apostado	**Apost**éis	Hayáis	apostado
Apuestan	Han	apostado	Apuesten	Hayan	apostado

Pretérito imperfecto	Pretérito pluscuamperfecto		Pretérito imperfecto		
Apostaba	Había	apostado	**Apost**ara	o	**Apost**ase
Apostabas	Habías	apostado	**Apost**aras	o	**Apost**ases
Apostaba	Había	apostado	**Apost**ara	o	**Apost**ase
Apostábamos	Habíamos	apostado	**Apost**áramos	o	**Apost**ásemos
Apostabais	Habíais	apostado	**Apost**arais	o	**Apost**aseis
Apostaban	Habían	apostado	**Apost**aran	o	**Apost**asen

Pretérito indefinido	Pretérito anterior		Pretérito pluscuamperfecto			
Aposté	Hube	apostado	Hubiera	o	Hubiese	apostado
Apostaste	Hubiste	apostado	Hubieras	o	Hubieses	apostado
Apostó	Hubo	apostado	Hubiera	o	Hubiese	apostado
Apostamos	Hubimos	apostado	Hubiéramos	o	Hubiésemos	apostado
Apostasteis	Hubisteis	apostado	Hubierais	o	Hubieseis	apostado
Apostaron	Hubieron	apostado	Hubieran	o	Hubiesen	apostado

Futuro imperfecto	Futuro perfecto		Futuro imperfecto	Futuro perfecto	
Apostaré	Habré	apostado	**Apost**are	Hubiere	apostado
Apostarás	Habrás	apostado	**Apost**ares	Hubieres	apostado
Apostará	Habrá	apostado	**Apost**are	Hubiere	apostado
Apostaremos	Habremos	apostado	**Apost**áremos	Hubiéremos	apostado
Apostaréis	Habréis	apostado	**Apost**areis	Hubiereis	apostado
Apostarán	Habrán	apostado	**Apost**aren	Hubieren	apostado

Condicional simple	Condicional compuesto		IMPERATIVO	
Apostaría	Habría	apostado	Apuesta	
Apostarías	Habrías	apostado	Apueste	
Apostaría	Habría	apostado	**Apost**emos	
Apostaríamos	Habríamos	apostado		
Apostaríais	Habríais	apostado	**Apost**ad	
Apostarían	Habrían	apostado	Apuesten	

APRETAR

FORMAS NO PERSONALES

Simples		Compuestas	
INFINITIVO: **Apret**ar		Haber	apretado
GERUNDIO: **Apret**ando		Habiendo	apretado
PARTICIPIO: **Apret**ado			

INDICATIVO

SUBJUNTIVO

Presente	Pretérito perfecto		Presente	Pretérito perfecto	
Apriet**o**	He	apretado	Apriet**e**	Haya	apretado
Apriet**as**	Has	apretado	Apriet**es**	Hayas	apretado
Apriet**a**	Ha	apretado	Apriet**e**	Haya	apretado
Apretamos	Hemos	apretado	**Apret**emos	Hayamos	apretado
Apretáis	Habéis	apretado	**Apret**éis	Hayáis	apretado
Apriet**an**	Han	apretado	Apriet**en**	Hayan	apretado

Pretérito imperfecto	Pretérito pluscuamperfecto		Pretérito imperfecto		
Apretaba	Había	apretado	**Apret**ara	o	**Apret**ase
Apretabas	Habías	apretado	**Apret**aras	o	**Apret**ases
Apretaba	Había	apretado	**Apret**ara	o	**Apret**ase
Apretábamos	Habíamos	apretado	**Apret**áramos	o	**Apret**ásemos
Apretabais	Habíais	apretado	**Apret**arais	o	**Apret**aseis
Apretaban	Habían	apretado	**Apret**aran	o	**Apret**asen

Pretérito indefinido	Pretérito anterior		Pretérito pluscuamperfecto			
Apreté	Hube	apretado	Hubiera	o	Hubiese	apretado
Apretaste	Hubiste	apretado	Hubieras	o	Hubieses	apretado
Apretó	Hubo	apretado	Hubiera	o	Hubiese	apretado
Apretamos	Hubimos	apretado	Hubiéramos	o	Hubiésemos	apretado
Apretasteis	Hubisteis	apretado	Hubierais	o	Hubieseis	apretado
Apretaron	Hubieron	apretado	Hubieran	o	Hubiesen	apretado

Futuro imperfecto	Futuro perfecto		Futuro imperfecto	Futuro perfecto	
Apretaré	Habré	apretado	**Apret**are	Hubiere	apretado
Apretarás	Habrás	apretado	**Apret**ares	Hubieres	apretado
Apretará	Habrá	apretado	**Apret**are	Hubiere	apretado
Apretaremos	Habremos	apretado	**Apret**áremos	Hubiéremos	apretado
Apretaréis	Habréis	apretado	**Apret**areis	Hubiereis	apretado
Apretarán	Habrán	apretado	**Apret**aren	Hubieren	apretado

Condicional simple	Condicional compuesto		IMPERATIVO
Apretaría	Habría	apretado	Apriet**a**
Apretarías	Habrías	apretado	Apriet**e**
Apretaría	Habría	apretado	**Apret**emos
Apretaríamos	Habríamos	apretado	
Apretaríais	Habríais	apretado	**Apret**ad
Apretarían	Habrían	apretado	Apriet**en**

APROBAR

FORMAS NO PERSONALES

Simples		Compuestas	
INFINITIVO: **Aprob**ar		Haber aprobado	
GERUNDIO: **Aprob**ando		Habiendo aprobado	
PARTICIPIO: **Aprob**ado			

INDICATIVO

Presente	Pretérito perfecto	
Apruebo	He	aprobado
Apruebas	Has	aprobado
Aprueba	Ha	aprobado
Aprobamos	Hemos	aprobado
Aprobáis	Habéis	aprobado
Aprueban	Han	aprobado

Pretérito imperfecto	Pretérito pluscuamperfecto	
Aprobaba	Había	aprobado
Aprobabas	Habías	aprobado
Aprobaba	Había	aprobado
Aprobábamos	Habíamos	aprobado
Aprobabais	Habíais	aprobado
Aprobaban	Habían	aprobado

Pretérito indefinido	Pretérito anterior	
Aprobé	Hube	aprobado
Aprobaste	Hubiste	aprobado
Aprobó	Hubo	aprobado
Aprobamos	Hubimos	aprobado
Aprobasteis	Hubisteis	aprobado
Aprobaron	Hubieron	aprobado

Futuro imperfecto	Futuro perfecto	
Aprobaré	Habré	aprobado
Aprobarás	Habrás	aprobado
Aprobará	Habrá	aprobado
Aprobaremos	Habremos	aprobado
Aprobaréis	Habréis	aprobado
Aprobarán	Habrán	aprobado

Condicional simple	Condicional compuesto	
Aprobaría	Habría	aprobado
Aprobarías	Habrías	aprobado
Aprobaría	Habría	aprobado
Aprobaríamos	Habríamos	aprobado
Aprobaríais	Habríais	aprobado
Aprobarían	Habrían	aprobado

SUBJUNTIVO

Presente	Pretérito perfecto	
Apruebe	Haya	aprobado
Apruebes	Hayas	aprobado
Apruebe	Haya	aprobado
Aprobemos	Hayamos	aprobado
Aprobéis	Hayáis	aprobado
Aprueben	Hayan	aprobado

Pretérito imperfecto			
Aprobara	o	**Aprob**ase	
Aprobaras	o	**Aprob**ases	
Aprobara	o	**Aprob**ase	
Aprobáramos	o	**Aprob**ásemos	
Aprobarais	o	**Aprob**aseis	
Aprobaran	o	**Aprob**asen	

Pretérito pluscuamperfecto			
Hubiera	o	Hubiese	aprobado
Hubieras	o	Hubieses	aprobado
Hubiera	o	Hubiese	aprobado
Hubiéramos	o	Hubiésemos	aprobado
Hubierais	o	Hubieseis	aprobado
Hubieran	o	Hubiesen	aprobado

Futuro imperfecto	Futuro perfecto	
Aprobare	Hubiere	aprobado
Aprobares	Hubieres	aprobado
Aprobare	Hubiere	aprobado
Aprobáremos	Hubiéremos	aprobado
Aprobareis	Hubiereis	aprobado
Aprobaren	Hubieren	aprobado

IMPERATIVO

Aprueba
Apruebe
Aprobemos

Aprobad
Aprueben

ARRENDAR

FORMAS NO PERSONALES

Simples	Compuestas
INFINITIVO: **Arrend**ar	Haber arrendado
GERUNDIO: **Arrend**ando	Habiendo arrendado
PARTICIPIO: **Arrend**ado	

INDICATIVO

Presente

Presente	Pretérito perfecto
Arriendo	He arrendado
Arriendas	Has arrendado
Arrienda	Ha arrendado
Arrendamos	Hemos arrendado
Arrendáis	Habéis arrendado
Arriendan	Han arrendado

Pretérito imperfecto	Pretérito pluscuamperfecto
Arrendaba	Había arrendado
Arrendabas	Habías arrendado
Arrendaba	Había arrendado
Arrendábamos	Habíamos arrendado
Arrendabais	Habíais arrendado
Arrendaban	Habían arrendado

Pretérito indefinido	Pretérito anterior
Arrendé	Hube arrendado
Arrendaste	Hubiste arrendado
Arrendó	Hubo arrendado
Arrendamos	Hubimos arrendado
Arrendasteis	Hubisteis arrendado
Arrendaron	Hubieron arrendado

Futuro imperfecto	Futuro perfecto
Arrendaré	Habré arrendado
Arrendarás	Habrás arrendado
Arrendará	Habrá arrendado
Arrendaremos	Habremos arrendado
Arrendaréis	Habréis arrendado
Arrendarán	Habrán arrendado

Condicional simple	Condicional compuesto
Arrendaría	Habría arrendado
Arrendarías	Habrías arrendado
Arrendaría	Habría arrendado
Arrendaríamos	Habríamos arrendado
Arrendaríais	Habríais arrendado
Arrendarían	Habrían arrendado

SUBJUNTIVO

Presente	Pretérito perfecto
Arriende	Haya arrendado
Arriendes	Hayas arrendado
Arriende	Haya arrendado
Arrendemos	Hayamos arrendado
Arrendéis	Hayáis arrendado
Arrienden	Hayan arrendado

Pretérito imperfecto

Arrendara	o	**Arrend**ase
Arrendaras	o	**Arrend**ases
Arrendara	o	**Arrend**ase
Arrendáramos	o	**Arrend**ásemos
Arrendarais	o	**Arrend**aseis
Arrendaran	o	**Arrend**asen

Pretérito pluscuamperfecto

Hubiera	o	Hubiese	arrendado
Hubieras	o	Hubieses	arrendado
Hubiera	o	Hubiese	arrendado
Hubiéramos	o	Hubiésemos	arrendado
Hubierais	o	Hubieseis	arrendado
Hubieran	o	Hubiesen	arrendado

Futuro imperfecto	Futuro perfecto	
Arrendare	Hubiere	arrendado
Arrendares	Hubieres	arrendado
Arrendare	Hubiere	arrendado
Arrendáremos	Hubiéremos	arrendado
Arrendareis	Hubiereis	arrendado
Arrendaren	Hubieren	arrendado

IMPERATIVO

Arrienda
Arriende
Arrendemos

Arrendad
Arrienden

ASCENDER

FORMAS NO PERSONALES

Simples		Compuestas	
INFINITIVO:	**Ascend**er	Haber	ascendido
GERUNDIO:	**Ascend**iendo	Habiendo	ascendido
PARTICIPIO:	**Ascend**ido		

INDICATIVO

SUBJUNTIVO

Presente	Pretérito perfecto		Presente	Pretérito perfecto	
Asciendo	He	ascendido	Ascienda	Haya	ascendido
Asciendes	Has	ascendido	Asciendas	Hayas	ascendido
Asciende	Ha	ascendido	Ascienda	Haya	ascendido
Ascendemos	Hemos	ascendido	**Ascend**amos	Hayamos	ascendido
Ascendéis	Habéis	ascendido	**Ascend**áis	Hayáis	ascendido
Ascienden	Han	ascendido	Asciendan	Hayan	ascendido

Pretérito imperfecto	Pretérito pluscuamperfecto		Pretérito imperfecto		
Ascendía	Había	ascendido	**Ascend**iera	o	**Ascend**iese
Ascendías	Habías	ascendido	**Ascend**ieras	o	**Ascend**ieses
Ascendía	Había	ascendido	**Ascend**iera	o	**Ascend**iese
Ascendíamos	Habíamos	ascendido	**Ascend**iéramos	o	**Ascend**iésemos
Ascendíais	Habíais	ascendido	**Ascend**ierais	o	**Ascend**ieseis
Ascendían	Habían	ascendido	**Ascend**ieran	o	**Ascend**iesen

Pretérito indefinido	Pretérito anterior		Pretérito pluscuamperfecto		
Ascendí	Hube	ascendido	Hubiera	o	Hubiese	ascendido
Ascendiste	Hubiste	ascendido	Hubieras	o	Hubieses	ascendido
Ascendió	Hubo	ascendido	Hubiera	o	Hubiese	ascendido
Ascendimos	Hubimos	ascendido	Hubiéramos	o	Hubiésemos	ascendido
Ascendisteis	Hubisteis	ascendido	Hubierais	o	Hubieseis	ascendido
Ascendieron	Hubieron	ascendido	Hubieran	o	Hubiesen	ascendido

Futuro imperfecto	Futuro perfecto		Futuro imperfecto	Futuro perfecto	
Ascenderé	Habré	ascendido	**Ascend**iere	Hubiere	ascendido
Ascenderás	Habrás	ascendido	**Ascend**ieres	Hubieres	ascendido
Ascenderá	Habrá	ascendido	**Ascend**iere	Hubiere	ascendido
Ascenderemos	Habremos	ascendido	**Ascend**iéremos	Hubiéremos	ascendido
Ascenderéis	Habréis	ascendido	**Ascend**iereis	Hubiereis	ascendido
Ascenderán	Habrán	ascendido	**Ascend**ieren	Hubieren	ascendido

Condicional simple	Condicional compuesto		IMPERATIVO
Ascendería	Habría	ascendido	Asciende
Ascenderías	Habrías	ascendido	Ascienda
Ascendería	Habría	ascendido	**Ascend**amos
Ascenderíamos	Habríamos	ascendido	
Ascenderíais	Habríais	ascendido	**Ascend**ed
Ascenderían	Habrían	ascendido	Asciendan

FORMAS NO PERSONALES

Simples		Compuestas	
INFINITIVO:	**Asent**ir	Haber	asentido
GERUNDIO:	Asintiendo	Habiendo	asentido
PARTICIPIO:	**Asent**ido		

INDICATIVO		SUBJUNTIVO	

Presente	Pretérito perfecto		Presente	Pretérito perfecto	
Asiento	He	asentido	Asienta	Haya	asentido
Asientes	Has	asentido	Asientas	Hayas	asentido
Asiente	Ha	asentido	Asienta	Haya	asentido
Asentimos	Hemos	asentido	**Asent**amos	Hayamos	asentido
Asentís	Habéis	asentido	**Asent**áis	Hayáis	asentido
Asienten	Han	asentido	Asientan	Hayan	asentido

Pretérito imperfecto	Pretérito pluscuamperfecto		Pretérito imperfecto		
Asentía	Había	asentido	Asintiera	o	Asientiese
Asentías	Habías	asentido	Asintieras	o	Asientieses
Asentía	Había	asentido	Asintiera	o	Asientiese
Asentíamos	Habíamos	asentido	Asintiéramos	o	Asintiésemos
Asentíais	Habíais	asentido	Asintierais	o	Asintieseis
Asentían	Habían	asentido	Asintieran	o	Asintiesen

Pretérito indefinido	Pretérito anterior		Pretérito pluscuamperfecto			
Asentí	Hube	asentido	Hubiera	o	Hubiese	asentido
Asentiste	Hubiste	asentido	Hubieras	o	Hubieses	asentido
Asintió	Hubo	asentido	Hubiera	o	Hubiese	asentido
Asentimos	Hubimos	asentido	Hubiéramos	o	Hubiésemos	asentido
Asentisteis	Hubisteis	asentido	Hubierais	o	Hubieseis	asentido
Asintieron	Hubieron	asentido	Hubieran	o	Hubiesen	asentido

Futuro imperfecto	Futuro perfecto		Futuro imperfecto	Futuro perfecto	
Asentiré	Habré	asentido	Asintiere	Hubiere	asentido
Asentirás	Habrás	asentido	Asintieres	Hubieres	asentido
Asentirá	Habrá	asentido	Asintiere	Hubiere	asentido
Asentiremos	Habremos	asentido	Asintiéremos	Hubiéremos	asentido
Asentiréis	Habréis	asentido	Asintiereis	Hubiereis	asentido
Asentirán	Habrán	asentido	Asintieren	Hubieren	asentido

Condicional simple	Condicional compuesto		IMPERATIVO
Asentiría	Habría	asentido	Asiente
Asentirías	Habrías	asentido	Asienta
Asentiría	Habría	asentido	Asintamos
Asentiríamos	Habríamos	asentido	
Asentiríais	Habríais	asentido	**Asent**id
Asentirían	Habrían	asentido	Asientan

FORMAS NO PERSONALES

Simples		Compuestas	
INFINITIVO:	**As**ir	Haber	asido
GERUNDIO:	**As**iendo	Habiendo	asido
PARTICIPIO:	**As**ido		

INDICATIVO

Presente	Pretérito perfecto		Presente	Pretérito perfecto	
Asgo	He	asido	**As**ga	Haya	asido
Ases	Has	asido	**As**gas	Hayas	asido
Ase	Ha	asido	**As**ga	Haya	asido
Asimos	Hemos	asido	**As**gamos	Hayamos	asido
Asís	Habéis	asido	**As**gáis	Hayáis	asido
Asen	Han	asido	**As**gan	Hayan	asido

Pretérito imperfecto	Pretérito pluscuamperfecto		Pretérito imperfecto		
Asía	Había	asido	**As**iera	o	**As**iese
Asías	Habías	asido	**As**ieras	o	**As**ieses
Asía	Había	asido	**As**iera	o	**As**iese
Asíamos	Habíamos	asido	**As**iéramos	o	**As**iésemos
Asíais	Habíais	asido	**As**ierais	o	**As**ieseis
Asían	Habían	asido	**As**ieran	o	**As**iesen

Pretérito indefinido	Pretérito anterior		Pretérito pluscuamperfecto			
Así	Hube	asido	Hubiera	o	Hubiese	asido
Asiste	Hubiste	asido	Hubieras	o	Hubieses	asido
Asió	Hubo	asido	Hubiera	o	Hubiese	asido
Asimos	Hubimos	asido	Hubiéramos	o	Hubiésemos	asido
Asisteis	Hubisteis	asido	Hubierais	o	Hubieseis	asido
Asieron	Hubieron	asido	Hubieran	o	Hubiesen	asido

Futuro imperfecto	Futuro perfecto		Futuro imperfecto	Futuro perfecto	
Asiré	Habré	asido	**As**iere	Hubiere	asido
Asirás	Habrás	asido	**As**ieres	Hubieres	asido
Asirá	Habrá	asido	**As**iere	Hubiere	asido
Asiremos	Habremos	asido	**As**iéremos	Hubiéremos	asido
Asiréis	Habréis	asido	**As**iereis	Hubiereis	asido
Asirán	Habrán	asido	**As**ieren	Hubieren	asido

Condicional simple	Condicional compuesto		IMPERATIVO
Asiría	Habría	asido	**As**e
Asirías	Habrías	asido	Asga
Asiría	Habría	asido	Asgamos
Asiríamos	Habríamos	asido	
Asiríais	Habríais	asido	**As**id
Asirían	Habrían	asido	Asgan

ATACAR

FORMAS NO PERSONALES

Simples	Compuestas

INFINITIVO: **Atac**ar   Haber atacado
GERUNDIO: **Atac**ando   Habiendo atacado
PARTICIPIO: **Atac**ado

INDICATIVO / SUBJUNTIVO

Presente	Pretérito perfecto	Presente	Pretérito perfecto
Ataco	He atacado	Ataque	Haya atacado
Atacas	Has atacado	Ataques	Hayas atacado
Ataca	Ha atacado	Ataque	Haya atacado
Atacamos	Hemos atacado	Ataquemos	Hayamos atacado
Atacáis	Habéis atacado	Ataquéis	Hayáis atacado
Atacan	Han atacado	Ataquen	Hayan atacado

Pretérito imperfecto	Pretérito pluscuamperfecto	Pretérito imperfecto	
Atacaba	Había atacado	**Atac**ara	o **Atac**ase
Atacabas	Habías atacado	**Atac**aras	o **Atac**ases
Atacaba	Había atacado	**Atac**ara	o **Atac**ase
Atacábamos	Habíamos atacado	**Atac**áramos	o **Atac**ásemos
Atacabais	Habíais atacado	**Atac**arais	o **Atac**aseis
Atacaban	Habían atacado	**Atac**aran	o **Atac**asen

Pretérito indefinido	Pretérito anterior	Pretérito pluscuamperfecto	
Ataqué	Hube atacado	Hubiera	o Hubiese atacado
Atacaste	Hubiste atacado	Hubieras	o Hubieses atacado
Atacó	Hubo atacado	Hubiera	o Hubiese atacado
Atacamos	Hubimos atacado	Hubiéramos	o Hubiésemos atacado
Atacasteis	Hubisteis atacado	Hubierais	o Hubieseis atacado
Atacaron	Hubieron atacado	Hubieran	o Hubiesen atacado

Futuro imperfecto	Futuro perfecto	Futuro imperfecto	Futuro perfecto
Atacaré	Habré atacado	**Atac**are	Hubiere atacado
Atacarás	Habrás atacado	**Atac**ares	Hubieres atacado
Atacará	Habrá atacado	**Atac**are	Hubiere atacado
Atacaremos	Habremos atacado	**Atac**áremos	Hubiéremos atacado
Atacaréis	Habréis atacado	**Atac**areis	Hubiereis atacado
Atacarán	Habrán atacado	**Atac**aren	Hubieren atacado

Condicional simple	Condicional compuesto	IMPERATIVO
Atacaría	Habría atacado	**Atac**a
Atacarías	Habrías atacado	Ataque
Atacaría	Habría atacado	Ataquemos
Atacaríamos	Habríamos atacado	
Atacaríais	Habíais atacado	**Atac**ad
Atacarían	Habrían atacado	Ataquen

ATENDER

FORMAS NO PERSONALES

Simples		Compuestas	
INFINITIVO:	**Atend**er	Haber	atendido
GERUNDIO:	**Atend**iendo	Habiendo	atendido
PARTICIPIO:	**Atend**ido		

INDICATIVO		SUBJUNTIVO	

Presente / Pretérito perfecto / Presente / Pretérito perfecto

Presente	Pretérito perfecto		Presente	Pretérito perfecto	
Atiendo	He	atendido	Atienda	Haya	atendido
Atiendes	Has	atendido	Atiendas	Hayas	atendido
Atiende	Ha	atendido	Atienda	Haya	atendido
Atendemos	Hemos	atendido	**Atend**amos	Hayamos	atendido
Atendéis	Habéis	atendido	**Atend**áis	Hayáis	atendido
Atienden	Han	atendido	Atiendan	Hayan	atendido

Pretérito imperfecto	Pretérito pluscuamperfecto		Pretérito imperfecto		
Atendía	Había	atendido	**Atend**iera	o	**Atend**iese
Atendías	Habías	atendido	**Atend**ieras	o	**Atend**ieses
Atendía	Había	atendido	**Atend**iera	o	**Atend**iese
Atendíamos	Habíamos	atendido	**Atend**iéramos	o	**Atend**iésemos
Atendíais	Habíais	atendido	**Atend**ierais	o	**Atend**ieseis
Atendían	Habían	atendido	**Atend**ieran	o	**Atend**iesen

Pretérito indefinido	Pretérito anterior		Pretérito pluscuamperfecto			
Atendí	Hube	atendido	Hubiera	o	Hubiese	atendido
Atendiste	Hubiste	atendido	Hubieras	o	Hubieses	atendido
Atendió	Hubo	atendido	Hubiera	o	Hubiese	atendido
Atendimos	Hubimos	atendido	Hubiéramos	o	Hubiésemos	atendido
Atendisteis	Hubisteis	atendido	Hubierais	o	Hubieseis	atendido
Atendieron	Hubieron	atendido	Hubieran	o	Hubiesen	atendido

Futuro imperfecto	Futuro perfecto		Futuro imperfecto	Futuro perfecto	
Atenderé	Habré	atendido	**Atend**iere	Hubiere	atendido
Atenderás	Habrás	atendido	**Atend**ieres	Hubieres	atendido
Atenderá	Habrá	atendido	**Atend**iere	Hubiere	atendido
Atenderemos	Habremos	atendido	**Atend**iéremos	Hubiéremos	atendido
Atenderéis	Habréis	atendido	**Atend**iereis	Hubiereis	atendido
Atenderán	Habrán	atendido	**Atend**ieren	Hubieren	atendido

Condicional simple	Condicional compuesto		IMPERATIVO
Atendería	Habría	atendido	Atiende
Atenderías	Habrías	atendido	Atienda
Atendería	Habría	atendido	**Atend**amos
Atenderíamos	Habríamos	atendido	
Atenderíais	Habríais	atendido	**Atend**ed
Atenderían	Habrían	atendido	Atiendan

ATRAER

FORMAS NO PERSONALES

Simples		Compuestas	
INFINITIVO:	**Atra**er	Haber	atraído
GERUNDIO:	Atrayendo	Habiendo	atraído
PARTICIPIO:	**Atra**ído		

INDICATIVO

SUBJUNTIVO

Presente	Pretérito perfecto		Presente	Pretérito perfecto	
Atraigo	He	atraído	Atraiga	Haya	atraído
Atraes	Has	atraído	Atraigas	Hayas	atraído
Atrae	Ha	atraído	Atraiga	Haya	atraído
Atraemos	Hemos	atraído	Atraigamos	Hayamos	atraído
Atraéis	Habéis	atraído	Atraigáis	Hayáis	atraído
Atraen	Han	atraído	Atraigan	Hayan	atraído

Pretérito imperfecto	Pretérito pluscuamperfecto		Pretérito imperfecto		
Atraía	Había	atraído	Atrajera	o	Atrajese
Atraías	Habías	atraído	Atrajeras	o	Atrajeses
Atraía	Había	atraído	Atrajera	o	Atrajese
Atraíamos	Habíamos	atraído	Atrajéramos	o	Atrajésemos
Atraíais	Habíais	atraído	Atrajerais	o	Atrajeseis
Atraían	Habían	atraído	Atrajeran	o	Atrajesen

Pretérito indefinido	Pretérito anterior		Pretérito pluscuamperfecto		
Atraje	Hube	atraído	Hubiera	o Hubiese	atraído
Atrajiste	Hubiste	atraído	Hubieras	o Hubieses	atraído
Atrajo	Hubo	atraído	Hubiera	o Hubiese	atraído
Atrajimos	Hubimos	atraído	Hubiéramos	o Hubiésemos	atraído
Atrajisteis	Hubisteis	atraído	Hubierais	o Hubieseis	atraído
Atrajeron	Hubieron	atraído	Hubieran	o Hubiesen	atraído

Futuro imperfecto	Futuro perfecto		Futuro imperfecto	Futuro perfecto	
Atraeré	Habré	atraído	Atrajere	Hubiere	atraído
Atraerás	Habrás	atraído	Atrajeres	Hubieres	atraído
Atraerá	Habrá	atraído	Atrajere	Hubiere	atraído
Atraeremos	Habremos	atraído	Atrajéremos	Hubiéremos	atraído
Atraeréis	Habréis	atraído	Atrajereis	Hubiereis	atraído
Atraerán	Habrán	atraído	Atrajeren	Hubieren	atraído

Condicional simple	Condicional compuesto		IMPERATIVO	
Atraería	Habría	atraído	**Atra**e	
Atraerías	Habrías	atraído		Atraiga
Atraería	Habría	atraído		Atraigamos
Atraeríamos	Habríamos	atraído		
Atraeríais	Habríais	atraído	**Atra**ed	
Atraerían	Habrían	atraído		Atraigan

ATRAVESAR

FORMAS NO PERSONALES

Simples		Compuestas	
INFINITIVO: **Atraves**ar		Haber atravesado	
GERUNDIO: **Atraves**ando		Habiendo atravesado	
PARTICIPIO: **Atraves**ado			

INDICATIVO

Presente	Pretérito perfecto		Presente	Pretérito perfecto	
Atravieso	He	atravesado	Atraviese	Haya	atravesado
Atraviesas	Has	atravesado	Atravieses	Hayas	atravesado
Atraviesa	Ha	atravesado	Atraviese	Haya	atravesado
Atravesamos	Hemos	atravesado	**Atraves**emos	Hayamos	atravesado
Atravesáis	Habéis	atravesado	**Atraves**éis	Hayáis	atravesado
Atraviesan	Han	atravesado	Atraviesen	Hayan	atravesado

Pretérito imperfecto	Pretérito pluscuamperfecto		Pretérito imperfecto		
Atravesaba	Había	atravesado	**Atraves**ara	o	**Atraves**ase
Atravesabas	Habías	atravesado	**Atraves**aras	o	**Atraves**ases
Atravesaba	Había	atravesado	**Atraves**ara	o	**Atraves**ase
Atravesábamos	Habíamos	atravesado	**Atraves**árámos	o	**Atraves**ásemos
Atravesabais	Habíais	atravesado	**Atraves**arais	o	**Atraves**aseis
Atravesaban	Habían	atravesado	**Atraves**aran	o	**Atraves**asen

Pretérito indefinido	Pretérito anterior		Pretérito pluscuamperfecto		
Atravesé	Hube	atravesado	Hubiera	o	Hubiesemos atravesado
Atravesaste	Hubiste	atravesado	Hubieras	o	Hubieses atravesado
Atravesó	Hubo	atravesado	Hubiera	o	Hubiese atravesado
Atravesamos	Hubimos	atravesado	Hubiéramos	o	Hubiésemos atravesado
Atravesasteis	Hubisteis	atravesado	Hubierais	o	Hubieseis atravesado
Atravesaron	Hubieron	atravesado	Hubieran	o	Hubiesen atravesado

Futuro imperfecto	Futuro perfecto		Futuro imperfecto	Futuro perfecto	
Atravesaré	Habré	atravesado	**Atraves**are	Hubiere	atravesado
Atravesarás	Habrás	atravesado	**Atraves**ares	Hubieres	atravesado
Atravesará	Habrá	atravesado	**Atraves**are	Hubiere	atravesado
Atravesaremos	Habremos	atravesado	**Atraves**áremos	Hubiéremos	atravesado
Atravesaréis	Habréis	atravesado	**Atraves**areis	Hubiereis	atravesado
Atravesarán	Habrán	atravesado	**Atraves**aren	Hubieren	atravesado

Condicional simple	Condicional compuesto		IMPERATIVO	
Atravesaría	Habría	atravesado	Atraviesa	
Atravesarías	Habrías	atravesado	Atraviese	
Atravesaría	Habría	atravesado	**Atraves**emos	
Atravesaríamos	Habríamos	atravesado		
Atravesaríais	Habríais	atravesado	**Atraves**ad	
Atravesarían	Habrían	atravesado	Atraviesen	

ATRIBUIR

FORMAS NO PERSONALES

Simples		Compuestas	
INFINITIVO:	**Atribuir**	Haber	atribuido
GERUNDIO:	Atribuyendo	Habiendo	atribuido
PARTICIPIO:	**Atribuido**		

INDICATIVO

SUBJUNTIVO

Presente	Pretérito perfecto		Presente	Pretérito perfecto	
Atribuyo	He	atribuido	Atribuya	Haya	atribuido
Atribuyes	Has	atribuido	Atribuyas	Hayas	atribuido
Atribuye	Ha	atribuido	Atribuya	Haya	atribuido
Atribuimos	Hemos	atribuido	Atribuyamos	Hayamos	atribuido
Atribuís	Habéis	atribuido	Atribuyáis	Hayáis	atribuido
Atribuyen	Han	atribuido	Atribuyan	Hayan	atribuido

Pretérito imperfecto	Pretérito pluscuamperfecto		Pretérito imperfecto		
Atribuía	Había	atribuido	Atribuyera	o	Atribuyese
Atribuías	Habías	atribuido	Atribuyeras	o	Atribuyeses
Atribuía	Había	atribuido	Atribuyera	o	Atribuyese
Atribuíamos	Habíamos	atribuido	Atribuyéramos	o	Atribuyésemos
Atribuíais	Habíais	atribuido	Atribuyerais	o	Atribuyeseis
Atribuían	Habían	atribuido	Atribuyeran	o	Atribuyesen

Pretérito indefinido	Pretérito anterior		Pretérito pluscuamperfecto		
Atribuí	Hube	atribuido	Hubiera	o	Hubiese atribuido
Atribuiste	Hubiste	atribuido	Hubieras	o	Hubieses atribuido
Atribuyó	Hubo	atribuido	Hubiera	o	Hubiese atribuido
Atribuimos	Hubimos	atribuido	Hubiéramos	o	Hubiésemos atribuido
Atribuisteis	Hubisteis	atribuido	Hubierais	o	Hubieseis atribuido
Atribuyeron	Hubieron	atribuido	Hubieran	o	Hubiesen atribuido

Futuro imperfecto	Futuro perfecto		Futuro imperfecto	Futuro perfecto	
Atribuiré	Habré	atribuido	Atribuyere	Hubiere	atribuido
Atribuirás	Habrás	atribuido	Atribuyeres	Hubieres	atribuido
Atribuirá	Habrá	atribuido	Atribuyere	Hubiere	atribuido
Atribuiremos	Habremos	atribuido	Atribuyéremos	Hubiéremos	atribuido
Atribuiréis	Habréis	atribuido	Atribuyereis	Hubiereis	atribuido
Atribuirán	Habrán	atribuido	Atribuyeren	Hubieren	atribuido

Condicional simple	Condicional compuesto		IMPERATIVO
Atribuiría	Habría	atribuido	
Atribuirías	Habrías	atribuido	Atribuye
Atribuiría	Habría	atribuido	Atribuya
Atribuiríamos	Habríamos	atribuido	Atribuyamos
Atribuiríais	Habríais	atribuido	
Atribuirían	Habrían	atribuido	**Atribuid**
			Atribuyan

AULLAR

FORMAS NO PERSONALES

Simples		Compuestas	
INFINITIVO: **Aull**ar		Haber aullado	
GERUNDIO: **Aull**ando		Habiendo aullado	
PARTICIPIO: **Aull**ado			

INDICATIVO

Presente	Pretérito perfecto	
Aúllo	He	aullado
Aúllas	Has	aullado
Aulla	Ha	aullado
Aullamos	Hemos	aullado
Aulláis	Habéis	aullado
Aúllan	Han	aullado

Pretérito imperfecto	Pretérito pluscuamperfecto	
Aullaba	Había	aullado
Aullabas	Habías	aullado
Aullaba	Había	aullado
Aullábamos	Habíamos	aullado
Aullabais	Habíais	aullado
Aullaban	Habían	aullado

Pretérito indefinido	Pretérito anterior	
Aullé	Hube	aullado
Aullaste	Hubiste	aullado
Aulló	Hubo	aullado
Aullamos	Hubimos	aullado
Aullasteis	Hubisteis	aullado
Aullaron	Hubieron	aullado

Futuro imperfecto	Futuro perfecto	
Aullaré	Habré	aullado
Aullarás	Habrás	aullado
Aullará	Habrá	aullado
Aullaremos	Habremos	aullado
Aullaréis	Habréis	aullado
Aullarán	Habrán	aullado

Condicional simple	Condicional compuesto	
Aullaría	Habría	aullado
Aullarías	Habrías	aullado
Aullaría	Habría	aullado
Aullaríamos	Habríamos	aullado
Aullaríais	Habríais	aullado
Aullarían	Habrían	aullado

SUBJUNTIVO

Presente	Pretérito perfecto	
Aúlle	Haya	aullado
Aúlles	Hayas	aullado
Aúlle	Haya	aullado
Aullemos	Hayamos	aullado
Aulléis	Hayáis	aullado
Aúllen	Hayan	aullado

Pretérito imperfecto		
Aullara	o	**Aull**ase
Aullaras	o	**Aull**ases
Aullara	o	**Aull**ase
Aulláramos	o	**Aull**ásemos
Aullarais	o	**Aull**aseis
Aullaran	o	**Aull**asen

Pretérito pluscuamperfecto			
Hubiera	o	Hubiese	aullado
Hubieras	o	Hubieses	aullado
Hubiera	o	Hubiese	aullado
Hubiéramos	o	Hubiésemos	aullado
Hubierais	o	Hubieseis	aullado
Hubieran	o	Hubiesen	aullado

Futuro imperfecto	Futuro perfecto	
Aullare	Hubiere	aullado
Aullares	Hubieres	aullado
Aullare	Hubiere	aullado
Aulláremos	Hubiéremos	aullado
Aullareis	Hubiereis	aullado
Aullaren	Hubieren	aullado

IMPERATIVO

Aúlla
Aúlle
Aullemos

Aullad
Aúllen

AVERGONZAR

FORMAS NO PERSONALES

Simples		Compuestas	
INFINITIVO: **Avergonz**ar		Haber avergonzado	
GERUNDIO: **Avergonz**ando		Habiendo avergonzado	
PARTICIPIO: **Avergonz**ado			

INDICATIVO		SUBJUNTIVO	

Presente	Pretérito perfecto	Presente	Pretérito perfecto
Avergüenzo	He avergonzado	Avergüence	Haya avergonzado
Avergüenzas	Has avergonzado	Avergüences	Hayas avergonzado
Avergüenza	Ha avergonzado	Avergüence	Haya avergonzado
Avergonzamos	Hemos avergonzado	**Avergonz**emos	Hayamos avergonzado
Avergonzáis	Habéis avergonzado	**Avergonz**éis	Hayáis avergonzado
Avergüenzan	Han avergonzado	Avergüencen	Hayan avergonzado

Pretérito imperfecto	Pretérito pluscuamperfecto	Pretérito imperfecto	
Avergonzaba	Había avergonzado	**Avergonz**ara o **Avergonz**ase	
Avergonzabas	Habías avergonzado	**Avergonz**aras o **Avergonz**ases	
Avergonzaba	Había avergonzado	**Avergonz**ara o **Avergonz**ase	
Avergonzábamos	Habíamos avergonzado	**Avergonz**áramos o **Avergonz**ásemos	
Avergonzabais	Habíais avergonzado	**Avergonz**arais o **Avergonz**aseis	
Avergonzaban	Habían avergonzado	**Avergonz**aran o **Avergonz**asen	

Pretérito indefinido	Pretérito anterior	Pretérito pluscuamperfecto	
Avergoncé	Hube avergonzado	Hubiera o Hubiese avergonzado	
Avergonzaste	Hubiste avergonzado	Hubieras o Hubieses avergonzado	
Avergonzó	Hubo avergonzado	Hubiera o Hubiese avergonzado	
Avergonzamos	Hubimos avergonzado	Hubiéramos o Hubiésemos avergonzado	
Avergonzasteis	Hubisteis avergonzado	Hubierais o Hubieseis avergonzado	
Avergonzaron	Hubieron avergonzado	Hubieran o Hubiesen avergonzado	

Futuro imperfecto	Futuro perfecto	Futuro imperfecto	Futuro perfecto
Avergonzaré	Habré avergonzado	**Avergonz**are	Hubiere avergonzado
Avergonzarás	Habrás avergonzado	**Avergonz**ares	Hubieres avergonzado
Avergonzará	Habrá avergonzado	**Avergonz**are	Hubiere avergonzado
Avergonzaremos	Habremos avergonzado	**Avergonz**áremos	Hubiéremos avergonzado
Avergonzaréis	Habréis avergonzado	**Avergonz**areis	Hubiereis avergonzado
Avergonzarán	Habrán avergonzado	**Avergonz**aren	Hubieren avergonzado

Condicional simple	Condicional compuesto	IMPERATIVO	
Avergonzaría	Habría avergonzado	Avergüenza	
Avergonzarías	Habrías avergonzado	Avergüence	
Avergonzaría	Habría avergonzado	Avergoncemos	
Avergonzaríamos	Habríamos avergonzado		
Avergonzaríais	Habríais avergonzado	**Avergonz**ad	
Avergonzarían	Habrían avergonzado	Avergüencen	

BENDECIR

FORMAS NO PERSONALES

Simples

INFINITIVO: **Bendec**ir
GERUNDIO: Bendiciendo
PARTICIPIO: **Bendec**ido

Compuestas

Haber   bendecido
Habiendo bendecido

INDICATIVO

Presente	Pretérito perfecto	
Bendigo	He	bendecido
Bendices	Has	bendecido
Bendice	Ha	bendecido
Bendecimos	Hemos	bendecido
Bendecís	Habéis	bendecido
Bendicen	Han	bendecido

Pretérito imperfecto	Pretérito Pluscuamperfecto	
Bendecía	Había	bendecido
Bendecías	Habías	bendecido
Bendecía	Había	bendecido
Bendecíamos	Habíamos	bendecido
Bendecíais	Habíais	bendecido
Bendecían	Habían	bendecido

Pretérito indefinido	Pretérito anterior	
Bendije	Hube	bendecido
Bendejiste	Hubiste	bendecido
Bendijo	Hubo	bendecido
Bendijimos	Hubimos	bendecido
Bendijisteis	Hubisteis	bendecido
Bendijeron	Hubieron	bendecido

Futuro imperfecto	Futuro perfecto	
Bendeciré	Habré	bendecido
Bendecirás	Habrás	bendecido
Bendecirá	Habrá	bendecido
Bendeciremos	Habremos	bendecido
Bendeciréis	Habréis	bendecido
Bendecirán	Habrán	bendecido

Condicional simple	Condicional compuesto	
Bendeciría	Habría	bendecido
Bendecirías	Habrías	bendecido
Bendeciría	Habría	bendecido
Bendeciríamos	Habríamos	bendecido
Bendeciríais	Habríais	bendecido
Bendecirían	Habrían	bendecido

SUBJUNTIVO

Presente	Pretérito perfecto	
Bendiga	Haya	bendecido
Bendigas	Hayas	bendecido
Bendiga	Haya	bendecido
Bendigamos	Hayamos	bendecido
Bendigáis	Hayáis	bendecido
Bendigan	Hayan	bendecido

Pretérito imperfecto

Bendijera	o	Bendijese
Bendijeras	o	Bendijeses
Bendijera	o	Bendijese
Bendijéramos	o	Bendijésemos
Bendijerais	o	Bendijeseis
Bendijeran	o	Bendijesen

Pretérito pluscuamperfecto

Hubiera	o	Hubiese	bendecido
Hubieras	o	Hubieses	bendecido
Hubiera	o	Hubiese	bendecido
Hubiéramos	o	Hubiésemos	bendecido
Hubierais	o	Hubieseis	bendecido
Hubieran	o	Hubiesen	bendecido

Futuro imperfecto	Futuro perfecto	
Bendijere	Hubiere	bendecido
Bendijeres	Hubieres	bendecido
Bendijere	Hubiere	bendecido
Bendijéremos	Hubiéremos	bendecido
Bendijereis	Hubiereis	bendecido
Bendijeren	Hubieren	bendecido

IMPERATIVO

Bendice
Bendiga
Bendigamos

Bendecid
Bendigan

CABER

FORMAS NO PERSONALES

Simples		Compuestas	
INFINITIVO:	**Cab**er	Haber	cabido
GERUNDIO:	**Cab**iendo	Habiendo	cabido
PARTICIPIO:	Cabido		

INDICATIVO

SUBJUNTIVO

Presente	Pretérito perfecto		Presente	Pretérito perfecto	
Quepo	He	cabido	Quepa	Haya	cabido
Cabes	Has	cabido	Quepas	Hayas	cabido
Cabe	Ha	cabido	Quepa	Haya	cabido
Cabemos	Hemos	cabido	Quepamos	Hayamos	cabido
Cabéis	Habéis	cabido	Quepáis	Hayáis	cabido
Caben	Han	cabido	Quepan	Hayan	cabido

Pretérito imperfecto	Pretérito pluscuamperfecto		Pretérito imperfecto		
Cabía	Había	cabido	Cupiera	o	Cupiese
Cabías	Habías	cabido	Cupieras	o	Cupieses
Cabía	Había	cabido	Cupiera	o	Cupiese
Cabíamos	Habíamos	cabido	Cupiéramos	o	Cupiésemos
Cabíais	Habíais	cabido	Cupierais	o	Cupieseis
Cabían	Habían	cabido	Cupieran	o	Cupiesen

Pretérito indefinido	Pretérito anterior		Pretérito pluscuamperfecto			
Cupe	Hube	cabido	Hubiera	o	Hubiese	cabido
Cupiste	Hubiste	cabido	Hubieras	o	Hubieses	cabido
Cupo	Hubo	cabido	Hubiera	o	Hubiese	cabido
Cupimos	Hubimos	cabido	Hubiéramos	o	Hubiésemos	cabido
Cupisteis	Hubisteis	cabido	Hubierais	o	Hubieseis	cabido
Cupieron	Hubieron	cabido	Hubieran	o	Hubiesen	cabido

Futuro imperfecto	Futuro perfecto		Futuro imperfecto	Futuro perfecto	
Cabré	Habré	cabido	Cupiere	Hubiere	cabido
Cabrás	Habrás	cabido	Cupieres	Hubieres	cabido
Cabrá	Habrá	cabido	Cupiere	Hubiere	cabido
Cabremos	Habremos	cabido	Cupiéremos	Hubiéremos	cabido
Cabréis	Habréis	cabido	Cupiereis	Hubiereis	cabido
Cabrán	Habrán	cabido	Cupieren	Hubieren	cabido

Condicional simple	Condicional compuesto		IMPERATIVO
Cabría	Habría	cabido	**Cab**e
Cabrías	Habrías	cabido	Quepa
Cabría	Habría	cabido	Quepamos
Cabríamos	Habríamos	cabido	
Cabríais	Habríais	cabido	**Cab**ed
Cabrían	Habrían	cabido	Quepan

FORMAS NO PERSONALES

Simples	Compuestas
INFINITIVO: **Ca**er	Haber caído
GERUNDIO: Cayendo	Habiendo caído
PARTICIPIO: **Ca**ído	

INDICATIVO

Presente	Pretérito perfecto
Caigo	He caído
Caes	Has caído
Cae	Ha caído
Caemos	Hemos caído
Caéis	Habéis caído
Caen	Han caído

Pretérito imperfecto	Pretérito pluscuamperfecto
Caía	Había caído
Caías	Habías caído
Caía	Había caído
Caíamos	Habíamos caído
Caíais	Habíais caído
Caían	Habían caído

Pretérito indefinido	Pretérito anterior
Caí	Hube caído
Caíste	Hubiste caído
Cayó	Hubo caído
Caímos	Hubimos caído
Caísteis	Hubisteis caído
Cayeron	Hubieron caído

Futuro imperfecto	Futuro perfecto
Caeré	Habré caído
Caerás	Habrás caído
Caerá	Habrá caído
Caeremos	Habremos caído
Caeréis	Habréis caído
Caerán	Habrán caído

Condicional simple	Condicional compuesto
Caería	Habría caído
Caerías	Habrías caído
Caería	Habría caído
Caeríamos	Habríamos caído
Caeríais	Habríais caído
Caerían	Habrían caído

SUBJUNTIVO

Presente	Pretérito perfecto
Caiga	Haya caído
Caigas	Hayas caído
Caiga	Haya caído
Caigamos	Hayamos caído
Caigáis	Hayáis caído
Caigan	Hayan caído

Pretérito imperfecto		
Cayera	o	Cayese
Cayeras	o	Cayeses
Cayera	o	Cayese
Cayéramos	o	Cayésemos
Cayerais	o	Cayeseis
Cayeran	o	Cayesen

Pretérito pluscuamperfecto			
Hubiera	o	Hubiese	caído
Hubieras	o	Hubieses	caído
Hubiera	o	Hubiese	caído
Hubiéramos	o	Hubiésemos	caído
Hubierais	o	Hubieseis	caído
Hubieran	o	Hubiesen	caído

Futuro imperfecto	Futuro perfecto
Cayere	Hubiere caído
Cayeres	Hubieres caído
Cayere	Hubiere caído
Cayéremos	Hubiéremos caído
Cayereis	Hubiereis caído
Cayeren	Hubieren caído

IMPERATIVO

Cae

Caiga

Caigamos

Caed

Caigan

CALENTAR

FORMAS NO PERSONALES

Simples	Compuestas
INFINITIVO: **Calent**ar	Haber calentado
GERUNDIO: **Calent**ando	Habiendo calentado
PARTICIPIO: **Calent**ado	

INDICATIVO			SUBJUNTIVO		
Presente	**Pretérito perfecto**		**Presente**	**Pretérito perfecto**	
Caliento	He	calentado	Caliente	Haya	calentado
Calientas	Has	calentado	Calientes	Hayas	calentado
Calienta	Ha	calentado	Caliente	Haya	calentado
Calentamos	Hemos	calentado	**Calent**emos	Hayamos	calentado
Calentáis	Habéis	calentado	**Calent**éis	Hayáis	calentado
Calientan	Han	calentado	Calienten	Hayan	calentado

Pretérito imperfecto	**Pretérito pluscuamperfecto**		**Pretérito imperfecto**		
Calentaba	Había	calentado	**Calent**ara	o	**Calent**ase
Calentabas	Habías	calentado	**Calent**aras	o	**Calent**ases
Calentaba	Había	calentado	**Calent**ara	o	**Calent**ase
Calentábamos	Habíamos	calentado	**Calent**áramos	o	**Calent**ásemos
Calentabais	Habíais	calentado	**Calent**arais	o	**Calent**aseis
Calentaban	Habían	calentado	**Calent**aran	o	**Calent**asen

Pretérito indefinido	**Pretérito anterior**		**Pretérito pluscuamperfecto**		
Calenté	Hube	calentado	Hubiera	o Hubiese	calentado
Calentaste	Hubiste	calentado	Hubieras	o Hubieses	calentado
Calentó	Hubo	calentado	Hubiera	o Hubiese	calentado
Calentamos	Hubimos	calentado	Hubiéramos	o Hubiésemos	calentado
Calentasteis	Hubisteis	calentado	Hubierais	o Hubieseis	calentado
Calentaron	Hubieron	calentado	Hubieran	o Hubiesen	calentado

Futuro imperfecto	**Futuro perfecto**		**Futuro imperfecto**	**Futuro perfecto**	
Calentaré	Habré	calentado	**Calent**are	Hubiere	calentado
Calentarás	Habrás	calentado	**Calent**ares	Hubieres	calentado
Calentará	Habrá	calentado	**Calent**are	Hubiere	calentado
Calentaremos	Habremos	calentado	**Calent**áremos	Hubiéremos	calentado
Calentaréis	Habréis	calentado	**Calent**areis	Hubiereis	calentado
Calentarán	Habrán	calentado	**Calent**aren	Hubieren	calentado

Condicional simple	**Condicional compuesto**		IMPERATIVO
Calentaría	Habría	calentado	Calienta
Calentarías	Habrías	calentado	Caliente
Calentaría	Habría	calentado	**Calent**emos
Calentaríamos	Habríamos	calentado	
Calentaríais	Habríais	calentado	**Calent**ad
Calentarían	Habrían	calentado	Calienten

CARECER

FORMAS NO PERSONALES

Simples		Compuestas	
INFINITIVO:	**Carec**er	Haber	carecido
GERUNDIO:	**Carec**iendo	Habiendo	carecido
PARTICIPIO:	**Carec**ido		

INDICATIVO

Presente	Pretérito perfecto	
Carezco	He	carecido
Careces	Has	carecido
Carece	Ha	carecido
Carecemos	Hemos	carecido
Carecéis	Habéis	carecido
Carecen	Han	carecido

Pretérito imperfecto	Pretérito pluscuamperfecto	
Carecía	Había	carecido
Carecías	Habías	carecido
Carecía	Había	carecido
Carecíamos	Habíamos	carecido
Carecíais	Habíais	carecido
Carecían	Habían	carecido

Pretérito indefinido	Pretérito anterior	
Carecí	Hube	carecido
Careciste	Hubiste	carecido
Careció	Hubo	carecido
Carecimos	Hubimos	carecido
Carecisteis	Hubisteis	carecido
Carecieron	Hubieron	carecido

Futuro imperfecto	Futuro perfecto	
Careceré	Habré	carecido
Carecerás	Habrás	carecido
Carecerá	Habrá	carecido
Careceremos	Habremos	carecido
Careceréis	Habréis	carecido
Carecerán	Habrán	carecido

Condicional simple	Condicional compuesto	
Carecería	Habría	carecido
Carecerías	Habrías	carecido
Carecería	Habría	carecido
Careceríamos	Habríamos	carecido
Careceríais	Habríais	carecido
Carecerían	Habrían	carecido

SUBJUNTIVO

Presente	Pretérito perfecto	
Carezca	Haya	carecido
Carezcas	Hayas	carecido
Carezca	Haya	carecido
Carezcamos	Hayamos	carecido
Carezcáis	Hayáis	carecido
Carezcan	Hayan	carecido

Pretérito imperfecto		
Careciera	o	**Carec**iese
Carecieras	o	**Carec**ieses
Careciera	o	**Carec**iese
Careciéramos	o	**Carec**iésemos
Carecierais	o	**Carec**ieseis
Carecieran	o	**Carec**iesen

Pretérito pluscuamperfecto			
Hubiera	o	Hubiese	carecido
Hubieras	o	Hubieses	carecido
Hubiera	o	Hubiese	carecido
Hubiéramos	o	Hubiésemos	carecido
Hubierais	o	Hubieseis	carecido
Hubieran	o	Hubiesen	carecido

Futuro imperfecto	Futuro perfecto	
Careciere	Hubiere	carecido
Carecieres	Hubieres	carecido
Careciere	Hubiere	carecido
Careciéremos	Hubiéremos	carecido
Careciereis	Hubiereis	carecido
Carecieren	Hubieren	carecido

IMPERATIVO

Carece
Carezca
Carezcamos

Careced
Carezcan

FORMAS NO PERSONALES

Simples	Compuestas
INFINITIVO: **Ceñir**	Haber ceñido
GERUNDIO: Ciñendo	Habiendo ceñido
PARTICIPIO: **Ceñido**	

INDICATIVO

Presente / Pretérito perfecto

Presente	Pretérito perfecto	
Ciño	He	ceñido
Ciñes	Has	ceñido
Ciñe	Ha	ceñido
Ceñimos	Hemos	ceñido
Ceñís	Habéis	ceñido
Ciñen	Han	ceñido

Pretérito imperfecto	Pretérito pluscuamperfecto	
Ceñía	Había	ceñido
Ceñías	Habías	ceñido
Ceñía	Había	ceñido
Ceñíamos	Habíamos	ceñido
Ceñíais	Habíais	ceñido
Ceñían	Habían	ceñido

Pretérito indefinido	Pretérito anterior	
Ceñí	Hube	ceñido
Ceñiste	Hubiste	ceñido
Ciñó	Hubo	ceñido
Ceñimos	Hubimos	ceñido
Ceñisteis	Hubisteis	ceñido
Ciñeron	Hubieron	ceñido

Futuro imperfecto	Futuro perfecto	
Ceñiré	Habré	ceñido
Ceñirás	Habrás	ceñido
Ceñirá	Habrá	ceñido
Ceñiremos	Habremos	ceñido
Ceñiréis	Habréis	ceñido
Ceñirán	Habrán	ceñido

Condicional simple	Condicional compuesto	
Ceñiría	Habría	ceñido
Ceñirías	Habrías	ceñido
Ceñiría	Habría	ceñido
Ceñiríamos	Habríamos	ceñido
Ceñiríais	Habríais	ceñido
Ceñirían	Habrían	ceñido

SUBJUNTIVO

Presente	Pretérito perfecto	
Ciña	Haya	ceñido
Ciñas	Hayas	ceñido
Ciña	Haya	ceñido
Ciñamos	Hayamos	ceñido
Ciñáis	Hayáis	ceñido
Ciñan	Hayan	ceñido

Pretérito imperfecto

Ciñera	o	Ciñese
Ciñeras	o	Ciñeses
Ciñera	o	Ciñese
Ciñéramos	o	Ciñésemos
Ciñerais	o	Ciñeseis
Ciñeran	o	Ciñesen

Pretérito pluscuamperfecto

Hubiera	o	Hubiese	ceñido
Hubieras	o	Hubieses	ceñido
Hubiera	o	Hubiese	ceñido
Hubiéramos	o	Hubiésemos	ceñido
Hubierais	o	Hubieseis	ceñido
Hubieran	o	Hubiesen	ceñido

Futuro imperfecto	Futuro perfecto	
Ciñere	Hubiere	ceñido
Ciñieres	Hubieres	ceñido
Ciñiere	Hubiere	ceñido
Ciñiéremos	Hubiéremos	ceñido
Ciñiereis	Hubiereis	ceñido
Ciñieren	Hubieren	ceñido

IMPERATIVO

Ciñe

Ciña

Ciñamos

Ceñid

Ciñan

CERRAR

FORMAS NO PERSONALES

Simples	Compuestas
INFINITIVO: **Cerr**ar	Haber cerrado
GERUNDIO: **Cerr**ando	Habiendo cerrado
PARTICIPIO: **Cerr**ado	

INDICATIVO

Presente	Pretérito perfecto
Cierro	He cerrado
Cierras	Has cerrado
Cierra	Ha cerrado
Cerramos	Hemos cerrado
Cerráis	Habéis cerrado
Cierran	Han cerrado

Pretérito imperfecto	Pretérito pluscuamperfecto
Cerraba	Había cerrado
Cerrabas	Habías cerrado
Cerraba	Había cerrado
Cerrábamos	Habíamos cerrado
Cerrabais	Habíais cerrado
Cerraban	Habían cerrado

Pretérito indefinido	Pretérito anterior
Cerré	Hube cerrado
Cerraste	Hubiste cerrado
Cerró	Hubo cerrado
Cerramos	Hubimos cerrado
Cerrasteis	Hubisteis cerrado
Cerraron	Hubieron cerrado

Futuro imperfecto	Futuro perfecto
Cerraré	Habré cerrado
Cerrarás	Habrás cerrado
Cerrará	Habrá cerrado
Cerraremos	Habremos cerrado
Cerraréis	Habréis cerrado
Cerrarán	Habrán cerrado

Condicional simple	Condicional compuesto
Cerraría	Habría cerrado
Cerrarías	Habrías cerrado
Cerraría	Habría cerrado
Cerraríamos	Habríamos cerrado
Cerraríais	Habríais cerrado
Cerrarían	Habrían cerrado

SUBJUNTIVO

Presente	Pretérito perfecto
Cierre	Haya cerrado
Cierres	Hayas cerrado
Cierre	Haya cerrado
Cerremos	Hayamos cerrado
Cerréis	Hayáis cerrado
Cierren	Hayan cerrado

Pretérito imperfecto	
Cerrara o	**Cerr**ase
Cerraras o	**Cerr**ases
Cerrara o	**Cerr**ase
Cerráramos o	**Cerr**ásemos
Cerrarais o	**Cerr**aseis
Cerraran o	**Cerr**asen

Pretérito pluscuamperfecto		
Hubiera o	Hubiese	cerrado
Hubieras o	Hubieses	cerrado
Hubiera o	Hubiese	cerrado
Hubiéramos o	Hubiésemos	cerrado
Hubierais o	Hubieseis	cerrado
Hubieran o	Hubiesen	cerrado

Futuro imperfecto	Futuro perfecto
Cerrare	Hubiere cerrado
Cerrares	Hubieres cerrado
Cerrare	Hubiere cerrado
Cerráremos	Hubiéremos cerrado
Cerrareis	Hubiereis cerrado
Cerraren	Hubieren cerrado

IMPERATIVO

Cierra

Cierre

Cerremos

Cerrad

Cierren

COCER

FORMAS NO PERSONALES

Simples		Compuestas	
INFINITIVO:	**Coc**er	Haber	cocido
GERUNDIO:	**Coc**iendo	Habiendo	cocido
PARTICIPIO:	**Coc**ido		

INDICATIVO

Presente	Pretérito perfecto	
Cuezo	He	cocido
Cueces	Has	cocido
Cuece	Ha	cocido
Cocemos	Hemos	cocido
Cocéis	Habéis	cocido
Cuecen	Han	cocido

Pretérito imperfecto	Pretérito pluscuamperfecto	
Cocía	Había	cocido
Cocías	Habías	cocido
Cocía	Había	cocido
Cocíamos	Habíamos	cocido
Cocíais	Habíais	cocido
Cocían	Habían	cocido

Pretérito indefinido	Pretérito anterior	
Cocí	Hube	cocido
Cociste	Hubiste	cocido
Coció	Hubo	cocido
Cocimos	Hubimos	cocido
Cocisteis	Hubisteis	cocido
Cocieron	Hubieron	cocido

Futuro imperfecto	Futuro perfecto	
Coceré	Habré	cocido
Cocerás	Habrás	cocido
Cocerá	Habrá	cocido
Coceremos	Habremos	cocido
Coceréis	Habréis	cocido
Cocerán	Habrán	cocido

Condicional simple	Condicional compuesto	
Cocería	Habría	cocido
Cocerías	Habrías	cocido
Cocería	Habría	cocido
Coceríamos	Habríamos	cocido
Coceríais	Habríais	cocido
Cocerían	Habrían	cocido

SUBJUNTIVO

Presente	Pretérito perfecto	
Cueza	Haya	cocido
Cuezas	Hayas	cocido
Cueza	Haya	cocido
Cozamos	Hayamos	cocido
Cozáis	Hayáis	cocido
Cuezan	Hayan	cocido

Pretérito imperfecto		
Cociera	o	**Coc**iese
Cocieras	o	**Coc**ieses
Cociera	o	**Coc**iese
Cociéramos	o	**Coc**iésemos
Cocierais	o	**Coc**ieseis
Cocieran	o	**Coc**iesen

Pretérito pluscuamperfecto			
Hubiera	o	Hubiese	cocido
Hubieras	o	Hubieses	cocido
Hubiera	o	Hubiese	cocido
Hubiéramos	o	Hubiésemos	cocido
Hubierais	o	Hubieseis	cocido
Hubieran	o	Hubiesen	cocido

Futuro imperfecto	Futuro perfecto	
Cociere	Hubiere	cocido
Cocieres	Hubieres	cocido
Cociere	Hubiere	cocido
Cociéremos	Hubiéremos	cocido
Cociereis	Hubiereis	cocido
Cocieren	Hubieren	cocido

IMPERATIVO

Cuece
Cueza
Cozamos
Coced
Cuezan

COLAR

FORMAS NO PERSONALES

Simples		Compuestas	
INFINITIVO: **Col**ar		Haber colado	
GERUNDIO: **Col**ando		Habiendo colado	
PARTICIPIO: **Col**ado			

INDICATIVO

Presente	Pretérito perfecto	
Cuelo	He	colado
Cuelas	Has	colado
Cuela	Ha	colado
Colamos	Hemos	colado
Coláis	Habéis	colado
Cuelan	Han	colado

Pretérito imperfecto	Pretérito pluscuamperfecto	
Colaba	Había	colado
Colabas	Habías	colado
Colaba	Había	colado
Colábamos	Habíamos	colado
Colabais	Habíais	colado
Colaban	Habían	colado

Pretérito indefinido	Pretérito anterior	
Colé	Hube	colado
Colaste	Hubiste	colado
Coló	Hubo	colado
Colamos	Hubimos	colado
Colasteis	Hubisteis	colado
Colaron	Hubieron	colado

Futuro imperfecto	Futuro perfecto	
Colaré	Habré	colado
Colarás	Habrás	colado
Colará	Habrá	colado
Colaremos	Habremos	colado
Colaréis	Habréis	colado
Colarán	Habrán	colado

Condicional simple	Condicional compuesto	
Colaría	Habría	colado
Colarías	Habrías	colado
Colaría	Habría	colado
Colaríamos	Habríamos	colado
Colaríais	Habríais	colado
Colarían	Habrían	colado

SUBJUNTIVO

Presente	Pretérito perfecto	
Cuele	Haya	colado
Cueles	Hayas	colado
Cuele	Haya	colado
Colemos	Hayamos	colado
Coléis	Hayáis	colado
Cuelen	Hayan	colado

Pretérito imperfecto		
Colara	o	**Col**ase
Colaras	o	**Col**ases
Colara	o	**Col**ase
Coláramos	o	**Col**ásemos
Colarais	o	**Col**aseis
Colaran	o	**Col**asen

Pretérito pluscuamperfecto			
Hubiera	o	Hubiese	colado
Hubieras	o	Hubieses	colado
Hubiera	o	Hubiese	colado
Hubiéramos	o	Hubiésemos	colado
Hubierais	o	Hubieseis	colado
Hubieran	o	Hubiesen	colado

Futuro imperfecto	Futuro perfecto	
Colare	Hubiere	colado
Colares	Hubieres	colado
Colare	Hubiere	colado
Coláremos	Hubiéremos	colado
Colareis	Hubiereis	colado
Colaren	Hubieren	colado

IMPERATIVO

Cuela
Cuele
Colemos
Colad
Cuelen

COLGAR

FORMAS NO PERSONALES

Simples	Compuestas
INFINITIVO: **Colg**ar	Haber colgado
GERUNDIO: **Colg**ando	Habiendo colgado
PARTICIPIO: **Colg**ado	

INDICATIVO

Presente	Pretérito perfecto
Cuelgo	He colgado
Cuelgas	Has colgado
Cuelga	Ha colgado
Colgamos	Hemos colgado
Colgáis	Habéis colgado
Cuelgan	Han colgado

Pretérito imperfecto	Pretérito pluscuamperfecto
Colgaba	Había colgado
Colgabas	Habías colgado
Colgaba	Había colgado
Colgábamos	Habíamos colgado
Colgabais	Habíais colgado
Colgaban	Habían colgado

Pretérito indefinido	Pretérito anterior
Colgé	Hube colgado
Colgaste	Hubiste colgado
Colgó	Hubo colgado
Colgamos	Hubimos colgado
Colgasteis	Hubisteis colgado
Colgaron	Hubieron colgado

Futuro imperfecto	Futuro perfecto
Colgaré	Habré colgado
Colgarás	Habrás colgado
Colgará	Habrá colgado
Colgaremos	Habremos colgado
Colgaréis	Habréis colgado
Colgarán	Habrán colgado

Condicional simple	Condicional compuesto
Colgaría	Habría colgado
Colgarías	Habrías colgado
Colgaría	Habría colgado
Colgaríamos	Habríamos colgado
Colgaríais	Habríais colgado
Colgarían	Habrían colgado

SUBJUNTIVO

Presente	Pretérito perfecto
Cuelgue	Haya colgado
Cuelgues	Hayas colgado
Cuelgue	Haya colgado
Colguemos	Hayamos colgado
Colguéis	Hayáis colgado
Cuelguen	Hayan colgado

Pretérito imperfecto		
Colgara	o	**Colg**ase
Colgaras	o	**Colg**ases
Colgara	o	**Colg**ase
Colgáramos	o	**Colg**ásemos
Colgarais	o	**Colg**aseis
Colgaran	o	**Colg**asen

Pretérito pluscuamperfecto			
Hubiera	o	Hubiese	colgado
Hubieras	o	Hubieses	colgado
Hubiera	o	Hubiese	colgado
Hubiéramos	o	Hubiésemos	colgado
Hubierais	o	Hubieseis	colgado
Hubieran	o	Hubiesen	colgado

Futuro imperfecto	Futuro perfecto
Colgare	Hubiere colgado
Colgares	Hubieres colgado
Colgare	Hubiere colgado
Colgáremos	Hubiéremos colgado
Colgareis	Hubiereis colgado
Colgaren	Hubieren colgado

IMPERATIVO

Cuelga
Cuelgue
Colguemos

Colgad
Cuelguen

COMENZAR

FORMAS NO PERSONALES

Simples		Compuestas	
INFINITIVO: **Comenzar**		Haber comenzado	
GERUNDIO: **Comenzando**		Habiendo comenzado	
PARTICIPIO: **Comenzado**			

INDICATIVO

Presente	Pretérito perfecto		Presente	Pretérito perfecto	
Comienzo	He	comenzado	Comience	Haya	comenzado
Comienzas	Has	comenzado	Comiences	Hayas	comenzado
Comienza	Ha	comenzado	Comience	Haya	comenzado
Comezamos	Hemos	comenzado	Comencemos	Hayamos	comenzado
Comezáis	Habéis	comenzado	Comencéis	Hayáis	comenzado
Comienzan	Han	comenzado	Comiencen	Hayan	comenzado

SUBJUNTIVO

Pretérito imperfecto	Pretérito pluscuamperfecto		Pretérito imperfecto		
Comenzaba	Había	comenzado	**Comenz**ara	o	**Comenz**ase
Comenzabas	Habías	comenzado	**Comenz**aras	o	**Comenz**ases
Comenzaba	Había	comenzado	**Comenz**ara	o	**Comenz**ase
Comenzábamos	Habíamos	comenzado	**Comenz**áramos	o	**Comenz**ásemos
Comenzabais	Habíais	comenzado	**Comenz**arais	o	**Comenz**aseis
Comenzaban	Habían	comenzado	**Comenz**aran	o	**Comenz**asen

Pretérito indefinido	Pretérito anterior		Pretérito pluscuamperfecto			
Comencé	Hube	comenzado	Hubiera	o	Hubiese	comenzado
Comenzaste	Hubiste	comenzado	Hubieras	o	Hubieses	comenzado
Comenzó	Hubo	comenzado	Hubiera	o	Hubiese	comenzado
Comenzamos	Hubimos	comenzado	Hubiéramos	o	Hubiésemos	comenzado
Comenzasteis	Hubisteis	comenzado	Hubierais	o	Hubieseis	comenzado
Comenzaron	Hubieron	comenzado	Hubieran	o	Hubiesen	comenzado

Futuro imperfecto	Futuro perfecto		Futuro imperfecto	Futuro perfecto	
Comenzaré	Habré	comenzado	**Comenz**are	Hubiere	comenzado
Comenzarás	Habrás	comenzado	**Comenz**ares	Hubieres	comenzado
Comenzará	Habrá	comenzado	**Comenz**are	Hubiere	comenzado
Comenzaremos	Habremos	comenzado	**Comenz**áremos	Hubiéremos	comenzado
Comenzaréis	Habréis	comenzado	**Comenz**areis	Hubiereis	comenzado
Comenzarán	Habrán	comenzado	**Comenz**aren	Hubieren	comenzado

Condicional simple	Condicional compuesto		IMPERATIVO
Comenzaría	Habría	comenzado	Comienza
Comenzarías	Habrías	comenzado	Comience
Comenzaría	Habría	comenzado	Comencemos
Comenzaríamos	Habríamos	comenzado	
Comenzaríais	Habríais	comenzado	**Comenz**ad
Comenzarían	Habrían	comenzado	Comiencen

COMPETIR

FORMAS NO PERSONALES

Simples		Compuestas	
INFINITIVO: **Compet**ir		Haber	competido
GERUNDIO: Compitiendo		Habiendo	competido
PARTICIPIO: **Compet**ido			

INDICATIVO

Presente	Pretérito perfecto		Presente	Pretérito perfecto	
Compito	He	competido	Compita	Haya	competido
Compites	Has	competido	Compitas	Hayas	competido
Compite	Ha	competido	Compita	Haya	competido
Competimos	Hemos	competido	Compitamos	Hayamos	competido
Competís	Habéis	competido	Compitáis	Hayáis	competido
Compiten	Han	competido	Compitan	Hayan	competido

SUBJUNTIVO

Pretérito imperfecto	Pretérito pluscuamperfecto		Pretérito imperfecto		
Competía	Había	competido	Compitiera	o	Compitiese
Competías	Habías	competido	Compitieras	o	Compitieses
Competía	Había	competido	Compitiera	o	Compitiese
Competíamos	Habíamos	competido	Compitiéramos	o	Compitiésemos
Competíais	Habíais	competido	Compitierais	o	Compitieseis
Competían	Habían	competido	Compitieran	o	Compitiesen

Pretérito indefinido	Pretérito anterior		Pretérito pluscuamperfecto			
Competí	Hube	competido	Hubiera	o	Hubiese	competido
Competiste	Hubiste	competido	Hubieras	o	Hubieses	competido
Compitió	Hubo	competido	Hubiera	o	Hubiese	competido
Competimos	Hubimos	competido	Hubiéramos	o	Hubiésemos	competido
Competisteis	Hubisteis	competido	Hubierais	o	Hubieseis	competido
Compitieron	Hubieron	competido	Hubieran	o	Hubiesen	competido

Futuro imperfecto	Futuro perfecto		Futuro imperfecto	Futuro perfecto	
Competiré	Habré	competido	Compitiere	Hubiere	competido
Competirás	Habrás	competido	Compitieres	Hubieres	competido
Competirá	Habrá	competido	Compitiere	Hubiere	competido
Competiremos	Habremos	competido	Compitiéremos	Hubiéremos	competido
Competiréis	Habréis	competido	Compitiereis	Hubiereis	competido
Competirán	Habrán	competido	Compitieren	Hubieren	competido

Condicional simple	Condicional compuesto		IMPERATIVO
Competiría	Habría	competido	Compite
Competirías	Habrías	competido	Compita
Competiría	Habría	competido	Compitamos
Competiríamos	Habríamos	competido	
Competiríais	Habríais	competido	**Compet**id
Competirían	Habrían	competido	Compitan

CONCEBIR

FORMAS NO PERSONALES

Simples		Compuestas	
INFINITIVO:	**Concebir**	Haber	concebido
GERUNDIO:	Concibiendo	Habiendo	concebido
PARTICIPIO:	**Concebido**		

INDICATIVO

SUBJUNTIVO

Presente	Pretérito perfecto		Presente	Pretérito perfecto	
Concibo	He	concebido	Conciba	Haya	concebido
Concibes	Has	concebido	Concibas	Hayas	concebido
Concibe	Ha	concebido	Conciba	Haya	concebido
Concebimos	Hemos	concebido	Concibamos	Hayamos	concebido
Concebís	Habéis	concebido	Concibáis	Hayáis	concebido
Conciben	Han	concebido	Conciban	Hayan	concebido

Pretérito imperfecto	Pretérito pluscuamperfecto		Pretérito imperfecto		
Concebía	Había	concebido	Concibiera	o	Concibiese
Concebías	Habías	concebido	Concibieras	o	Concibieses
Concebía	Había	concebido	Concibiera	o	Concibiese
Concebíamos	Habíamos	concebido	Concibiéramos o		Concibiésemos
Concebíais	Habíais	concebido	Concibierais	o	Concibieseis
Concebían	Habían	concebido	Concibieran	o	Concibiesen

Pretérito indefinido	Pretérito anterior		Pretérito pluscuamperfecto			
Concebí	Hube	concebido	Hubiera	o	Hubiesemos	concebido
Concebiste	Hubiste	concebido	Hubieras	o	Hubieses	concebido
Concibió	Hubo	concebido	Hubiera	o	Hubiese	concebido
Concebimos	Hubimos	concebido	Hubiéramos	o	Hubiésemos	concebido
Concebisteis	Hubisteis	concebido	Hubierais	o	Hubieseis	concebido
Concibieron	Hubieron	concebido	Hubieran	o	Hubiesen	concebido

Futuro imperfecto	Futuro perfecto		Futuro imperfecto	Futuro perfecto	
Concebiré	Habré	concebido	Concibiere	Hubiere	concebido
Concebirás	Habrás	concebido	Concibieres	Hubieres	concebido
Concebirá	Habrá	concebido	Concibiere	Hubiere	concebido
Concebiremos	Habremos	concebido	Concibiéremos	Hubiéremos	concebido
Concebiréis	Habréis	concebido	Concibiereis	Hubiereis	concebido
Concebirán	Habrán	concebido	Concibieren	Hubieren	concebido

Condicional simple	Condicional compuesto		IMPERATIVO	
Concebiría	Habría	concebido	Concibe	
Concebirías	Habrías	concebido		Conciba
Concebiría	Habría	concebido		Concibamos
Concebiríamos	Habríamos	concebido		
Concebiríais	Habríais	concebido	**Concebid**	
Concebirían	Habrían	concebido		Conciban

CONCLUIR

FORMAS NO PERSONALES

Simples		Compuestas	
INFINITIVO:	**Conclu**ir	Haber	concluido
GERUNDIO:	Concluyendo	Habiendo	concluido
PARTICIPIO:	**Conclu**ido		

INDICATIVO		SUBJUNTIVO	

Presente	Pretérito perfecto		Presente	Pretérito perfecto	
Concluyo	He	concluido	Concluya	Haya	concluido
Concluyes	Has	concluido	Concluyas	Hayas	concluido
Concluye	Ha	concluido	Concluya	Haya	concluido
Concluimos	Hemos	concluido	Concluyamos	Hayamos	concluido
Concluís	Habéis	concluido	Concluyáis	Hayáis	concluido
Concluyen	Han	concluido	Concluyan	Hayan	concluido

Pretérito imperfecto	Pretérito pluscuamperfecto		Pretérito imperfecto		
Concluía	Había	concluido	Concluyera	o	Concluyese
Concluías	Habías	concluido	Concluyeras	o	Concluyeses
Concluía	Había	concluido	Concluyera	o	Concluyese
Concluíamos	Habíamos	concluido	Concluyéramos	o	Concluyésemos
Concluíais	Habíais	concluido	Concluyerais	o	Concluyeseis
Concluían	Habían	concluido	Concluyeran	o	Concluyesen

Pretérito indefinido	Pretérito anterior		Pretérito pluscuamperfecto			
Concluí	Hube	concluido	Hubiera	o	Hubiese	concluido
Concluiste	Hubiste	concluido	Hubieras	o	Hubieses	concluido
Concluyó	Hubo	concluido	Hubiera	o	Hubiese	concluido
Concluimos	Hubimos	concluido	Hubiéramos	o	Hubiésemos	concluido
Concluisteis	Hubisteis	concluido	Hubierais	o	Hubieseis	concluido
Concluyeron	Hubieron	concluido	Hubieran	o	Hubiesen	concluido

Futuro imperfecto	Futuro perfecto		Futuro imperfecto	Futuro perfecto	
Concluiré	Habré	concluido	Concluyere	Hubiere	concluido
Concluirás	Habrás	concluido	Concluyeres	Hubieres	concluido
Concluirá	Habrá	concluido	Concluyere	Hubiere	concluido
Concluiremos	Habremos	concluido	Concluyéremos	Hubiéremos	concluido
Concluiréis	Habréis	concluido	Concluyereis	Hubiereis	concluido
Concluirán	Habrán	concluido	Concluyeren	Hubieren	concluido

Condicional simple	Condicional compuesto		IMPERATIVO
Concluiría	Habría	concluido	Concluye
Concluirías	Habrías	concluido	Concluya
Concluiría	Habría	concluido	Concluyamos
Concluiríamos	Habríamos	concluido	
Concluiríais	Habríais	concluido	**Conclu**id
Concluirían	Habrían	concluido	Concluyan

CONDUCIR

FORMAS NO PERSONALES

Simples	Compuestas
INFINITIVO: **Conduc**ir	Haber conducido
GERUNDIO: **Conduc**iendo	Habiendo conducido
PARTICIPIO: **Conduc**ido	

INDICATIVO

SUBJUNTIVO

Presente	Pretérito perfecto		Presente	Pretérito perfecto	
Conduzco	He	conducido	Conduzca	Haya	conducido
Conduces	Has	conducido	Conduzcas	Hayas	conducido
Conduce	Ha	conducido	Conduzca	Haya	conducido
Conducimos	Hemos	conducido	Conduzcamos	Hayamos	conducido
Conducís	Habéis	conducido	Conduzcáis	Hayáis	conducido
Conducen	Han	conducido	Conduzcan	Hayan	conducido

Pretérito imperfecto	Pretérito pluscuamperfecto		Pretérito imperfecto		
Conducía	Había	conducido	Condujera	o	Condujese
Conducías	Habías	conducido	Condujeras	o	Condujeses
Conducía	Había	conducido	Condujera	o	Condujese
Conducíamos	Habíamos	conducido	Condujéramos	o	Condujésemos
Conducíais	Habíais	conducido	Condujerais	o	Condujeseis
Conducían	Habían	conducido	Condujeran	o	Condujesen

Pretérito indefinido	Pretérito anterior		Pretérito pluscuamperfecto			
Conduje	Hube	conducido	Hubiera	o	Hubiese	conducido
Condujiste	Hubiste	conducido	Hubieras	o	Hubieses	conducido
Condujo	Hubo	conducido	Hubiera	o	Hubiese	conducido
Condujimos	Hubimos	conducido	Hubiéramos	o	Hubiésemos	conducido
Condujisteis	Hubisteis	conducido	Hubierais	o	Hubieseis	conducido
Condujeron	Hubieron	conducido	Hubieran	o	Hubiesen	conducido

Futuro imperfecto	Futuro perfecto		Futuro imperfecto	Futuro perfecto	
Conduciré	Habré	conducido	Condujere	Hubiere	conducido
Conducirás	Habrás	conducido	Condujeres	Hubieres	conducido
Conducirá	Habrá	conducido	Condujere	Hubiere	conducido
Conduciremos	Habremos	conducido	Condujéremos	Hubiéremos	conducido
Conduciréis	Habréis	conducido	Condujereis	Hubiereis	conducido
Conducirán	Habrán	conducido	Condujeren	Hubieren	conducido

Condicional simple	Condicional compuesto		IMPERATIVO
Conduciría	Habría	conducido	**Conduc**e
Conducirías	Habrías	conducido	Conduzca
Conduciría	Habría	conducido	Conduzcamos
Conduciríamos	Habríamos	conducido	
Conduciríais	Habíais	conducido	**Conduc**id
Conducirían	Habrían	conducido	Conduzcan

CONFESAR

FORMAS NO PERSONALES

Simples		Compuestas	
INFINITIVO:	**Confes**ar	Haber	confesado
GERUNDIO:	**Confes**ando	Habiendo	confesado
PARTICIPIO:	**Confes**ado		

INDICATIVO		SUBJUNTIVO	

Presente / Pretérito perfecto / Presente / Pretérito perfecto

Presente	Pretérito perfecto		Presente	Pretérito perfecto	
Confieso	He	confesado	Confiese	Haya	confesado
Confiesas	Has	confesado	Confieses	Hayas	confesado
Confiesa	Ha	confesado	Confiese	Haya	confesado
Confesamos	Hemos	confesado	**Confes**emos	Hayamos	confesado
Confesáis	Habéis	confesado	**Confes**éis	Hayáis	confesado
Confiesan	Han	confesado	Confiesen	Hayan	confesado

Pretérito imperfecto	Pretérito pluscuamperfecto		Pretérito imperfecto		
Confesaba	Había	confesado	**Confes**ara	o	**Confes**ase
Confesabas	Habías	confesado	**Confes**aras	o	**Confes**ases
Confesaba	Había	confesado	**Confes**ara	o	**Confes**ase
Confesábamos	Habíamos	confesado	**Confes**áramos	o	**Confes**ásemos
Confesabais	Habíais	confesado	**Confes**arais	o	**Confes**aseis
Confesaban	Habían	confesado	**Confes**aran	o	**Confes**asen

Pretérito indefinido	Pretérito anterior		Pretérito pluscuamperfecto			
Confesé	Hube	confesado	Hubiera	o	Hubiese	confesado
Confesaste	Hubiste	confesado	Hubieras	o	Hubieses	confesado
Confesó	Hubo	confesado	Hubiera	o	Hubiese	confesado
Confesamos	Hubimos	confesado	Hubiéramos	o	Hubiésemos	confesado
Confesasteis	Hubisteis	confesado	Hubierais	o	Hubieseis	confesado
Confesaron	Hubieron	confesado	Hubieran	o	Hubiesen	confesado

Futuro imperfecto	Futuro perfecto		Futuro imperfecto	Futuro perfecto	
Confesaré	Habré	confesado	**Confes**are	Hubiere	confesado
Confesarás	Habrás	confesado	**Confes**ares	Hubieres	confesado
Confesará	Habrá	confesado	**Confes**are	Hubiere	confesado
Confesaremos	Habremos	confesado	**Confes**áremos	Hubiéremos	confesado
Confesaréis	Habréis	confesado	**Confes**areis	Hubiereis	confesado
Confesarán	Habrán	confesado	**Confes**aren	Hubieren	confesado

Condicional simple	Condicional compuesto		IMPERATIVO
Confesaría	Habría	confesado	
Confesarías	Habrías	confesado	Confiesa
Confesaría	Habría	confesado	Confiese
Confesaríamos	Habríamos	confesado	**Confes**emos
Confesaríais	Habríais	confesado	
Confesarían	Habrían	confesado	**Confes**ad
			Confiesen

CONOCER

FORMAS NO PERSONALES

Simples		Compuestas	
INFINITIVO:	**Conoc**er	Haber	conocido
GERUNDIO:	**Conoc**iendo	Habiendo	conocido
PARTICIPIO:	**Conoc**ido		

INDICATIVO

SUBJUNTIVO

Presente	Pretérito perfecto		Presente	Pretérito perfecto	
Conozco	He	conocido	Conozca	Haya	conocido
Conoces	Has	conocido	Conozcas	Hayas	conocido
Conoce	Ha	conocido	Conozca	Haya	conocido
Conocemos	Hemos	conocido	Conozcamos	Hayamos	conocido
Conocéis	Habéis	conocido	Conozcáis	Hayáis	conocido
Conocen	Han	conocido	Conozcan	Hayan	conocido

Pretérito imperfecto	Pretérito pluscuamperfecto		Pretérito imperfecto		
Conocía	Había	conocido	**Conoc**iera	o	**Conoc**iese
Conocías	Habías	conocido	**Conoc**ieras	o	**Conoc**ieses
Conocía	Había	conocido	**Conoc**iera	o	**Conoc**iese
Conocíamos	Habíamos	conocido	**Conoc**iéramos	o	**Conoc**iésemos
Conocíais	Habíais	conocido	**Conoc**ierais	o	**Conoc**ieseis
Conocían	Habían	conocido	**Conoc**ieran	o	**Conoc**iesen

Pretérito indefinido	Pretérito anterior		Pretérito pluscuamperfecto			
Conocí	Hube	conocido	Hubiera	o	Hubiese	conocido
Conociste	Hubiste	conocido	Hubieras	o	Hubieses	conocido
Conoció	Hubo	conocido	Hubiera	o	Hubiese	conocido
Conocimos	Hubimos	conocido	Hubiéramos	o	Hubiésemos	conocido
Conocisteis	Hubisteis	conocido	Hubierais	o	Hubieseis	conocido
Conocieron	Hubieron	conocido	Hubieran	o	Hubiesen	conocido

Futuro imperfecto	Futuro perfecto		Futuro imperfecto	Futuro perfecto	
Conoceré	Habré	conocido	**Conoc**iere	Hubiere	conocido
Conocerás	Habrás	conocido	**Conoc**ieres	Hubieres	conocido
Conocerá	Habrá	conocido	**Conoc**iere	Hubiere	conocido
Conoceremos	Habremos	conocido	**Conoc**iéremos	Hubiéremos	conocido
Conoceréis	Habréis	conocido	**Conoc**iereis	Hubiereis	conocido
Conocerán	Habrán	conocido	**Conoc**ieren	Hubieren	conocido

Condicional simple	Condicional compuesto		IMPERATIVO
Conocería	Habría	conocido	**Conoc**e
Conocerías	Habrías	conocido	Conozca
Conocería	Habría	conocido	**Conozc**amos
Conoceríamos	Habríamos	conocido	
Conoceríais	Habríais	conocido	**Conoc**ed
Conocerían	Habrían	conocido	Conozcan

CONSOLAR

Simples	Compuestas
INFINITIVO: **Consol**ar	Haber consolado
GERUNDIO: **Consol**ando	Habiendo consolado
PARTICIPIO: **Consol**ado	

INDICATIVO

SUBJUNTIVO

Presente

Presente	Pretérito perfecto	Presente	Pretérito perfecto
Consuelo	He consolado	Consuele	Haya consolado
Consuelas	Has consolado	Consueles	Hayas consolado
Consuela	Ha consolado	Consuele	Haya consolado
Consolamos	Hemos consolado	**Consol**emos	Hayamos consolado
Consoláis	Habéis consolado	**Consol**éis	Hayáis consolado
Consuelan	Han consolado	Consuelen	Hayan consolado

Pretérito imperfecto	Pretérito pluscuamperfecto	Pretérito imperfecto	
Consolaba	Había consolado	**Consol**ara o **Consol**ase	
Consolabas	Habías consolado	**Consol**aras o **Consol**ases	
Consolaba	Había consolado	**Consol**ara o **Consol**ase	
Consolábamos	Habíamos consolado	**Consol**áramos o **Consol**ásemos	
Consolabais	Habíais consolado	**Consol**arais o **Consol**aseis	
Consolaban	Habían consolado	**Consol**aran o **Consol**asen	

Pretérito indefinido	Pretérito anterior	Pretérito pluscuamperfecto	
Consolé	Hube consolado	Hubiera o Hubiese consolado	
Consolaste	Hubiste consolado	Hubieras o Hubieses consolado	
Consoló	Hubo consolado	Hubiera o Hubiese consolado	
Consolamos	Hubimos consolado	Hubiéramos o Hubiésemos consolado	
Consolasteis	Hubisteis consolado	Hubierais o Hubieseis consolado	
Consolaron	Hubieron consolado	Hubieran o Hubiesen consolado	

Futuro imperfecto	Futuro perfecto	Futuro imperfecto	Futuro perfecto
Consolaré	Habré consolado	**Consol**are	Hubiere consolado
Consolarás	Habrás consolado	**Consol**ares	Hubieres consolado
Consolará	Habrá consolado	**Consol**are	Hubiere consolado
Consolaremos	Habremos consolado	**Consol**áremos	Hubiéremos consolado
Consolaréis	Habréis consolado	**Consol**areis	Hubiereis consolado
Consolarán	Habrán consolado	**Consol**aren	Hubieren consolado

Condicional simple	Condicional compuesto
Consolaría	Habría consolado
Consolarías	Habrías consolado
Consolaría	Habría consolado
Consolaríamos	Habríamos consolado
Consolaríais	Habríais consolado
Consolarían	Habrían consolado

IMPERATIVO

Consuela
Consuele
Consolemos

Consolad
Consuelen

CONSTRUIR

FORMAS NO PERSONALES

Simples		Compuestas	
INFINITIVO:	**Constru**ir	Haber	construido
GERUNDIO:	Construyendo	Habiendo	construido
PARTICIPIO:	**Constru**ido		

INDICATIVO

Presente	Pretérito perfecto	
Construyo	He	construido
Construyes	Has	construido
Construye	Ha	construido
Construimos	Hemos	construido
Construís	Habéis	construido
Construyen	Han	construido

Pretérito imperfecto	Pretérito pluscuamperfecto	
Construía	Había	construido
Construías	Habías	construido
Construía	Había	construido
Construíamos	Habíamos	construido
Construíais	Habíais	construido
Construían	Habían	construido

Pretérito indefinido	Pretérito anterior	
Construí	Hube	construido
Construiste	Hubiste	construido
Construyó	Hubo	construido
Construimos	Hubimos	construido
Construisteis	Hubisteis	construido
Construyeron	Hubieron	construido

Futuro imperfecto	Futuro perfecto	
Construiré	Habré	construido
Construirás	Habrás	construido
Construirá	Habrá	construido
Construiremos	Habremos	construido
Construiréis	Habréis	construido
Construirán	Habrán	construido

Condicional simple	Condicional compuesto	
Construiría	Habría	construido
Construirías	Habrías	construido
Construiría	Habría	construido
Construiríamos	Habríamos	construido
Construiríais	Habríais	construido
Construirían	Habrían	construido

SUBJUNTIVO

Presente	Pretérito perfecto	
Construya	Haya	construido
Construyas	Hayas	construido
Construya	Haya	construido
Construyamos	Hayamos	construido
Construyáis	Hayáis	construido
Construyan	Hayan	construido

Pretérito imperfecto		
Construyera	o	Construyese
Construyeras	o	Construyeses
Construyera	o	Construyese
Construyéramos	o	Construyésemos
Construyerais	o	Construyeseis
Construyeran	o	Construyesen

Pretérito pluscuamperfecto			
Hubiera	o	Hubiese	construido
Hubieras	o	Hubieses	construido
Hubiera	o	Hubiese	construido
Hubiéramos	o	Hubiésemos	construido
Hubierais	o	Hubieseis	construido
Hubieran	o	Hubiesen	construido

Futuro imperfecto	Futuro perfecto	
Construyere	Hubiere	construido
Construyeres	Hubieres	construido
Construyere	Hubiere	construido
Construyéremos	Hubiéremos	construido
Construyereis	Hubiereis	construido
Construyeren	Hubieren	construido

IMPERATIVO

Construye
Construya
Construyamos

Construid
Construyan

CONTAR

FORMAS NO PERSONALES

Simples		Compuestas	
INFINITIVO:	**Cont**ar	Haber	contado
GERUNDIO:	**Cont**ando	Habiendo	contado
PARTICIPIO:	**Cont**ado		

INDICATIVO

SUBJUNTIVO

Presente	Pretérito perfecto		Presente	Pretérito perfecto	
Cuento	He	contado	Cuente	Haya	contado
Cuentas	Has	contado	Cuentes	Hayas	contado
Cuenta	Ha	contado	Cuente	Haya	contado
Contamos	Hemos	contado	**Cont**emos	Hayamos	contado
Contáis	Habéis	contado	**Cont**éis	Hayáis	contado
Cuentan	Han	contado	Cuenten	Hayan	contado

Pretérito imperfecto	Pretérito pluscuamperfecto		Pretérito imperfecto		
Contaba	Había	contado	**Cont**ara	o	**Cont**ase
Contabas	Habías	contado	**Cont**aras	o	**Cont**ases
Contaba	Había	contado	**Cont**ara	o	**Cont**ase
Contábamos	Habíamos	contado	**Cont**áramos	o	**Cont**ásemos
Contabais	Habíais	contado	**Cont**arais	o	**Cont**aseis
Contaban	Habían	contado	**Cont**aran	o	**Cont**asen

Pretérito indefinido	Pretérito anterior		Pretérito pluscuamperfecto			
Conté	Hube	contado	Hubiera	o	Hubiese	contado
Contaste	Hubiste	contado	Hubieras	o	Hubieses	contado
Contó	Hubo	contado	Hubiera	o	Hubiese	contado
Contamos	Hubimos	contado	Hubiéramos	o	Hubiésemos	contado
Contasteis	Hubisteis	contado	Hubierais	o	Hubieseis	contado
Contaron	Hubieron	contado	Hubieran	o	Hubiesen	contado

Futuro imperfecto	Futuro perfecto		Futuro imperfecto	Futuro perfecto	
Contaré	Habré	contado	**Cont**are	Hubiere	contado
Contarás	Habrás	contado	**Cont**ares	Hubieres	contado
Contará	Habrá	contado	**Cont**are	Hubiere	contado
Contaremos	Habremos	contado	**Cont**áremos	Hubiéremos	contado
Contaréis	Habréis	contado	**Cont**areis	Hubiereis	contado
Contarán	Habrán	contado	**Cont**aren	Hubieren	contado

Condicional simple	Condicional compuesto	
Contaría	Habría	contado
Contarías	Habrías	contado
Contaría	Habría	contado
Contaríamos	Habríamos	contado
Contaríais	Habríais	contado
Contarían	Habrían	contado

IMPERATIVO

Cuenta
Cuente
Contemos

Contad
Cuenten

CONTRIBUIR

FORMAS NO PERSONALES

Simples	Compuestas
INFINITIVO: **Contribu**ir	Haber contribuido
GERUNDIO: Contribuyendo	Habiendo contribuido
PARTICIPIO: **Contribu**ido	

INDICATIVO

Presente	Pretérito perfecto
Contribuyo	He contribuido
Contribuyes	Has contribuido
Contribuye	Ha contribuido
Contribuimos	Hemos contribuido
Contribuís	Habéis contribuido
Contribuyen	Han contribuido

Pretérito imperfecto	Pretérito pluscuamperfecto
Contribuía	Había contribuido
Contribuías	Habías contribuido
Contribuía	Había contribuido
Contribuíamos	Habíamos contribuido
Contribuíais	Habíais contribuido
Contribuían	Habían contribuido

Pretérito indefinido	Pretérito anterior
Contribuí	Hube contribuido
Contribuiste	Hubiste contribuido
Contribuyó	Hubo contribuido
Contribuimos	Hubimos contribuido
Contribuisteis	Hubisteis contribuido
Contribuyeron	Hubieron contribuido

Futuro imperfecto	Futuro perfecto
Contribuiré	Habré contribuido
Contribuirás	Habrás contribuido
Contribuirá	Habrá contribuido
Contribuiremos	Habremos contribuido
Contribuiréis	Habréis contribuido
Contribuirán	Habrán contribuido

Condicional simple	Condicional compuesto
Contribuiría	Habría contribuido
Contribuirías	Habrías contribuido
Contribuiría	Habría contribuido
Contribuiríamos	Habríamos contribuido
Contribuiríais	Habríais contribuido
Contribuirían	Habrían contribuido

SUBJUNTIVO

Presente	Pretérito perfecto
Contribuya	Haya contribuido
Contribuyas	Hayas contribuido
Contribuya	Haya contribuido
Contribuyamos	Hayamos contribuido
Contribuyáis	Hayáis contribuido
Contribuyan	Hayan contribuido

Pretérito imperfecto		
Contribuyera	o	Contribuyese
Contribuyeras	o	Contribuyeses
Contribuyera	o	Contribuyese
Contribuyéramos	o	Contribuyésemos
Contribuyerais	o	Contribuyeseis
Contribuyeran	o	Contribuyesen

Pretérito pluscuamperfecto		
Hubiera	o	Hubiesemos contribuido
Hubieras	o	Hubieses contribuido
Hubiera	o	Hubiese contribuido
Hubiéramos	o	Hubiésemos contribuido
Hubierais	o	Hubieseis contribuido
Hubieran	o	Hubiesen contribuido

Futuro imperfecto	Futuro perfecto
Contribuyere	Hubiere contribuido
Contribuyeres	Hubieres contribuido
Contribuyere	Hubiere contribuido
Contribuyéremos	Hubiéremos contribuido
Contribuyereis	Hubiereis contribuido
Contribuyeren	Hubieren contribuido

IMPERATIVO

Contribuye
Contribuya
Contribuyamos

Contribuid
Contribuyan

CONVERTIR

FORMAS NO PERSONALES

Simples		Compuestas	
INFINITIVO:	**Convert**ir	Haber	convertido
GERUNDIO:	Convirtiendo	Habiendo	convertido
PARTICIPIO:	**Convert**ido		

INDICATIVO			SUBJUNTIVO		

Presente	Pretérito perfecto		Presente	Pretérito perfecto	
Convierto	He	convertido	Convierta	Haya	convertido
Conviertes	Has	convertido	Conviertas	Hayas	convertido
Convierte	Ha	convertido	Convierta	Haya	convertido
Convertimos	Hemos	convertido	Convirtamos	Hayamos	convertido
Convertís	Habéis	convertido	Convirtáis	Hayáis	convertido
Convierten	Han	convertido	Conviertan	Hayan	convertido

Pretérito imperfecto	Pretérito pluscuamperfecto		Pretérito imperfecto		
Convertía	Había	convertido	Convirtiera	o	Convirtiese
Convertías	Habías	convertido	Convirtieras	o	Convirtieses
Convertía	Había	convertido	Convirtiera	o	Convirtiese
Convertíamos	Habíamos	convertido	Convirtiéramos	o	Convirtiésemos
Convertíais	Habíais	convertido	Convirtierais	o	Convirtieseis
Convertían	Habían	convertido	Convirtieran	o	Convirtiesen

Pretérito indefinido	Pretérito anterior		Pretérito pluscuamperfecto			
Convertí	Hube	convertido	Hubiera	o	Hubiese	convertido
Convertiste	Hubiste	convertido	Hubieras	o	Hubieses	convertido
Convirtió	Hubo	convertido	Hubiera	o	Hubiese	convertido
Convertimos	Hubimos	convertido	Hubiéramos	o	Hubiésemos	convertido
Convertisteis	Hubisteis	convertido	Hubierais	o	Hubieseis	convertido
Convirtieron	Hubieron	convertido	Hubieran	o	Hubiesen	convertido

Futuro imperfecto	Futuro perfecto		Futuro imperfecto	Futuro perfecto	
Convertiré	Habré	convertido	Convirtiere	Hubiere	convertido
Convertirás	Habrás	convertido	Convirtieres	Hubieres	convertido
Convertirá	Habrá	convertido	Convirtiere	Hubiere	convertido
Convertiremos	Habremos	convertido	Convirtiéremos	Hubiéremos	convertido
Convertiréis	Habréis	convertido	Convirtiereis	Hubiereis	convertido
Convertirán	Habrán	convertido	Convirtieren	Hubieren	convertido

Condicional simple	Condicional compuesto		IMPERATIVO	
Convertiría	Habría	convertido	Convierte	
Convertirías	Habrías	convertido	Convierta	
Convertiría	Habría	convertido	Convirtamos	
Convertiríamos	Habríamos	convertido		
Convertiríais	Habríais	convertido	**Convert**id	
Convertirían	Habrían	convertido	Conviertan	

CORREGIR

FORMAS NO PERSONALES

Simples		Compuestas	
INFINITIVO:	**Correg**ir	Haber	corregido
GERUNDIO:	Corrigiendo	Habiendo	corregido
PARTICIPIO:	**Correg**ido		

INDICATIVO

SUBJUNTIVO

Presente	Pretérito perfecto		Presente	Pretérito perfecto	
Corrijo	He	corregido	Corrija	Haya	corregido
Corriges	Has	corregido	Corrijas	Hayas	corregido
Corrige	Ha	corregido	Corrija	Haya	corregido
Corregimos	Hemos	corregido	Corrijamos	Hayamos	corregido
Corregís	Habéis	corregido	Corrijáis	Hayáis	corregido
Corrigen	Han	corregido	Corrijan	Hayan	corregido

Pretérito imperfecto	Pretérito pluscuamperfecto		Pretérito imperfecto		
Corregía	Había	corregido	Corrigiera	o	Corrigiese
Corregías	Habías	corregido	Corrigieras	o	Corrigieses
Corregía	Había	corregido	Corrigiera	o	Corrigiese
Corregíamos	Habíamos	corregido	Corrigiéramos	o	Corrigiésemos
Corregíais	Habíais	corregido	Corrigierais	o	Corrigieseis
Corregían	Habían	corregido	Corrigieran	o	Corrigiesen

Pretérito indefinido	Pretérito anterior		Pretérito pluscuamperfecto			
Corregí	Hube	corregido	Hubiera	o	Hubiese	corregido
Corregiste	Hubiste	corregido	Hubieras	o	Hubieses	corregido
Corrigió	Hubo	corregido	Hubiera	o	Hubiese	corregido
Corregimos	Hubimos	corregido	Hubiéramos	o	Hubiésemos	corregido
Corregisteis	Hubisteis	corregido	Hubierais	o	Hubieseis	corregido
Corrigieron	Hubieron	corregido	Hubieran	o	Hubiesen	corregido

Futuro imperfecto	Futuro perfecto		Futuro imperfecto	Futuro perfecto	
Corregiré	Habré	corregido	Corrigiere	Hubiere	corregido
Corregirás	Habrás	corregido	Corrigieres	Hubieres	corregido
Corregirá	Habrá	corregido	Corrigiere	Hubiere	corregido
Corregiremos	Habremos	corregido	Corrigiéremos	Hubiéremos	corregido
Corregiréis	Habréis	corregido	Corrigiereis	Hubiereis	corregido
Corregirán	Habrán	corregido	Corrigieren	Hubieren	corregido

Condicional simple	Condicional compuesto		IMPERATIVO
Corregiría	Habría	corregido	Corrije
Corregirías	Habrías	corregido	Corrija
Corregiría	Habría	corregido	Corrijamos
Corregiríamos	Habríamos	corregido	
Corregiríais	Habríais	corregido	**Correg**id
Corregirían	Habrían	corregido	Corrijan

CRECER

FORMAS NO PERSONALES

Simples		Compuestas	
INFINITIVO:	**Crec**er	Haber	crecido
GERUNDIO:	**Crec**iendo	Habiendo	crecido
PARTICIPIO:	**Crec**ido		

INDICATIVO

Presente

Crezco
Creces
Crece
Crecemos
Crecéis
Crecen

Pretérito perfecto

He crecido
Has crecido
Ha crecido
Hemos crecido
Habéis crecido
Han crecido

Pretérito imperfecto

Crecía
Crecías
Crecía
Crecíamos
Crecíais
Crecían

Pretérito pluscuamperfecto

Había crecido
Habías crecido
Había crecido
Habíamos crecido
Habíais crecido
Habían crecido

Pretérito indefinido

Crecí
Creciste
Creció
Crecimos
Crecisteis
Crecieron

Pretérito anterior

Hube crecido
Hubiste crecido
Hubo crecido
Hubimos crecido
Hubisteis crecido
Hubieron crecido

Futuro imperfecto

Creceré
Crecerás
Crecerá
Creceremos
Creceréis
Crecerán

Futuro perfecto

Habré crecido
Habrás crecido
Habrá crecido
Habremos crecido
Habréis crecido
Habrán crecido

Condicional simple

Crecería
Crecerías
Crecería
Creceríamos
Creceríais
Crecerían

Condicional compuesto

Habría crecido
Habrías crecido
Habría crecido
Habríamos crecido
Habríais crecido
Habrían crecido

SUBJUNTIVO

Presente

Crezca
Crezcas
Crezca
Crezcamos
Crezcáis
Crezcan

Pretérito perfecto

Haya crecido
Hayas crecido
Haya crecido
Hayamos crecido
Hayáis crecido
Hayan crecido

Pretérito imperfecto

Creciera o **Crec**iese
Crecieras o **Crec**ieses
Creciera o **Crec**iese
Creciéramos o **Crec**iésemos
Crecierais o **Crec**ieseis
Crecieran o **Crec**iesen

Pretérito pluscuamperfecto

Hubiera o Hubiese crecido
Hubieras o Hubieses crecido
Hubiera o Hubiese crecido
Hubiéramos o Hubiésemos crecido
Hubierais o Hubieseis crecido
Hubieran o Hubiesen crecido

Futuro imperfecto

Creciere
Crecieres
Creciere
Creciéremos
Creciereis
Crecieren

Futuro perfecto

Hubiere crecido
Hubieres crecido
Hubiere crecido
Hubiéremos crecido
Hubiereis crecido
Hubieren crecido

IMPERATIVO

Crece
Crezca
Crezcamos

Creced
Crezcan

DAR

Simples	Compuestas
INFINITIVO: **Dar**	Haber dado
GERUNDIO: **Dando**	Habiendo dado
PARTICIPIO: **Dado**	

INDICATIVO

SUBJUNTIVO

Presente	Pretérito perfecto		Presente	Pretérito perfecto	
Doy	He	dado	Dé	Haya	dado
Das	Has	dado	Des	Hayas	dado
Da	Ha	dado	Dé	Haya	dado
Damos	Hemos	dado	Demos	Hayamos	dado
Dais	Habéis	dado	Deis	Hayáis	dado
Dan	Han	dado	Den	Hayan	dado

Pretérito imperfecto	Pretérito pluscuamperfecto		Pretérito imperfecto		
Daba	Había	dado	Diera	o	Diese
Dabas	Habías	dado	Dieras	o	Dieses
Daba	Había	dado	Diera	o	Diese
Dábamos	Habíamos	dado	Diéramos	o	Diésemos
Dabais	Habíais	dado	Dierais	o	Dieseis
Daban	Habían	dado	Dieran	o	Diesen

Pretérito indefinido	Pretérito anterior		Pretérito pluscuamperfecto			
Di	Hube	dado	Hubiera	o	Hubiese	dado
Diste	Hubiste	dado	Hubieras	o	Hubieses	dado
Dio	Hubo	dado	Hubiera	o	Hubiese	dado
Dimos	Hubimos	dado	Hubiéramos	o	Hubiésemos	dado
Disteis	Hubisteis	dado	Hubierais	o	Hubieseis	dado
Dieron	Hubieron	dado	Hubieran	o	Hubiesen	dado

Futuro imperfecto	Futuro perfecto		Futuro imperfecto	Futuro perfecto	
Daré	Habré	dado	Diere	Hubiere	dado
Darás	Habrás	dado	Dieres	Hubieres	dado
Dará	Habrá	dado	Diere	Hubiere	dado
Daremos	Habremos	dado	Diéremos	Hubiéremos	dado
Daréis	Habréis	dado	Diereis	Hubiereis	dado
Darán	Habrán	dado	Dieren	Hubieren	dado

Condicional simple	Condicional compuesto		IMPERATIVO	
Daría	Habría	dado		Da
Darías	Habrías	dado		Dé
Daría	Habría	dado		Demos
Daríamos	Habríamos	dado		
Daríais	Habríais	dado		Dad
Darían	Habrían	dado		Den

DECIR

FORMAS NO PERSONALES

Simples		Compuestas	
INFINITIVO:	**Dec**ir	Haber	dicho
GERUNDIO:	Diciendo	Habiendo	dicho
PARTICIPIO:	Dicho		

INDICATIVO

Presente / Pretérito perfecto

Presente	Pretérito perfecto	
Digo	He	dicho
Dices	Has	dicho
Dice	Ha	dicho
Decimos	Hemos	dicho
Decís	Habéis	dicho
Dicen	Han	dicho

Pretérito imperfecto / Pretérito pluscuamperfecto

Pretérito imperfecto	Pretérito pluscuamperfecto	
Decía	Había	dicho
Decías	Habías	dicho
Decía	Había	dicho
Decíamos	Habíamos	dicho
Decíais	Habíais	dicho
Decían	Habían	dicho

Pretérito indefinido / Pretérito anterior

Pretérito indefinido	Pretérito anterior	
Dije	Hube	dicho
Dijiste	Hubiste	dicho
Dijo	Hubo	dicho
Dijimos	Hubimos	dicho
Dijisteis	Hubisteis	dicho
Dijeron	Hubieron	dicho

Futuro imperfecto / Futuro perfecto

Futuro imperfecto	Futuro perfecto	
Diré	Habré	dicho
Dirás	Habrás	dicho
Dirá	Habrá	dicho
Diremos	Habremos	dicho
Diréis	Habréis	dicho
Dirán	Habrán	dicho

Condicional simple / Condicional compuesto

Condicional simple	Condicional compuesto	
Diría	Habría	dicho
Dirías	Habrías	dicho
Diría	Habría	dicho
Diríamos	Habríamos	dicho
Diríais	Habríais	dicho
Dirían	Habrían	dicho

SUBJUNTIVO

Presente / Pretérito perfecto

Presente	Pretérito perfecto	
Diga	Haya	dicho
Digas	Hayas	dicho
Diga	Haya	dicho
Digamos	Hayamos	dicho
Digáis	Hayáis	dicho
Digan	Hayan	dicho

Pretérito imperfecto

Dijera	o	Dijese
Dijeras	o	Dijeses
Dijera	o	Dijese
Dijéramos	o	Dijésemos
Dijerais	o	Dijeseis
Dijeran	o	Dijesen

Pretérito pluscuamperfecto

Hubiera	o	Hubiese	dicho
Hubieras	o	Hubieses	dicho
Hubiera	o	Hubiese	dicho
Hubiéramos	o	Hubiésemos	dicho
Hubierais	o	Hubieseis	dicho
Hubieran	o	Hubiesen	dicho

Futuro imperfecto / Futuro perfecto

Futuro imperfecto	Futuro perfecto	
Dijere	Hubiere	dicho
Dijeres	Hubieres	dicho
Dijere	Hubiere	dicho
Dijéremos	Hubiéremos	dicho
Dijereis	Hubiereis	dicho
Dijeren	Hubieren	dicho

IMPERATIVO

Di

Diga

Digamos

Decid

Digan

DEDUCIR

FORMAS NO PERSONALES

Simples		Compuestas	
INFINITIVO: **Deduc**ir		Haber deducido	
GERUNDIO: **Deduc**iendo		Habiendo deducido	
PARTICIPIO: **Deduc**ido			

INDICATIVO

SUBJUNTIVO

Presente	Pretérito perfecto		Presente	Pretérito perfecto	
Deduzco	He	deducido	Deduzca	Haya	deducido
Deduces	Has	deducido	Deduzcas	Hayas	deducido
Deduce	Ha	deducido	Deduzca	Haya	deducido
Deducimos	Hemos	deducido	Deduzcamos	Hayamos	deducido
Deducís	Habéis	deducido	Deduzcáis	Hayáis	deducido
Deducen	Han	deducido	Deduzcan	Hayan	deducido

Pretérito imperfecto	Pretérito pluscuamperfecto		Pretérito imperfecto		
Deducía	Había	deducido	Dedujera	o	Dedujese
Deducías	Habías	deducido	Dedujeras	o	Dedujeses
Deducía	Había	deducido	Dedujera	o	Dedujese
Deducíamos	Habíamos	deducido	Dedujéramos	o	Dedujésemos
Deducíais	Habíais	deducido	Dedujerais	o	Dedujeseis
Deducían	Habían	deducido	Dedujeran	o	Dedujesen

Pretérito indefinido	Pretérito anterior		Pretérito pluscuamperfecto			
Deduje	Hube	deducido	Hubiera	o	Hubiese	deducido
Dedujiste	Hubiste	deducido	Hubieras	o	Hubieses	deducido
Dedujo	Hubo	deducido	Hubiera	o	Hubiese	deducido
Dedujimos	Hubimos	deducido	Hubiéramos	o	Hubiésemos	deducido
Dedujisteis	Hubisteis	deducido	Hubierais	o	Hubieseis	deducido
Dedujeron	Hubieron	deducido	Hubieran	o	Hubiesen	deducido

Futuro imperfecto	Futuro perfecto		Futuro imperfecto	Futuro perfecto	
Deduciré	Habré	deducido	Dedujere	Hubiere	deducido
Deducirás	Habrás	deducido	Dedujeres	Hubieres	deducido
Deducirá	Habrá	deducido	Dedujere	Hubiere	deducido
Deduciremos	Habremos	deducido	Dedujéremos	Hubiéremos	deducido
Deduciréis	Habréis	deducido	Dedujereis	Hubiereis	deducido
Deducirán	Habrán	deducido	Dedujeren	Hubieren	deducido

Condicional simple	Condicional compuesto		IMPERATIVO
Deduciría	Habría	deducido	**Deduc**e
Deducirías	Habrías	deducido	Deduzca
Deduciría	Habría	deducido	Deduzcamos
Deduciríamos	Habríamos	deducido	
Deduciríais	Habríais	deducido	**Deduc**id
Deducirían	Habrían	deducido	Deduzcan

DEFENDER

FORMAS NO PERSONALES

Simples		Compuestas	
INFINITIVO: **Defend**er		Haber defendido	
GERUNDIO: **Defend**iendo		Habiendo defendido	
PARTICIPIO: **Defend**ido			

INDICATIVO

Presente	Pretérito perfecto		Presente	Pretérito perfecto	
Defiendo	He	defendido	Defienda	Haya	defendido
Defiendes	Has	defendido	Defiendas	Hayas	defendido
Defiende	Ha	defendido	Defienda	Haya	defendido
Defendemos	Hemos	defendido	**Defend**amos	Hayamos	defendido
Defendéis	Habéis	defendido	**Defend**áis	Hayáis	defendido
Defienden	Han	defendido	Defiendan	Hayan	defendido

SUBJUNTIVO

Pretérito imperfecto	Pretérito pluscuamperfecto		Pretérito imperfecto		
Defendía	Había	defendido	**Defend**iera	o	**Defend**iese
Defendías	Habías	defendido	**Defend**ieras	o	**Defend**ieses
Defendía	Había	defendido	**Defend**iera	o	**Defend**iese
Defendíamos	Habíamos	defendido	**Defend**iéramos	o	**Defend**iésemos
Defendíais	Habíais	defendido	**Defend**ierais	o	**Defend**ieseis
Defendían	Habían	defendido	**Defend**ieran	o	**Defend**iesen

Pretérito indefinido	Pretérito anterior		Pretérito pluscuamperfecto			
Defendí	Hube	defendido	Hubiera	o	Hubiese	defendido
Defendiste	Hubiste	defendido	Hubieras	o	Hubieses	defendido
Defendió	Hubo	defendido	Hubiera	o	Hubiese	defendido
Defendimos	Hubimos	defendido	Hubiéramos	o	Hubiésemos	defendido
Defendisteis	Hubisteis	defendido	Hubierais	o	Hubieseis	defendido
Defendieron	Hubieron	defendido	Hubieran	o	Hubiesen	defendido

Futuro imperfecto	Futuro perfecto		Futuro imperfecto	Futuro perfecto	
Defenderé	Habré	defendido	**Defend**iere	Hubiere	defendido
Defenderás	Habrás	defendido	**Defend**ieres	Hubieres	defendido
Defenderá	Habrá	defendido	**Defend**iere	Hubiere	defendido
Defenderemos	Habremos	defendido	**Defend**iéremos	Hubiéremos	defendido
Defenderéis	Habréis	defendido	**Defend**iereis	Hubiereis	defendido
Defenderán	Habrán	defendido	**Defend**ieren	Hubieren	defendido

Condicional simple	Condicional compuesto		IMPERATIVO
Defendería	Habría	defendido	Defiende
Defenderías	Habrías	defendido	Defienda
Defendería	Habría	defendido	**Defend**amos
Defenderíamos	Habríamos	defendido	
Defenderíais	Habríais	defendido	**Defend**ed
Defenderían	Habrían	defendido	Defiendan

DESCENDER

FORMAS NO PERSONALES

Simples		Compuestas	
INFINITIVO:	**Descend**er	Haber	descendido
GERUNDIO:	**Descend**iendo	Habiendo	descendido
PARTICIPIO:	**Descend**ido		

INDICATIVO

Presente	Pretérito perfecto		Presente	Pretérito perfecto	
Desciendo	He	descendido	Descienda	Haya	descendido
Desciendes	Has	descendido	Desciendas	Hayas	descendido
Desciende	Ha	descendido	Descienda	Haya	descendido
Descendemos	Hemos	descendido	**Descend**amos	Hayamos	descendido
Descendéis	Habéis	descendido	**Descend**áis	Hayáis	descendido
Descienden	Han	descendido	Desciendan	Hayan	descendido

Pretérito imperfecto	Pretérito pluscuamperfecto		Pretérito imperfecto		
Descendía	Había	descendido	**Descend**iera	o	**Descend**iese
Descendías	Habías	descendido	**Descend**ieras	o	**Descend**ieses
Descendía	Había	descendido	**Descend**iera	o	**Descend**iese
Descendíamos	Habíamos	descendido	**Descend**iéramos	o	**Descend**iésemos
Descendíais	Habíais	descendido	**Descend**ierais	o	**Descend**ieseis
Descendían	Habían	descendido	**Descend**ieran	o	**Descend**iesen

Pretérito indefinido	Pretérito anterior		Pretérito pluscuamperfecto			
Descendí	Hube	descendido	Hubiera	o	Hubiese	descendido
Descendiste	Hubiste	descendido	Hubieras	o	Hubieses	descendido
Descendió	Hubo	descendido	Hubiera	o	Hubiese	descendido
Descendimos	Hubimos	descendido	Hubiéramos	o	Hubiésemos	descendido
Descendisteis	Hubisteis	descendido	Hubierais	o	Hubieseis	descendido
Descendieron	Hubieron	descendido	Hubieran	o	Hubiesen	descendido

Futuro imperfecto	Futuro perfecto		Futuro imperfecto	Futuro perfecto	
Descenderé	Habré	descendido	**Descend**iere	Hubiere	descendido
Descenderás	Habrás	descendido	**Descend**ieres	Hubieres	descendido
Descenderá	Habrá	descendido	**Descend**iere	Hubiere	descendido
Descenderemos	Habremos	descendido	**Descend**iéremos	Hubiéremos	descendido
Descenderéis	Habréis	descendido	**Descend**iereis	Hubiereis	descendido
Descenderán	Habrán	descendido	**Descend**ieren	Hubieren	descendido

Condicional simple	Condicional compuesto		IMPERATIVO
Descendería	Habría	descendido	Desciende
Descenderías	Habrías	descendido	Descienda
Descendería	Habría	descendido	**Descend**amos
Descenderíamos	Habríamos	descendido	
Descenderíais	Habríais	descendido	**Descend**ed
Descenderían	Habrían	descendido	Desciendan

DESPERTAR

FORMAS NO PERSONALES

Simples		Compuestas	
INFINITIVO:	**Despert**ar	Haber	despertado
GERUNDIO:	**Despert**ando	Habiendo	despertado
PARTICIPIO:	**Despert**ado		

INDICATIVO

SUBJUNTIVO

Presente	Pretérito perfecto		Presente	Pretérito perfecto	
Despierto	He	despertado	Despierte	Haya	despertado
Despiertas	Has	despertado	Despiertes	Hayas	despertado
Despierta	Ha	despertado	Despierte	Haya	despertado
Despertamos	Hemos	despertado	**Despert**emos	Hayamos	despertado
Despertáis	Habéis	despertado	**Despert**éis	Hayáis	despertado
Despiertan	Han	despertado	Despierten	Hayan	despertado

Pretérito imperfecto	Pretérito pluscuamperfecto		Pretérito imperfecto		
Despertaba	Había	despertado	**Despert**ara	o	**Despert**ase
Despertabas	Habías	despertado	**Despert**aras	o	**Despert**ases
Despertaba	Había	despertado	**Despert**ara	o	**Despert**ase
Despertábamos	Habíamos	despertado	**Despert**áramos	o	**Despert**ásemos
Despertabais	Habíais	despertado	**Despert**arais	o	**Despert**aseis
Despertaban	Habían	despertado	**Despert**aran	o	**Despert**asen

Pretérito indefinido	Pretérito anterior		Pretérito pluscuamperfecto			
Desperté	Hube	despertado	Hubiera	o	Hubiese	despertado
Despertaste	Hubiste	despertado	Hubieras	o	Hubieses	despertado
Despertó	Hubo	despertado	Hubiera	o	Hubiese	despertado
Despertamos	Hubimos	despertado	Hubiéramos	o	Hubiésemos	despertado
Despertasteis	Hubisteis	despertado	Hubierais	o	Hubieseis	despertado
Despertaron	Hubieron	despertado	Hubieran	o	Hubiesen	despertado

Futuro imperfecto	Futuro perfecto		Futuro imperfecto	Futuro perfecto	
Despertaré	Habré	despertado	**Despert**are	Hubiere	despertado
Despertarás	Habrás	despertado	**Despert**ares	Hubieres	despertado
Despertará	Habrá	despertado	**Despert**are	Hubiere	despertado
Despertaremos	Habremos	despertado	**Despert**áremos	Hubiéremos	despertado
Despertaréis	Habréis	despertado	**Despert**areis	Hubiereis	despertado
Despertarán	Habrán	despertado	**Despert**aren	Hubieren	despertado

Condicional simple	Condicional compuesto		IMPERATIVO
Despertaría	Habría	despertado	Despierta
Despertarías	Habrías	despertado	Despierte
Despertaría	Habría	despertado	**Despert**emos
Despertaríamos	Habríamos	despertado	
Despertaríais	Habríais	despertado	**Despert**ad
Despertarían	Habrían	despertado	Despierten

DESTRUIR

FORMAS NO PERSONALES

Simples		Compuestas	
INFINITIVO:	**Destru**ir	Haber	destruido
GERUNDIO:	**Destru**yendo	Habiendo	destruido
PARTICIPIO:	**Destru**ido		

INDICATIVO

Presente	Pretérito perfecto		Presente	Pretérito perfecto	
Destruyo	He	destruido	Destruya	Haya	destruido
Destruyes	Has	destruido	Destruyas	Hayas	destruido
Destruye	Ha	destruido	Destruya	Haya	destruido
Destruimos	Hemos	destruido	Destruyamos	Hayamos	destruido
Destruís	Habéis	destruido	Destruyáis	Hayáis	destruido
Destruyen	Han	destruido	Destruyan	Hayan	destruido

Pretérito imperfecto	Pretérito pluscuamperfecto		Pretérito imperfecto		
Destruía	Había	destruido	Destruyera	o	Destruyese
Destruías	Habías	destruido	Destruyeras	o	Destruyeses
Destruía	Había	destruido	Destruyera	o	Destruyese
Destruíamos	Habíamos	destruido	Destruyéramos	o	Destruyésemos
Destruíais	Habíais	destruido	Destruyerais	o	Destruyeseis
Destruían	Habían	destruido	Destruyeran	o	Destruyesen

Pretérito indefinido	Pretérito anterior		Pretérito pluscuamperfecto			
Destruí	Hube	destruido	Hubiera	o	Hubiese	destruido
Destruiste	Hubiste	destruido	Hubieras	o	Hubieses	destruido
Destruyó	Hubo	destruido	Hubiera	o	Hubiese	destruido
Destruimos	Hubimos	destruido	Hubiéramos	o	Hubiésemos	destruido
Destruisteis	Hubisteis	destruido	Hubierais	o	Hubieseis	destruido
Destruyeron	Hubieron	destruido	Hubieran	o	Hubiesen	destruido

Futuro imperfecto	Futuro perfecto		Futuro imperfecto	Futuro perfecto	
Destruiré	Habré	destruido	Destruyere	Hubiere	destruido
Destruirás	Habrás	destruido	Destruyeres	Hubieres	destruido
Destruirá	Habrá	destruido	Destruyere	Hubiere	destruido
Destruiremos	Habremos	destruido	Destruyéremos	Hubiéremos	destruido
Destruiréis	Habréis	destruido	Destruyereis	Hubiereis	destruido
Destruirán	Habrán	destruido	Destruyeren	Hubieren	destruido

Condicional simple	Condicional compuesto		IMPERATIVO
Destruiría	Habría	destruido	Destruye
Destruirías	Habrías	destruido	Destruya
Destruiría	Habría	destruido	Destruyamos
Destruiríamos	Habríamos	destruido	
Destruiríais	Habríais	destruido	**Destru**id
Destruirían	Habrían	destruido	Destruyan

DIFERIR

FORMAS NO PERSONALES

Simples		Compuestas	
INFINITIVO: **Difer**ir		Haber	diferido
GERUNDIO: Difiriendo		Habiendo	diferido
PARTICIPIO: **Difer**ido			

INDICATIVO

Presente	Pretérito perfecto		Presente	Pretérito perfecto	
Difiero	He	diferido	Difiera	Haya	diferido
Difieres	Has	diferido	Difieras	Hayas	diferido
Difiere	Ha	diferido	Difiera	Haya	diferido
Diferimos	Hemos	diferido	Difiramos	Hayamos	diferido
Diferís	Habéis	diferido	Difiráis	Hayáis	diferido
Difieren	Han	diferido	Difieran	Hayan	diferido

Pretérito imperfecto	Pretérito pluscuamperfecto		Pretérito imperfecto		
Difería	Había	diferido	Difiriera	o	Difiriese
Diferías	Habías	diferido	Difirieras	o	Difirieses
Difería	Había	diferido	Difiriera	o	Difiriese
Diferíamos	Habíamos	diferido	Difiriéramos	o	Difiriésemos
Diferíais	Habíais	diferido	Difirierais	o	Difirieseis
Diferían	Habían	diferido	Difirieran	o	Difiriesen

Pretérito indefinido	Pretérito anterior		Pretérito pluscuamperfecto		
Diferí	Hube	diferido	Hubiera	o Hubiese	diferido
Diferiste	Hubiste	diferido	Hubieras	o Hubieses	diferido
Difirió	Hubo	diferido	Hubiera	o Hubiese	diferido
Diferimos	Hubimos	diferido	Hubiéramos	o Hubiésemos	diferido
Diferisteis	Hubisteis	diferido	Hubierais	o Hubieseis	diferido
Difirieron	Hubieron	diferido	Hubieran	o Hubiesen	diferido

Futuro imperfecto	Futuro perfecto		Futuro imperfecto	Futuro perfecto	
Diferiré	Habré	diferido	Difiriere	Hubiere	diferido
Diferirás	Habrás	diferido	Difirieres	Hubieres	diferido
Diferirá	Habrá	diferido	Difiriere	Hubiere	diferido
Diferiremos	Habremos	diferido	Difiriéremos	Hubiéremos	diferido
Diferiréis	Habréis	diferido	Difiriereis	Hubiereis	diferido
Diferirán	Habrán	diferido	Difirieren	Hubieren	diferido

Condicional simple	Condicional compuesto		IMPERATIVO	
Diferiría	Habría	diferido	Difiere	
Diferirías	Habrías	diferido		Difiera
Diferiría	Habría	diferido		Difiramos
Diferiríamos	Habríamos	diferido		
Diferiríais	Habríais	diferido	**Difer**id	
Diferirían	Habrían	diferido		Difieran

DISCERNIR

FORMAS NO PERSONALES

Simples		Compuestas	
INFINITIVO: **Discern**ir		Haber discernido	
GERUNDIO: **Discern**iendo		Habiendo discernido	
PARTICIPIO: **Discern**ido			

INDICATIVO		SUBJUNTIVO	

Presente · Pretérito perfecto · Presente · Pretérito perfecto

Presente	Pretérito perfecto		Presente	Pretérito perfecto	
Discierno	He	discernido	Discierna	Haya	discernido
Disciernes	Has	discernido	Disciernas	Hayas	discernido
Discierne	Ha	discernido	Discierna	Haya	discernido
Discernimos	Hemos	discernido	**Discern**amos	Hayamos	discernido
Discernís	Habéis	discernido	**Discern**áis	Hayáis	discernido
Disciernen	Han	discernido	Disciernan	Hayan	discernido

Pretérito imperfecto	Pretérito pluscuamperfecto		Pretérito imperfecto		
Discernía	Había	discernido	**Discern**iera	o	**Discern**iese
Discernías	Habías	discernido	**Discern**ieras	o	**Discern**ieses
Discernía	Había	discernido	**Discern**iera	o	**Discern**iese
Discerníamos	Habíamos	discernido	**Discern**iéramos	o	**Discern**iésemos
Discerníais	Habíais	discernido	**Discern**ierais	o	**Discern**ieseis
Discernían	Habían	discernido	**Discern**ieran	o	**Discern**iesen

Pretérito indefinido	Pretérito anterior		Pretérito pluscuamperfecto			
Discerní	Hube	discernido	Hubiera	o	Hubiese	discernido
Discerniste	Hubiste	discernido	Hubieras	o	Hubieses	discernido
Discernió	Hubo	discernido	Hubiera	o	Hubiese	discernido
Discernimos	Hubimos	discernido	Hubiéramos	o	Hubiésemos	discernido
Discernisteis	Hubisteis	discernido	Hubierais	o	Hubieseis	discernido
Discernieron	Hubieron	discernido	Hubieran	o	Hubiesen	discernido

Futuro imperfecto	Futuro perfecto		Futuro imperfecto	Futuro perfecto	
Discerniré	Habré	discernido	**Discern**iere	Hubiere	discernido
Discernirás	Habrás	discernido	**Discern**ieres	Hubieres	discernido
Discernirá	Habrá	discernido	**Discern**iere	Hubiere	discernido
Discerniremos	Habremos	discernido	**Discern**iéremos	Hubiéremos	discernido
Discerniréis	Habréis	discernido	**Discern**iereis	Hubiereis	discernido
Discernirán	Habrán	discernido	**Discern**ieren	Hubieren	discernido

Condicional simple	Condicional compuesto		IMPERATIVO	
Discerniría	Habría	discernido	Discierne	
Discernirías	Habrías	discernido	Discierna	
Discerniría	Habría	discernido	**Discern**amos	
Discerniríamos	Habríamos	discernido		
Discerniríais	Habríais	discernido	**Discern**id	
Discernirían	Habrían	discernido	Disciernan	

DISTRIBUIR

FORMAS NO PERSONALES

Simples		Compuestas	
INFINITIVO:	**Distribu**ir	Haber	distribuido
GERUNDIO:	Distribuyendo	Habiendo	distribuido
PARTICIPIO:	**Distribu**ido		

INDICATIVO

Presente	Pretérito perfecto	
Distribuyo	He	distribuido
Distribuyes	Has	distribuido
Distribuye	Ha	distribuido
Distribuimos	Hemos	distribuido
Distribuís	Habéis	distribuido
Distribuyen	Han	distribuido

Pretérito imperfecto	Pretérito pluscuamperfecto	
Distribuía	Había	distribuido
Distribuías	Habías	distribuido
Distribuía	Había	distribuido
Distribuíamos	Habíamos	distribuido
Distribuíais	Habíais	distribuido
Distribuían	Habían	distribuido

Pretérito indefinido	Pretérito anterior	
Distribuí	Hube	distribuido
Distribuiste	Hubiste	distribuido
Distribuyó	Hubo	distribuido
Distribuimos	Hubimos	distribuido
Distribuisteis	Hubisteis	distribuido
Distribuyeron	Hubieron	distribuido

Futuro imperfecto	Futuro perfecto	
Distribuiré	Habré	distribuido
Distribuirás	Habrás	distribuido
Distribuirá	Habrá	distribuido
Distribuiremos	Habremos	distribuido
Distribuiréis	Habréis	distribuido
Distribuirán	Habrán	distribuido

Condicional simple	Condicional compuesto	
Distribuiría	Habría	distribuido
Distribuirías	Habrías	distribuido
Distribuiría	Habría	distribuido
Distribuiríamos	Habríamos	distribuido
Distribuiríais	Habríais	distribuido
Distribuirían	Habrían	distribuido

SUBJUNTIVO

Presente	Pretérito perfecto	
Distribuya	Haya	distribuido
Distribuyas	Hayas	distribuido
Distribuya	Haya	distribuido
Distribuyamos	Hayamos	distribuido
Distribuyáis	Hayáis	distribuido
Distribuyan	Hayan	distribuido

Pretérito imperfecto

Distribuyera	o	Distribuyese
Distribuyeras	o	Distribuyeses
Distribuyera	o	Distribuyese
Distribuyéramos	o	Distribuyésemos
Distribuyerais	o	Distribuyeseis
Distribuyeran	o	Distribuyesen

Pretérito pluscuamperfecto

Hubiera	o	Hubiese	distribuido
Hubieras	o	Hubieses	distribuido
Hubiera	o	Hubiese	distribuido
Hubiéramos	o	Hubiésemos	distribuido
Hubierais	o	Hubieseis	distribuido
Hubieran	o	Hubiesen	distribuido

Futuro imperfecto	Futuro perfecto	
Distribuyere	Hubiere	distribuido
Distribuyeres	Hubieres	distribuido
Distribuyere	Hubiere	distribuido
Distribuyéremos	Hubiéremos	distribuido
Distribuyereis	Hubiereis	distribuido
Distribuyeren	Hubieren	distribuido

IMPERATIVO

Distribuye
Distribuya
Distribuyamos

Distribuid
Distribuyan

DIVERTIR

FORMAS NO PERSONALES

Simples		Compuestas	
INFINITIVO: **Divert**ir		Haber divertido	
GERUNDIO: Divirtiendo		Habiendo divertido	
PARTICIPIO: **Divert**ido			

INDICATIVO

Presente	Pretérito perfecto		Presente	Pretérito perfecto	
Divierto	He	divertido	Divierta	Haya	divertido
Diviertes	Has	divertido	Diviertas	Hayas	divertido
Divierte	Ha	divertido	Divierta	Haya	divertido
Divertimos	Hemos	divertido	Divirtamos	Hayamos	divertido
Divertís	Habéis	divertido	Divirtáis	Hayáis	divertido
Divierten	Han	divertido	Diviertan	Hayan	divertido

SUBJUNTIVO

Pretérito imperfecto	Pretérito pluscuamperfecto		Pretérito imperfecto		
Divertía	Había	divertido	Divirtiera	o	Divirtiese
Divertías	Habías	divertido	Divirtieras	o	Divirtieses
Divertía	Había	divertido	Divirtiera	o	Divirtiese
Divertíamos	Habíamos	divertido	Divirtiéramos	o	Divirtiésemos
Divertíais	Habíais	divertido	Divirtierais	o	Divirtieseis
Divertían	Habían	divertido	Divirtieran	o	Divirtiesen

Pretérito indefinido	Pretérito anterior		Pretérito pluscuamperfecto			
Divertí	Hube	divertido	Hubiera	o	Hubiese	divertido
Divertiste	Hubiste	divertido	Hubieras	o	Hubieses	divertido
Divirtió	Hubo	divertido	Hubiera	o	Hubiese	divertido
Divertimos	Hubimos	divertido	Hubiéramos	o	Hubiésemos	divertido
Divertisteis	Hubisteis	divertido	Hubierais	o	Hubieseis	divertido
Divirtieron	Hubieron	divertido	Hubieran	o	Hubiesen	divertido

Futuro imperfecto	Futuro perfecto		Futuro imperfecto	Futuro perfecto	
Divertiré	Habré	divertido	Divirtiere	Hubiere	divertido
Divertirás	Habrás	divertido	Divirtieres	Hubieres	divertido
Divertirá	Habrá	divertido	Divirtiere	Hubiere	divertido
Divertiremos	Habremos	divertido	Divirtiéremos	Hubiéremos	divertido
Divertiréis	Habréis	divertido	Divirtiereis	Hubiereis	divertido
Divertirán	Habrán	divertido	Divirtieren	Hubieren	divertido

Condicional simple	Condicional compuesto		IMPERATIVO
Divertiría	Habría	divertido	
Divertirías	Habrías	divertido	Divierte
Divertiría	Habría	divertido	Divierta
Divertiríamos	Habríamos	divertido	Divirtamos
Divertiríais	Habríais	divertido	
Divertirían	Habrían	divertido	**Divert**id
			Diviertan

DOLER

FORMAS NO PERSONALES

Simples

INFINITIVO: **Dol**er
GERUNDIO: **Dol**iendo
PARTICIPIO: **Dol**ido

Compuestas

Haber dolido
Habiendo dolido

INDICATIVO

Presente	Pretérito perfecto	
Duelo	He	dolido
Dueles	Has	dolido
Duele	Ha	dolido
Dolemos	Hemos	dolido
Doléis	Habéis	dolido
Duelen	Han	dolido

Pretérito imperfecto	Pretérito pluscuamperfecto	
Dolía	Había	dolido
Dolías	Habías	dolido
Dolía	Había	dolido
Dolíamos	Habíamos	dolido
Dolíais	Habíais	dolido
Dolían	Habían	dolido

Pretérito indefinido	Pretérito anterior	
Dolí	Hube	dolido
Doliste	Hubiste	dolido
Dolió	Hubo	dolido
Dolimos	Hubimos	dolido
Dolisteis	Hubisteis	dolido
Dolieron	Hubieron	dolido

Futuro imperfecto	Futuro perfecto	
Doleré	Habré	dolido
Dolerás	Habrás	dolido
Dolerá	Habrá	dolido
Doleremos	Habremos	dolido
Doleréis	Habréis	dolido
Dolerán	Habrán	dolido

Condicional simple	Condicional compuesto	
Dolería	Habría	dolido
Dolerías	Habrías	dolido
Dolería	Habría	dolido
Doleríamos	Habríamos	dolido
Doleríais	Habríais	dolido
Dolerían	Habrían	dolido

SUBJUNTIVO

Presente	Pretérito perfecto	
Duela	Haya	dolido
Duelas	Hayas	dolido
Duela	Haya	dolido
Dolamos	Hayamos	dolido
Doláis	Hayáis	dolido
Duelan	Hayan	dolido

Pretérito imperfecto		
Doliera	o	**Dol**iese
Dolieras	o	**Dol**ieses
Doliera	o	**Dol**iese
Doliéramos	o	**Dol**iésemos
Dolierais	o	**Dol**ieseis
Dolieran	o	**Dol**iesen

Pretérito pluscuamperfecto

Hubiera	o	Hubiese	dolido
Hubieras	o	Hubieses	dolido
Hubiera	o	Hubiese	dolido
Hubiéramos	o	Hubiésemos	dolido
Hubierais	o	Hubieseis	dolido
Hubieran	o	Hubiesen	dolido

Futuro imperfecto	Futuro perfecto	
Doliere	Hubiere	dolido
Dolieres	Hubieres	dolido
Doliere	Hubiere	dolido
Doliéremos	Hubiéremos	dolido
Doliereis	Hubiereis	dolido
Dolieren	Hubieren	dolido

IMPERATIVO

Duele
Duela
Dolamos
Doled
Duelan

DORMIR

FORMAS NO PERSONALES

Simples		Compuestas	
INFINITIVO:	**Dorm**ir	Haber	dormido
GERUNDIO:	Durmiendo	Habiendo	dormido
PARTICIPIO:	**Dorm**ido		

INDICATIVO

SUBJUNTIVO

Presente	Pretérito perfecto		Presente	Pretérito perfecto	
Duermo	He	dormido	Duerma	Haya	dormido
Duermes	Has	dormido	Duermas	Hayas	dormido
Duerme	Ha	dormido	Duerma	Haya	dormido
Dormimos	Hemos	dormido	Durmamós	Hayamos	dormido
Dormís	Habéis	dormido	Durmáis	Hayáis	dormido
Duermen	Han	dormido	Duerman	Hayan	dormido

Pretérito imperfecto	Pretérito pluscuamperfecto		Pretérito imperfecto		
Dormía	Había	dormido	Durmiera	o	Durmiese
Dormías	Habías	dormido	Durmieras	o	Durmieses
Dormía	Había	dormido	Durmiera	o	Durmiese
Dormíamos	Habíamos	dormido	Durmiéramos	o	Durmiésemos
Dormíais	Habíais	dormido	Durmierais	o	Durmieseis
Dormían	Habían	dormido	Durmieran	o	Durmiesen

Pretérito indefinido	Pretérito anterior		Pretérito pluscuamperfecto			
Dormí	Hube	dormido	Hubiera	o	Hubiese	dormido
Dormiste	Hubiste	dormido	Hubieras	o	Hubieses	dormido
Durmió	Hubo	dormido	Hubiera	o	Hubiese	dormido
Dormimos	Hubimos	dormido	Hubiéramos	o	Hubiésemos	dormido
Dormisteis	Hubisteis	dormido	Hubierais	o	Hubieseis	dormido
Durmieron	Hubieron	dormido	Hubieran	o	Hubiesen	dormido

Futuro imperfecto	Futuro perfecto		Futuro imperfecto	Futuro perfecto	
Dormiré	Habré	dormido	Durmiere	Hubiere	dormido
Dormirás	Habrás	dormido	Durmieres	Hubieres	dormido
Dormirá	Habrá	dormido	Durmiere	Hubiere	dormido
Dormiremos	Habremos	dormido	Durmiéremos	Hubiéremos	dormido
Dormiréis	Habréis	dormido	Durmiereis	Hubiereis	dormido
Dormirán	Habrán	dormido	Durmieren	Hubieren	dormido

Condicional simple	Condicional compuesto		IMPERATIVO
Dormiría	Habría	dormido	Duerme
Dormirías	Habrías	dormido	Duerma
Dormiría	Habría	dormido	Durmamos
Dormiríamos	Habríamos	dormido	
Dormiríais	Habríais	dormido	**Dorm**id
Dormirían	Habrían	dormido	Duerman

ELEGIR

FORMAS NO PERSONALES

Simples		Compuestas	
INFINITIVO:	**Eleg**ir	Haber	elegido
GERUNDIO:	Eligiendo	Habiendo	elegido
PARTICIPIO:	**Eleg**ido		

INDICATIVO		SUBJUNTIVO	

Presente	Pretérito perfecto		Presente	Pretérito perfecto	
Elijo	He	elegido	Elija	Haya	elegido
Eliges	Has	elegido	Elijas	Hayas	elegido
Elige	Ha	elegido	Elija	Haya	elegido
Elegimos	Hemos	elegido	Elijamos	Hayamos	elegido
Elegís	Habéis	elegido	Elijáis	Hayáis	elegido
Eligen	Han	elegido	Elijan	Hayan	elegido

Pretérito imperfecto	Pretérito pluscuamperfecto		Pretérito imperfecto		
Elegía	Había	elegido	Eligiera	o	Eligiese
Elegías	Habías	elegido	Eligieras	o	Eligieses
Elegía	Había	elegido	Eligiera	o	Eligiese
Elegíamos	Habíamos	elegido	Eligiéramos	o	Eligiésemos
Elegíais	Habíais	elegido	Eligierais	o	Eligieseis
Elegían	Habían	elegido	Eligieran	o	Eligiesen

Pretérito indefinido	Pretérito anterior		Pretérito pluscuamperfecto			
Elegí	Hube	elegido	Hubiera	o	Hubiese	elegido
Elegiste	Hubiste	elegido	Hubieras	o	Hubieses	elegido
Eligió	Hubo	elegido	Hubiera	o	Hubiese	elegido
Elegimos	Hubimos	elegido	Hubiéramos	o	Hubiésemos	elegido
Elegisteis	Hubisteis	elegido	Hubierais	o	Hubieseis	elegido
Eligieron	Hubieron	elegido	Hubieran	o	Hubiesen	elegido

Futuro imperfecto	Futuro perfecto		Futuro imperfecto	Futuro perfecto	
Elegiré	Habré	elegido	Eligiere	Hubiere	elegido
Elegirás	Habrás	elegido	Eligieres	Hubieres	elegido
Elegirá	Habrá	elegido	Eligiere	Hubiere	elegido
Elegiremos	Habremos	elegido	Eligiéremos	Hubiéremos	elegido
Elegiréis	Habréis	elegido	Eligiereis	Hubiereis	elegido
Elegirán	Habrán	elegido	Eligieren	Hubieren	elegido

Condicional simple	Condicional compuesto		IMPERATIVO
Elegiría	Habría	elegido	Elige
Elegirías	Habrías	elegido	Elija
Elegiría	Habría	elegido	Elijamos
Elegiríamos	Habríamos	elegido	
Elegiríais	Habríais	elegido	**Eleg**id
Elegirían	Habrían	elegido	Elijan

EMPEZAR

FORMAS NO PERSONALES

Simples		Compuestas	
INFINITIVO:	**Empez**ar	Haber	empezado
GERUNDIO:	**Empez**ando	Habiendo	empezado
PARTICIPIO:	**Empez**ado		

INDICATIVO

SUBJUNTIVO

Presente	Pretérito perfecto		Presente	Pretérito perfecto	
Empiezo	He	empezado	Empiece	Haya	empezado
Empiezas	Has	empezado	Empieces	Hayas	empezado
Empieza	Ha	empezado	Empiece	Haya	empezado
Empezamos	Hemos	empezado	Empecemos	Hayamos	empezado
Empezáis	Habéis	empezado	Empecéis	Hayáis	empezado
Empiezan	Han	empezado	Empiecen	Hayan	empezado

Pretérito imperfecto	Pretérito pluscuamperfecto		Pretérito imperfecto		
Empezaba	Había	empezado	**Empez**ara	o	**Empez**ase
Empezabas	Habías	empezado	**Empez**aras	o	**Empez**ases
Empezaba	Había	empezado	**Empez**ara	o	**Empez**ase
Empezábamos	Habíamos	empezado	**Empez**áramos	o	**Empez**ásemos
Empezabais	Habíais	empezado	**Empez**arais	o	**Empez**aseis
Empezaban	Habían	empezado	**Empez**aran	o	**Empez**asen

Pretérito indefinido	Pretérito anterior		Pretérito pluscuamperfecto		
Empecé	Hube	empezado	Hubiera	o Hubiese	empezado
Empezaste	Hubiste	empezado	Hubieras	o Hubieses	empezado
Empezó	Hubo	empezado	Hubiera	o Hubiese	empezado
Empezamos	Hubimos	empezado	Hubiéramos	o Hubiésemos	empezado
Empezasteis	Hubisteis	empezado	Hubierais	o Hubieseis	empezado
Empezaron	Hubieron	empezado	Hubieran	o Hubiesen	empezado

Futuro imperfecto	Futuro perfecto		Futuro imperfecto	Futuro perfecto	
Empezaré	Habré	empezado	**Empez**are	Hubiere	empezado
Empezarás	Habrás	empezado	**Empez**ares	Hubieres	empezado
Empezará	Habrá	empezado	**Empez**are	Hubiere	empezado
Empezaremos	Habremos	empezado	**Empez**áremos	Hubiéremos	empezado
Empezaréis	Habréis	empezado	**Empez**areis	Hubiereis	empezado
Empezarán	Habrán	empezado	**Empez**aren	Hubieren	empezado

Condicional simple	Condicional compuesto		IMPERATIVO
Empezaría	Habría	empezado	Empieza
Empezarías	Habrías	empezado	Empiece
Empezaría	Habría	empezado	Empecemos
Empezaríamos	Habríamos	empezado	
Empezaríais	Habríais	empezado	**Empez**ad
Empezarían	Habrían	empezado	Empiecen

ENCENDER

FORMAS NO PERSONALES

Simples	Compuestas
INFINITIVO: **Encend**er	Haber encendido
GERUNDIO: **Encend**iendo	Habiendo encendido
PARTICIPIO: **Encend**ido	

INDICATIVO		SUBJUNTIVO	

Presente	Pretérito perfecto	Presente	Pretérito perfecto
Enciendo	He encendido	Encienda	Haya encendido
Enciendes	Has encendido	Enciendas	Hayas encendido
Enciende	Ha encendido	Encienda	Haya encendido
Encendemos	Hemos encendido	**Encend**amos	Hayamos encendido
Encendéis	Habéis encendido	**Encend**áis	Hayáis encendido
Encienden	Han encendido	Enciendan	Hayan encendido

Pretérito imperfecto	Pretérito pluscuamperfecto	Pretérito imperfecto	
Encendía	Había encendido	**Encend**iera o **Encend**iese	
Encendías	Habías encendido	**Encend**ieras o **Encend**ieses	
Encendía	Había encendido	**Encend**iera o **Encend**iese	
Encendíamos	Habíamos encendido	**Encend**iéramos o **Encend**iésemos	
Encendíais	Habíais encendido	**Encend**ierais o **Encend**ieseis	
Encendían	Habían encendido	**Encend**ieran o **Encend**iesen	

Pretérito indefinido	Pretérito anterior	Pretérito pluscuamperfecto	
Encendí	Hube encendido	Hubiera o Hubiese encendido	
Encendiste	Hubiste encendido	Hubieras o Hubieses encendido	
Encendió	Hubo encendido	Hubiera o Hubiese encendido	
Encendimos	Hubimos encendido	Hubiéramos o Hubiésemos encendido	
Encendisteis	Hubisteis encendido	Hubierais o Hubieseis encendido	
Encendieron	Hubieron encendido	Hubieran o Hubiesen encendido	

Futuro imperfecto	Futuro perfecto	Futuro imperfecto	Futuro perfecto
Encenderé	Habré encendido	**Encend**iere	Hubiere encendido
Encenderás	Habrás encendido	**Encend**ieres	Hubieres encendido
Encenderá	Habrá encendido	**Encend**iere	Hubiere encendido
Encenderemos	Habremos encendido	**Encend**iéremos	Hubiéremos encendido
Encenderéis	Habréis encendido	**Encend**iereis	Hubiereis encendido
Encenderán	Habrán encendido	**Encend**ieren	Hubieren encendido

Condicional simple	Condicional compuesto	IMPERATIVO
Encendería	Habría encendido	Enciende
Encenderías	Habrías encendido	Encienda
Encendería	Habría encendido	**Encend**amos
Encenderíamos	Habríamos encendido	
Encenderíais	Habríais encendido	**Encend**ed
Encenderían	Habrían encendido	Enciendan

ENCONTRAR

FORMAS NO PERSONALES

Simples		Compuestas	
INFINITIVO:	**Encontrar**	Haber	encontrado
GERUNDIO:	**Encontr**ando	Habiendo	encontrado
PARTICIPIO:	**Encontr**ado		

INDICATIVO

Presente

Presente	Pretérito perfecto	
Encuentro	He	encontrado
Encuentras	Has	encontrado
Encuentra	Ha	encontrado
Encontramos	Hemos	encontrado
Encontráis	Habéis	encontrado
Encuentran	Han	encontrado

Pretérito imperfecto	Pretérito pluscuamperfecto	
Encontraba	Había	encontrado
Encontrabas	Habías	encontrado
Encontraba	Había	encontrado
Encontrábamos	Habíamos	encontrado
Encontrabais	Habíais	encontrado
Encontraban	Habían	encontrado

Pretérito indefinido	Pretérito anterior	
Encontré	Hube	encontrado
Encontraste	Hubiste	encontrado
Encontró	Hubo	encontrado
Encontramos	Hubimos	encontrado
Encontrasteis	Hubisteis	encontrado
Encontraron	Hubieron	encontrado

Futuro imperfecto	Futuro perfecto	
Encontraré	Habré	encontrado
Encontrarás	Habrás	encontrado
Encontrará	Habrá	encontrado
Encontraremos	Habremos	encontrado
Encontraréis	Habréis	encontrado
Encontrarán	Habrán	encontrado

Condicional simple	Condicional compuesto	
Encontraría	Habría	encontrado
Encontrarías	Habrías	encontrado
Encontraría	Habría	encontrado
Encontraríamos	Habríamos	encontrado
Encontraríais	Habríais	encontrado
Encontrarían	Habrían	encontrado

SUBJUNTIVO

Presente	Pretérito perfecto	
Encuentre	Haya	encontrado
Encuentres	Hayas	encontrado
Encuentre	Haya	encontrado
Encontremos	Hayamos	encontrado
Encontréis	Hayáis	encontrado
Encuentren	Hayan	encontrado

Pretérito imperfecto		
Encontrara	o	**Encontr**ase
Encontraras	o	**Encontr**ases
Encontrara	o	**Encontr**ase
Encontráramos	o	**Encontr**ásemos
Encontrarais	o	**Encontr**aseis
Encontraran	o	**Encontr**asen

Pretérito pluscuamperfecto			
Hubiera	o	Hubiese	encontrado
Hubieras	o	Hubieses	encontrado
Hubiera	o	Hubiese	encontrado
Hubiéramos	o	Hubiésemos	encontrado
Hubierais	o	Hubieseis	encontrado
Hubieran	o	Hubiesen	encontrado

Futuro imperfecto	Futuro perfecto	
Encontrare	Hubiere	encontrado
Encontrares	Hubieres	encontrado
Encontrare	Hubiere	encontrado
Encontráremos	Hubiéremos	encontrado
Encontrareis	Hubiereis	encontrado
Encontraren	Hubieren	encontrado

IMPERATIVO

Encuentra
Encuentre
Encontremos

Encontrad
Encuentren

ENMENDAR

FORMAS NO PERSONALES

Simples		Compuestas	
INFINITIVO:	Enmendar	Haber	enmendado
GERUNDIO:	Enmendando	Habiendo	enmendado
PARTICIPIO:	Enmendado		

INDICATIVO

Presente / Pretérito perfecto

Presente	Pretérito perfecto	
Enmiendo	He	enmendado
Enmiendas	Has	enmendado
Enmienda	Ha	enmendado
Enmendamos	Hemos	enmendado
Enmendáis	Habéis	enmendado
Enmiendan	Han	enmendado

Pretérito imperfecto / Pretérito pluscuamperfecto

Pretérito imperfecto	Pretérito pluscuamperfecto	
Enmendaba	Había	enmendado
Enmendabas	Habías	enmendado
Enmendaba	Había	enmendado
Enmendábamos	Habíamos	enmendado
Enmendabais	Habíais	enmendado
Enmendaban	Habían	enmendado

Pretérito indefinido / Pretérito anterior

Pretérito indefinido	Pretérito anterior	
Enmendé	Hube	enmendado
Enmendaste	Hubiste	enmendado
Enmendó	Hubo	enmendado
Enmendamos	Hubimos	enmendado
Enmendasteis	Hubisteis	enmendado
Enmendaron	Hubieron	enmendado

Futuro imperfecto / Futuro perfecto

Futuro imperfecto	Futuro perfecto	
Enmendaré	Habré	enmendado
Enmendarás	Habrás	enmendado
Enmendará	Habrá	enmendado
Enmendaremos	Habremos	enmendado
Enmendaréis	Habréis	enmendado
Enmendarán	Habrán	enmendado

Condicional simple / Condicional compuesto

Condicional simple	Condicional compuesto	
Enmendaría	Habría	enmendado
Enmendarías	Habrías	enmendado
Enmendaría	Habría	enmendado
Enmendaríamos	Habríamos	enmendado
Enmendaríais	Habríais	enmendado
Enmendarían	Habrían	enmendado

SUBJUNTIVO

Presente / Pretérito perfecto

Presente	Pretérito perfecto	
Enmiende	Haya	enmendado
Enmiendes	Hayas	enmendado
Enmiende	Haya	enmendado
Enmendemos	Hayamos	enmendado
Enmendéis	Hayáis	enmendado
Enmienden	Hayan	enmendado

Pretérito imperfecto

Pretérito imperfecto		
Enmendara	o	Enmendase
Enmendaras	o	Enmendases
Enmendara	o	Enmendase
Enmendáramos	o	Enmendásemos
Enmendarais	o	Enmendaseis
Enmendaran	o	Enmendasen

Pretérito pluscuamperfecto

Pretérito pluscuamperfecto			
Hubiera	o	Hubiese	enmendado
Hubieras	o	Hubieses	enmendado
Hubiera	o	Hubiese	enmendado
Hubiéramos	o	Hubiésemos	enmendado
Hubierais	o	Hubieseis	enmendado
Hubieran	o	Hubiesen	enmendado

Futuro imperfecto / Futuro perfecto

Futuro imperfecto	Futuro perfecto	
Enmendare	Hubiere	enmendado
Enmendares	Hubieres	enmendado
Enmendare	Hubiere	enmendado
Enmendáremos	Hubiéremos	enmendado
Enmendareis	Hubiereis	enmendado
Enmendaren	Hubieren	enmendado

IMPERATIVO

Enmienda
Enmiende
Enmendemos

Enmendad
Enmienden

ENTENDER

FORMAS NO PERSONALES

Simples		Compuestas	
INFINITIVO:	**Entend**er	Haber	entendido
GERUNDIO:	**Entend**iendo	Habiendo	entendido
PARTICIPIO:	**Entend**ido		

INDICATIVO		SUBJUNTIVO	

Presente	Pretérito perfecto	Presente	Pretérito perfecto
Entiendo	He entendido	Entienda	Haya entendido
Entiendes	Has entendido	Entiendas	Hayas entendido
Entiende	Ha entendido	Entienda	Haya entendido
Entendemos	Hemos entendido	**Entend**amos	Hayamos entendido
Entendéis	Habéis entendido	**Entend**áis	Hayáis entendido
Entienden	Han entendido	Entiendan	Hayan entendido

Pretérito imperfecto	Pretérito pluscuamperfecto	Pretérito imperfecto	
Entendía	Había entendido	**Entend**iera	o **Entend**iese
Entendías	Habías entendido	**Entend**ieras	o **Entend**ieses
Entendía	Había entendido	**Entend**iera	o **Entend**iese
Entendíamos	Habíamos entendido	**Entend**iéramos	o **Entend**iésemos
Entendíais	Habíais entendido	**Entend**ierais	o **Entend**ieseis
Entendían	Habían entendido	**Entend**ieran	o **Entend**iesen

Pretérito indefinido	Pretérito anterior	Pretérito pluscuamperfecto	
Entendí	Hube entendido	Hubiera o Hubiese entendido	
Entendiste	Hubiste entendido	Hubieras o Hubieses entendido	
Entendió	Hubo entendido	Hubiera o Hubiese entendido	
Entendimos	Hubimos entendido	Hubiéramos o Hubiésemos entendido	
Entendisteis	Hubisteis entendido	Hubierais o Hubieseis entendido	
Entendieron	Hubieron entendido	Hubieran o Hubiesen entendido	

Futuro imperfecto	Futuro perfecto	Futuro imperfecto	Futuro perfecto
Entenderé	Habré entendido	**Entend**iere	Hubiere entendido
Entenderás	Habrás entendido	**Entend**ieres	Hubieres entendido
Entenderá	Habrá entendido	**Entend**iere	Hubiere entendido
Entenderemos	Habremos entendido	**Entend**iéremos	Hubiéremos entendido
Entenderéis	Habréis entendido	**Entend**iereis	Hubiereis entendido
Entenderán	Habrán entendido	**Entend**ieren	Hubieren entendido

Condicional simple	Condicional compuesto	IMPERATIVO
Entendería	Habría entendido	Entiende
Entenderías	Habrías entendido	Entienda
Entendería	Habría entendido	**Entend**amos
Entenderíamos	Habríamos entendido	
Entenderíais	Habríais entendido	**Entend**ed
Entenderían	Habrían entendido	Entiendan

114

ENVEJECER

FORMAS NO PERSONALES

Simples	Compuestas
INFINITIVO: **Envejec**er	Haber envejecido
GERUNDIO: **Envejec**iendo	Habiendo envejecido
PARTICIPIO: **Envejec**ido	

INDICATIVO

Presente	Pretérito perfecto	
Envejezco	He	envejecido
Envejeces	Has	envejecido
Envejece	Ha	envejecido
Envejecemos	Hemos	envejecido
Envejecéis	Habéis	envejecido
Envejecen	Han	envejecido

Pretérito imperfecto	Pretérito pluscuamperfecto	
Envejecía	Había	envejecido
Envejecías	Habías	envejecido
Envejecía	Había	envejecido
Envejecíamos	Habíamos	envejecido
Envejecíais	Habíais	envejecido
Envejecían	Habían	envejecido

Pretérito indefinido	Pretérito anterior	
Envejecí	Hube	envejecido
Envejeciste	Hubiste	envejecido
Envejeció	Hubo	envejecido
Envejecimos	Hubimos	envejecido
Envejecisteis	Hubisteis	envejecido
Envejecieron	Hubieron	envejecido

Futuro imperfecto	Futuro perfecto	
Envejeceré	Habré	envejecido
Envejecerás	Habrás	envejecido
Envejecerá	Habrá	envejecido
Envejeceremos	Habremos	envejecido
Envejeceréis	Habréis	envejecido
Envejecerán	Habrán	envejecido

Condicional simple	Condicional compuesto	
Envejecería	Habría	envejecido
Envejecerías	Habrías	envejecido
Envejecería	Habría	envejecido
Envejeceríamos	Habríamos	envejecido
Envejeceríais	Habríais	envejecido
Envejecerían	Habrían	envejecido

SUBJUNTIVO

Presente	Pretérito perfecto	
Envejezca	Haya	envejecido
Envejezcas	Hayas	envejecido
Envejezca	Haya	envejecido
Envejezcamos	Hayamos	envejecido
Envejezcáis	Hayáis	envejecido
Envejezcan	Hayan	envejecido

Pretérito imperfecto		
Envejeciera	o	**Envejec**iese
Envejecieras	o	**Envejec**ieses
Envejeciera	o	**Envejec**iese
Envejeciéramos	o	**Envejec**iésemos
Envejecierais	o	**Envejec**ieseis
Envejecieran	o	**Envejec**iesen

Pretérito pluscuamperfecto			
Hubiera	o	Hubiese	envejecido
Hubieras	o	Hubieses	envejecido
Hubiera	o	Hubiese	envejecido
Hubiéramos	o	Hubiésemos	envejecido
Hubierais	o	Hubieseis	envejecido
Hubieran	o	Hubiesen	envejecido

Futuro imperfecto	Futuro perfecto	
Envejeciere	Hubiere	envejecido
Envejecieres	Hubieres	envejecido
Envejeciere	Hubiere	envejecido
Envejeciéremos	Hubiéremos	envejecido
Envejeciereis	Hubiereis	envejecido
Envejecieren	Hubieren	envejecido

IMPERATIVO

Envejece
Envejezca
Envejezcamos

Envejeced
Envejezcan

ERGUIR

FORMAS NO PERSONALES

Simples		Compuestas	
INFINITIVO:	**Ergu**ir	Haber	erguido
GERUNDIO:	Irguiendo	Habiendo	erguido
PARTICIPIO:	**Ergu**ido		

INDICATIVO

Presente		Pretérito perfecto	
Irgo o Yergo		He	erguido
Irgues o Yergues		Has	erguido
Irgue o Yergue		Ha	erguido
Erguimos		Hemos	erguido
Erguís		Habéis	erguido
Irguen o Yerguen		Han	erguido

Pretérito imperfecto	Pretérito pluscuamperfecto	
Erguía	Había	erguido
Erguías	Habías	erguido
Erguía	Había	erguido
Erguíamos	Habíamos	erguido
Erguíais	Habíais	erguido
Erguían	Habían	erguido

Pretérito indefinido	Pretérito anterior	
Erguí	Hube	erguido
Erguiste	Hubiste	erguido
Irguió	Hubo	erguido
Erguimos	Hubimos	erguido
Erguisteis	Hubisteis	erguido
Irguieron	Hubieron	erguido

Futuro imperfecto	Futuro perfecto	
Erguiré	Habré	erguido
Erguirás	Habrás	erguido
Erguirá	Habrá	erguido
Erguiremos	Habremos	erguido
Erguiréis	Habréis	erguido
Erguirán	Habrán	erguido

Condicional simple	Condicional compuesto	
Erguiría	Habría	erguido
Erguirías	Habrías	erguido
Erguiría	Habría	erguido
Erguiríamos	Habríamos	erguido
Erguiríais	Habríais	erguido
Erguirían	Habrían	erguido

SUBJUNTIVO

Presente		Pretérito perfecto	
Irga o Yerga		Haya	erguido
Irgas o Yergas		Hayas	erguido
Irga o Yerga		Haya	erguido
Irgamos o Yergamos		Hayamos	erguido
Irgáis o Yergáis		Hayáis	erguido
Irgan o Yergan		Hayan	erguido

Pretérito imperfecto		
Irguiera	o	Irguiese
Irguieras	o	Irguieses
Irguiera	o	Irguiese
Irguiéramos	o	Irguiésemos
Irguierais	o	Irguieseis
Irguieran	o	Irguiesen

Pretérito pluscuamperfecto			
Hubiera	o	Hubiese	erguido
Hubieras	o	Hubieses	erguido
Hubiera	o	Hubiese	erguido
Hubiéramos	o	Hubiésemos	erguido
Hubierais	o	Hubieseis	erguido
Hubieran	o	Hubiesen	erguido

Futuro imperfecto	Futuro perfecto	
Irguiere	Hubiere	erguido
Irguieres	Hubieres	erguido
Irguiere	Hubiere	erguido
Irguiéremos	Hubiéremos	erguido
Irguiereis	Hubiereis	erguido
Irguieren	Hubieren	erguido

IMPERATIVO

Irgue o Yergue		
	Irga o	Yerga
	Irgamos o	Yergamos
Erguid		
	Irgan o	Yergan

116

ERRAR

FORMAS NO PERSONALES

Simples		Compuestas	
INFINITIVO:	Errar	Haber	errado
GERUNDIO:	Errando	Habiendo	errado
PARTICIPIO:	Errado		

INDICATIVO

SUBJUNTIVO

Presente	Pretérito perfecto		Presente	Pretérito perfecto	
Yerro	He	errado	Yerre	Haya	errado
Yerras	Has	errado	Yerres	Hayas	errado
Yerra	Ha	errado	Yerre	Haya	errado
Erramos	Hemos	errado	Erremos	Hayamos	errado
Erráis	Habéis	errado	Erréis	Hayáis	errado
Yerran	Han	errado	Yerren	Hayan	errado

Pretérito imperfecto	Pretérito pluscuamperfecto		Pretérito imperfecto		
Erraba	Había	errado	Errara	o	Errase
Errabas	Habías	errado	Erraras	o	Errases
Erraba	Había	errado	Errara	o	Errase
Errábamos	Habíamos	errado	Erráramos	o	Errásemos
Errabais	Habíais	errado	Errarais	o	Erraseis
Erraban	Habían	errado	Erraran	o	Errasen

Pretérito indefinido	Pretérito anterior		Pretérito pluscuamperfecto			
Erré	Hube	errado	Hubiera	o	Hubiese	errado
Erraste	Hubiste	errado	Hubieras	o	Hubieses	errado
Erró	Hubo	errado	Hubiera	o	Hubiese	errado
Erramos	Hubimos	errado	Hubiéramos	o	Hubiésemos	errado
Errasteis	Hubisteis	errado	Hubierais	o	Hubieseis	errado
Erraron	Hubieron	errado	Hubieran	o	Hubiesen	errado

Futuro imperfecto	Futuro perfecto		Futuro imperfecto	Futuro perfecto	
Erraré	Habré	errado	Errare	Hubiere	errado
Errarás	Habrás	errado	Errares	Hubieres	errado
Errará	Habrá	errado	Errare	Hubiere	errado
Erraremos	Habremos	errado	Erráremos	Hubiéremos	errado
Erraréis	Habréis	errado	Errareis	Hubiereis	errado
Errarán	Habrán	errado	Erraren	Hubieren	errado

Condicional simple	Condicional compuesto		IMPERATIVO
Erraría	Habría	errado	Yerra
Errarías	Habrías	errado	Yerre
Erraría	Habría	errado	Erremos
Erraríamos	Habríamos	errado	
Erraríais	Habríais	errado	Errad
Errarían	Habrían	errado	Yerren

ESPARCIR

FORMAS NO PERSONALES

Simples	Compuestas
INFINITIVO: **Esparc**ir	Haber esparcido
GERUNDIO: **Esparc**iendo	Habiendo esparcido
PARTICIPIO: **Esparc**ido	

INDICATIVO

Presente	Pretérito perfecto
Esparzo	He esparcido
Esparces	Has esparcido
Esparce	Ha esparcido
Esparcimos	Hemos esparcido
Esparcís	Habéis esparcido
Esparcen	Han esparcido

Pretérito imperfecto	Pretérito Pluscuamperfecto
Esparcía	Había esparcido
Esparcías	Habías esparcido
Esparcía	Había esparcido
Esparcíamos	Habíamos esparcido
Esparcíais	Habíais esparcido
Esparcían	Habían esparcido

Pretérito indefinido	Pretérito anterior
Esparcí	Hube esparcido
Esparciste	Hubiste esparcido
Esparció	Hubo esparcido
Esparcimos	Hubimos esparcido
Esparcisteis	Hubisteis esparcido
Esparcieron	Hubieron esparcido

Futuro imperfecto	Futuro perfecto
Esparciré	Habré esparcido
Esparcirás	Habrás esparcido
Esparcirá	Habrá esparcido
Esparciremos	Habremos esparcido
Esparciréis	Habréis esparcido
Esparcirán	Habrán esparcido

Condicional simple	Condicional compuesto
Esparciría	Habría esparcido
Esparcirías	Habrías esparcido
Esparciría	Habría esparcido
Esparciríamos	Habríamos esparcido
Esparciríais	Habríais esparcido
Esparcirían	Habrían esparcido

SUBJUNTIVO

Presente	Pretérito perfecto
Esparza	Haya esparcido
Esparzas	Hayas esparcido
Esparza	Haya esparcido
Esparzamos	Hayamos esparcido
Esparzáis	Hayáis esparcido
Esparzan	Hayan esparcido

Pretérito imperfecto		
Esparciera	o	**Esparc**iese
Esparcieras	o	**Esparc**ieses
Esparciera	o	**Esparc**iese
Esparciéramos	o	**Esparc**iésemos
Esparcierais	o	**Esparc**ieseis
Esparcieran	o	**Esparc**iesen

Pretérito pluscuamperfecto		
Hubiera	o Hubiese	esparcido
Hubieras	o Hubieses	esparcido
Hubiera	o Hubiese	esparcido
Hubiéramos	o Hubiésemos	esparcido
Hubierais	o Hubieseis	esparcido
Hubieran	o Hubiesen	esparcido

Futuro imperfecto	Futuro perfecto
Esparciere	Hubiere esparcido
Esparcieres	Hubieres esparcido
Esparciere	Hubiere esparcido
Esparciéremos	Hubiéremos esparcido
Esparciereis	Hubiereis esparcido
Esparcieren	Hubieren esparcido

IMPERATIVO

Esparce
Esparza
Esparzamos

Esparcid
Esparzan

118

EXTENDER

FORMAS NO PERSONALES

Simples		Compuestas	
INFINITIVO:	**Extend**er	Haber	extendido
GERUNDIO:	**Extend**iendo	Habiendo	extendido
PARTICIPIO:	**Extend**ido		

INDICATIVO		SUBJUNTIVO	

Presente / Pretérito perfecto / Presente / Pretérito perfecto

Presente	Pretérito perfecto		Presente	Pretérito perfecto	
Extiendo	He	extendido	Extienda	Haya	extendido
Extiendes	Has	extendido	Extiendas	Hayas	extendido
Extiende	Ha	extendido	Extienda	Haya	extendido
Extendemos	Hemos	extendido	**Extend**amos	Hayamos	extendido
Extendéis	Habéis	extendido	**Extend**áis	Hayáis	extendido
Extienden	Han	extendido	Extiendan	Hayan	extendido

Pretérito imperfecto	Pretérito pluscuamperfecto		Pretérito imperfecto		
Extendía	Había	extendido	**Extend**iera	o	**Extend**iese
Extendías	Habías	extendido	**Extend**ieras	o	**Extend**ieses
Extendía	Había	extendido	**Extend**iera	o	**Extend**iese
Extendíamos	Habíamos	extendido	**Extend**iéramos	o	**Extend**iésemos
Extendíais	Habíais	extendido	**Extend**ierais	o	**Extend**ieseis
Extendían	Habían	extendido	**Extend**ieran	o	**Extend**iesen

Pretérito indefinido	Pretérito anterior		Pretérito pluscuamperfecto		
Extendí	Hube	extendido	Hubiera	o Hubiese	extendido
Extendiste	Hubiste	extendido	Hubieras	o Hubieses	extendido
Extendió	Hubo	extendido	Hubiera	o Hubiese	extendido
Extendimos	Hubimos	extendido	Hubiéramos	o Hubiésemos	extendido
Extendisteis	Hubisteis	extendido	Hubierais	o Hubieseis	extendido
Extendieron	Hubieron	extendido	Hubieran	o Hubiesen	extendido

Futuro imperfecto	Futuro perfecto		Futuro imperfecto	Futuro perfecto	
Extenderé	Habré	extendido	**Extend**iere	Hubiere	extendido
Extenderás	Habrás	extendido	**Extend**ieres	Hubieres	extendido
Extenderá	Habrá	extendido	**Extend**iere	Hubiere	extendido
Extenderemos	Habremos	extendido	**Extend**iéremos	Hubiéremos	extendido
Extenderéis	Habréis	extendido	**Extend**iereis	Hubiereis	extendido
Extenderán	Habrán	extendido	**Extend**ieren	Hubieren	extendido

Condicional simple	Condicional compuesto		IMPERATIVO
Extendería	Habría	extendido	Extiende
Extenderías	Habrías	extendido	Extienda
Extendería	Habría	extendido	**Extend**amos
Extenderíamos	Habríamos	extendido	
Extenderíais	Habríais	extendido	**Extend**ed
Extenderían	Habrían	extendido	Extiendan

FREGAR

FORMAS NO PERSONALES

Simples	Compuestas
INFINITIVO: **Freg**ar	Haber fregado
GERUNDIO: **Freg**ando	Habiendo fregado
PARTICIPIO: **Freg**ado	

INDICATIVO | ### SUBJUNTIVO

Presente	Pretérito perfecto	Presente	Pretérito perfecto
Friego	He fregado	Friegue	Haya fregado
Friegas	Has fregado	Friegues	Hayas fregado
Friega	Ha fregado	Friegue	Haya fregado
Fregamos	Hemos fregado	**Freg**emos	Hayamos fregado
Fregáis	Habéis fregado	**Freg**éis	Hayáis fregado
Friegan	Han fregado	Frieguen	Hayan fregado

Pretérito imperfecto	Pretérito pluscuamperfecto	Pretérito imperfecto	
Fregaba	Había fregado	**Freg**ara o **Freg**ase	
Fregabas	Habías fregado	**Freg**aras o **Freg**ases	
Fregaba	Había fregado	**Freg**ara o **Freg**ase	
Fregábamos	Habíamos fregado	**Freg**áramos o **Freg**ásemos	
Fregabais	Habíais fregado	**Freg**arais o **Freg**aseis	
Fregaban	Habían fregado	**Freg**aran o **Freg**asen	

Pretérito indefinido	Pretérito anterior	Pretérito pluscuamperfecto	
Fregué	Hube fregado	Hubiera o Hubiese fregado	
Fregaste	Hubiste fregado	Hubieras o Hubieses fregado	
Fregó	Hubo fregado	Hubiera o Hubiese fregado	
Fregamos	Hubimos fregado	Hubiéramos o Hubiésemos fregado	
Fregasteis	Hubisteis fregado	Hubierais o Hubieseis fregado	
Fregaron	Hubieron fregado	Hubieran o Hubiesen fregado	

Futuro imperfecto	Futuro perfecto	Futuro imperfecto	Futuro perfecto
Fregaré	Habré fregado	**Freg**are	Hubiere fregado
Fregarás	Habrás fregado	**Freg**ares	Hubieres fregado
Fregará	Habrá fregado	**Freg**are	Hubiere fregado
Fregaremos	Habremos fregado	**Freg**áremos	Hubiéremos fregado
Fregaréis	Habréis fregado	**Freg**areis	Hubiereis fregado
Fregarán	Habrán fregado	**Freg**aren	Hubieren fregado

Condicional simple	Condicional compuesto	IMPERATIVO
Fregaría	Habría fregado	Friega
Fregarías	Habrías fregado	Friegue
Fregaría	Habría fregado	**Freg**uemos
Fregaríamos	Habríamos fregado	
Fregaríais	Habríais fregado	**Freg**ad
Fregarían	Habrían fregado	Frieguen

FREIR

FORMAS NO PERSONALES

Simples	Compuestas
INFINITIVO: **Freír**	Haber frito
GERUNDIO: Friendo	Habiendo frito
PARTICIPIO: Frito	

INDICATIVO

Presente	Pretérito perfecto	Presente	Pretérito perfecto
Frío	He frito	Fría	Haya frito
Fríes	Has frito	Frías	Hayas frito
Fríe	Ha frito	Fría	Haya frito
Freímos	Hemos frito	Friamos	Hayamos frito
Freís	Habéis frito	Friáis	Hayáis frito
Fríen	Han frito	Frían	Hayan frito

Pretérito imperfecto	Pretérito pluscuamperfecto	Pretérito imperfecto	
Freía	Había frito	Friera	o Friese
Freías	Habías frito	Frieras	o Frieses
Freía	Había frito	Friera	o Friese
Freíamos	Habíamos frito	Friéramos	o Friésemos
Freíais	Habíais frito	Frierais	o Frieseis
Freían	Habían frito	Frieran	o Friesen

Pretérito indefinido	Pretérito anterior	Pretérito pluscuamperfecto		
Freí	Hube frito	Hubiera	o Hubiese frito
Freíste	Hubiste frito	Hubieras	o Hubieses frito
Frió	Hubo frito	Hubiera	o Hubiese frito
Freímos	Hubimos frito	Hubiéramos	o Hubiésemos frito
Freísteis	Hubisteis frito	Hubierais	o Hubieseis frito
Frieron	Hubieron frito	Hubieran	o Hubiesen frito

Futuro imperfecto	Futuro perfecto	Futuro imperfecto	Futuro perfecto
Freiré	Habré frito	Friere	Hubiere frito
Freirás	Habrás frito	Frieres	Hubieres frito
Freirá	Habrá frito	Friere	Hubiere frito
Freiremos	Habremos frito	Friéremos	Hubiéremos frito
Freiréis	Habréis frito	Friereis	Hubiereis frito
Freirán	Habrán frito	Frieren	Hubieren frito

Condicional simple	Condicional compuesto	IMPERATIVO
Freiría	Habría frito	Fríe
Freirías	Habrías frito	Fría
Freiría	Habría frito	Fríamos
Freiríamos	Habríamos frito	
Freiríais	Habríais frito	**Fre**id
Freirían	Habrían frito	Frían

121

GEMIR

FORMAS NO PERSONALES

Simples	Compuestas
INFINITIVO: **Gem**ir	Haber gemido
GERUNDIO: Gimiendo	Habiendo gemido
PARTICIPIO: **Gem**ido	

INDICATIVO

Presente	Pretérito perfecto		Presente	Pretérito perfecto	
Gimo	He	gemido	Gima	Haya	gemido
Gimes	Has	gemido	Gimas	Hayas	gemido
Gime	Ha	gemido	Gima	Haya	gemido
Gemimos	Hemos	gemido	Gimamos	Hayamos	gemido
Gemís	Habéis	gemido	Gimáis	Hayáis	gemido
Gimen	Han	gemido	Giman	Hayan	gemido

Pretérito imperfecto	Pretérito pluscuamperfecto		Pretérito imperfecto		
Gemía	Había	gemido	Gimiera	o	Gimiese
Gemías	Habías	gemido	Gimieras	o	Gimieses
Gemía	Había	gemido	Gimiera	o	Gimiese
Gemíamos	Habíamos	gemido	Gimiéramos	o	Gimiésemos
Gemíais	Habíais	gemido	Gimierais	o	Gimieseis
Gemían	Habían	gemido	Gimeran	o	Gimiesen

Pretérito indefinido	Pretérito anterior		Pretérito pluscuamperfecto			
Gemí	Hube	gemido	Hubiera	o	Hubiese	gemido
Gemiste	Hubiste	gemido	Hubieras	o	Hubieses	gemido
Gimió	Hubo	gemido	Hubiera	o	Hubiese	gemido
Gemimos	Hubimos	gemido	Hubiéramos	o	Hubiésemos	gemido
Gemisteis	Hubisteis	gemido	Hubierais	o	Hubieseis	gemido
Gimieron	Hubieron	gemido	Hubieran	o	Hubiesen	gemido

Futuro imperfecto	Futuro perfecto		Futuro imperfecto	Futuro perfecto	
Gemiré	Habré	gemido	Gimiere	Hubiere	gemido
Gemirás	Habrás	gemido	Gimieres	Hubieres	gemido
Gemirá	Habrá	gemido	Gimiere	Hubiere	gemido
Gemiremos	Habremos	gemido	Gimiéremos	Hubiéremos	gemido
Gemiréis	Habréis	gemido	Gimiereis	Hubiereis	gemido
Gemirán	Habrán	gemido	Gimieren	Hubieren	gemido

Condicional simple	Condicional compuesto		IMPERATIVO
Gemiría	Habría	gemido	Gime
Gemirías	Habrías	gemido	Gima
Gemiría	Habría	gemido	Gimamos
Gemiríamos	Habríamos	gemido	
Gemiríais	Habríais	gemido	**Gem**id
Gemirían	Habrían	gemido	Giman

GOBERNAR

FORMAS NO PERSONALES

Simples		Compuestas	
INFINITIVO:	**Gobern**ar	Haber	gobernado
GERUNDIO:	**Gobern**ando	Habiendo	gobernado
PARTICIPIO:	**Gobern**ado		

INDICATIVO		SUBJUNTIVO	

Presente / Pretérito perfecto / Presente / Pretérito perfecto

Presente	Pretérito perfecto		Presente	Pretérito perfecto	
Gobierno	He	gobernado	Gobierne	Haya	gobernado
Gobiernas	Has	gobernado	Gobiernes	Hayas	gobernado
Gobierna	Ha	gobernado	Gobierne	Haya	gobernado
Gobernamos	Hemos	gobernado	**Gobern**emos	Hayamos	gobernado
Gobernáis	Habéis	gobernado	**Gobern**éis	Hayáis	gobernado
Gobiernan	Han	gobernado	Gobiernen	Hayan	gobernado

Pretérito imperfecto	Pretérito pluscuamperfecto		Pretérito imperfecto		
Gobernaba	Había	gobernado	**Gobern**ara	o	**Gobern**ase
Gobernabas	Habías	gobernado	**Gobern**aras	o	**Gobern**ases
Gobernaba	Había	gobernado	**Gobern**ara	o	**Gobern**ase
Gobernábamos	Habíamos	gobernado	**Gobern**áramos	o	**Gobern**ásemos
Gobernabais	Habíais	gobernado	**Gobern**arais	o	**Gobern**aseis
Gobernaban	Habían	gobernado	**Gobern**aran	o	**Gobern**asen

Pretérito indefinido	Pretérito anterior		Pretérito pluscuamperfecto			
Goberné	Hube	gobernado	Hubiera	o	Hubiese	gobernado
Gobernaste	Hubiste	gobernado	Hubieras	o	Hubieses	gobernado
Gobernó	Hubo	gobernado	Hubiera	o	Hubiese	gobernado
Gobernamos	Hubimos	gobernado	Hubiéramos	o	Hubiésemos	gobernado
Gobernasteis	Hubisteis	gobernado	Hubierais	o	Hubieseis	gobernado
Gobernaron	Hubieron	gobernado	Hubieran	o	Hubiesen	gobernado

Futuro imperfecto	Futuro perfecto		Futuro imperfecto	Futuro perfecto	
Gobernaré	Habré	gobernado	**Gobern**are	Hubiere	gobernado
Gobernarás	Habrás	gobernado	**Gobern**ares	Hubieres	gobernado
Gobernará	Habrá	gobernado	**Gobern**are	Hubiere	gobernado
Gobernaremos	Habremos	gobernado	**Gobern**áremos	Hubiéremos	gobernado
Gobernaréis	Habréis	gobernado	**Gobern**areis	Hubiereis	gobernado
Gobernarán	Habrán	gobernado	**Gobern**aren	Hubieren	gobernado

Condicional simple / Condicional compuesto / IMPERATIVO

Condicional simple	Condicional compuesto		IMPERATIVO
Gobernaría	Había	gobernado	Gobierna
Gobernarías	Habrías	gobernado	Gobierne
Gobernaría	Habría	gobernado	**Gobern**emos
Gobernaríamos	Habríamos	gobernado	
Gobernaríais	Habríais	gobernado	**Gobern**ad
Gobernarían	Habrían	gobernado	Gobiernen

FORMAS NO PERSONALES

Simples	Compuestas
INFINITIVO: **Guiar**	Haber guiado
GERUNDIO: **Guiando**	Habiendo guiado
PARTICIPIO: **Guiado**	

INDICATIVO		SUBJUNTIVO	

Presente	Pretérito perfecto	Presente	Pretérito perfecto
Guío	He guiado	**Guíe**	Haya guiado
Guías	Has guiado	**Guíes**	Hayas guiado
Guía	Ha guiado	**Guíe**	Haya guiado
Guiamos	Hemos guiado	**Guiemos**	Hayamos guiado
Guiáis	Habéis guiado	**Guiéis**	Hayáis guiado
Guían	Han guiado	**Guíen**	Hayan guiado

Pretérito imperfecto	Pretérito pluscuamperfecto	Pretérito imperfecto	
Guiaba	Había guiado	**Guiara** o **Guiase**	
Guiabas	Habías guiado	**Guiaras** o **Guiases**	
Guiaba	Había guiado	**Guiara** o **Guiase**	
Guiábamos	Habíamos guiado	**Guiáramos** o **Guiásemos**	
Guiabais	Habíais guiado	**Guiarais** o **Guiaseis**	
Guiaban	Habían guiado	**Guiaran** o **Guiasen**	

Pretérito indefinido	Pretérito anterior	Pretérito pluscuamperfecto	
Guié	Hube guiado	Hubiera o Hubiese guiado	
Guiaste	Hubiste guiado	Hubieras o Hubieses guiado	
Guió	Hubo guiado	Hubiera o Hubiese guiado	
Guiamos	Hubimos guiado	Hubiéramos o Hubiésemos guiado	
Guiasteis	Hubisteis guiado	Hubierais o Hubieseis guiado	
Guiaron	Hubieron guiado	Hubieran o Hubiesen guiado	

Futuro imperfecto	Futuro perfecto	Futuro imperfecto	Futuro perfecto
Guiaré	Habré guiado	**Guiare**	Hubiere guiado
Guiarás	Habrás guiado	**Guiares**	Hubieres guiado
Guiará	Habrá guiado	**Guiare**	Hubiere guiado
Guiaremos	Habremos guiado	**Guiáremos**	Hubiéremos guiado
Guiaréis	Habréis guiado	**Guiareis**	Hubiereis guiado
Guiarán	Habrán guiado	**Guiaren**	Hubieren guiado

Condicional simple	Condicional compuesto	IMPERATIVO
Guiaría	Habría guiado	**Guía**
Guiarías	Habrías guiado	**Guíe**
Guiaría	Habría guiado	**Guiemos**
Guiaríamos	Habríamos guiado	
Guiaríais	Habríais guiado	**Guiad**
Guiarían	Habrían guiado	**Guíen**

HACER

FORMAS NO PERSONALES

Simples		Compuestas	
INFINITIVO:	**Hac**er	Haber	hecho
GERUNDIO:	**Hac**iendo	Habiendo	hecho
PARTICIPIO:	Hecho		

INDICATIVO

SUBJUNTIVO

Presente	Pretérito perfecto		Presente	Pretérito perfecto	
Hago	He	hecho	Haga	Haya	hecho
Haces	Has	hecho	Hagas	Hayas	hecho
Hace	Ha	hecho	Haga	Haya	hecho
Hacemos	Hemos	hecho	Hagamos	Hayamos	hecho
Hacéis	Habéis	hecho	Hagáis	Hayáis	hecho
Hacen	Han	hecho	Hagan	Hayan	hecho

Pretérito imperfecto	Pretérito pluscuamperfecto		Pretérito imperfecto		
Hacía	Había	hecho	Hiciera	o	Hiciese
Hacías	Habías	hecho	Hicieras	o	Hicieses
Hacía	Había	hecho	Hiciera	o	Hiciese
Hacíamos	Habíamos	hecho	Hiciéramos	o	Hiciésemos
Hacíais	Habíais	hecho	Hicierais	o	Hicieseis
Hacían	Habían	hecho	Hicieran	o	Hiciesen

Pretérito indefinido	Pretérito anterior		Pretérito pluscuamperfecto			
Hice	Hube	hecho	Hubiera	o	Hubiese	hecho
Hiciste	Hubiste	hecho	Hubieras	o	Hubieses	hecho
Hizo	Hubo	hecho	Hubiera	o	Hubiese	hecho
Hicimos	Hubimos	hecho	Hubiéramos	o	Hubiésemos	hecho
Hicisteis	Hubisteis	hecho	Hubierais	o	Hubieseis	hecho
Hicieron	Hubieron	hecho	Hubieran	o	Hubiesen	hecho

Futuro imperfecto	Futuro perfecto		Futuro imperfecto	Futuro perfecto	
Haré	Habré	hecho	Hiciere	Hubiere	hecho
Harás	Habrás	hecho	Hicieres	Hubieres	hecho
Hará	Habrá	hecho	Hiciere	Hubiere	hecho
Haremos	Habremos	hecho	Hiciéremos	Hubiéremos	hecho
Haréis	Habréis	hecho	Hiciereis	Hubiereis	hecho
Harán	Habrán	hecho	Hicieren	Hubieren	hecho

Condicional simple	Condicional compuesto		IMPERATIVO	
Haría	Habría	hecho	Haz	
Harías	Habrías	hecho		Haga
Haría	Habría	hecho		Hagamos
Haríamos	Habríamos	hecho		
Haríais	Habríais	hecho	**Hac**ed	
Harían	Habrían	hecho		Hagan

125

HELAR

FORMAS NO PERSONALES

Simples		Compuestas	
INFINITIVO:	**Hel**ar	Haber	helado
GERUNDIO:	**Hel**ando	Habiendo	helado
PARTICIPIO:	**Hel**ado		

INDICATIVO

SUBJUNTIVO

Presente	Pretérito perfecto		Presente	Pretérito perfecto	
Hielo	He	helado	Hiele	Haya	helado
Hielas	Has	helado	Hieles	Hayas	helado
Hiela	Ha	helado	Hiele	Haya	helado
Helamos	Hemos	helado	**Hel**emos	Hayamos	helado
Heláis	Habéis	helado	**Hel**éis	Hayáis	helado
Hielan	Han	helado	Hielen	Hayan	helado

Pretérito imperfecto	Pretérito pluscuamperfecto		Pretérito imperfecto		
Helaba	Había	helado	**Hel**ara	o	**Hel**ase
Helabas	Habías	helado	**Hel**aras	o	**Hel**ases
Helaba	Había	helado	**Hel**ara	o	**Hel**ase
Helábamos	Habíamos	helado	**Hel**áramos	o	**Hel**ásemos
Helabais	Habíais	helado	**Hel**arais	o	**Hel**aseis
Helaban	Habían	helado	**Hel**aran	o	**Hel**asen

Pretérito indefinido	Pretérito anterior		Pretérito pluscuamperfecto		
Helaré	Hube	helado	Hubiera	o Hubiese	helado
Helarás	Hubiste	helado	Hubieras	o Hubieses	helado
Helará	Hubo	helado	Hubiera	o Hubiese	helado
Helaremos	Hubimos	helado	Hubiéramos	o Hubiésemos	helado
Helaréis	Hubisteis	helado	Hubierais	o Hubieseis	helado
Helarán	Hubieron	helado	Hubieran	o Hubiesen	helado

Futuro imperfecto	Futuro perfecto		Futuro imperfecto	Futuro perfecto	
Helaré	Habré	helado	**Hel**are	Hubiere	helado
Helarás	Habrás	helado	**Hel**ares	Hubieres	helado
Helará	Habrá	helado	**Hel**are	Hubiere	helado
Helaremos	Habremos	helado	**Hel**áremos	Hubiéremos	helado
Helaréis	Habréis	helado	**Hel**areis	Hubiereis	helado
Helarán	Habrán	helado	**Hel**aren	Hubieren	helado

IMPERATIVO

Hiela
Hiele
Helemos
Helad
Hielen

Condicional simple	Condicional compuesto	
Helaría	Habría	helado
Helarías	Habrías	helado
Helaría	Habría	helado
Helaríamos	Habríamos	helado
Helaríais	Habríais	helado
Helarían	Habrían	helado

Nota.—Cuando se refiere a un fenómeno atmosférico es impersonal. Se puede usar como personal y entonces se conjuga como CERRAR.

HERIR

FORMAS NO PERSONALES

Simples		Compuestas	
INFINITIVO:	**Her**ir	Haber	herido
GERUNDIO:	Hiriendo	Habiendo	herido
PARTICIPIO:	**Her**ido		

INDICATIVO

SUBJUNTIVO

Presente	Pretérito perfecto		Presente	Pretérito perfecto	
Hiero	He	herido	Hiera	Haya	herido
Hieres	Has	herido	Hieras	Hayas	herido
Hiere	Ha	herido	Hiera	Haya	herido
Herimos	Hemos	herido	Hiramos	Hayamos	herido
Herís	Habéis	herido	Hiráis	Hayáis	herido
Hieren	Han	herido	Hieran	Hayan	herido

Pretérito imperfecto	Pretérito pluscuamperfecto		Pretérito imperfecto		
Hería	Había	herido	Hiriera	o	Hiriese
Herías	Habías	herido	Hirieras	o	Hirieses
Hería	Había	herido	Hiriera	o	Hiriese
Heríamos	Habíamos	herido	Hiriéramos	o	Hiriésemos
Heríais	Habíais	herido	Hirierais	o	Hirieseis
Herían	Habían	herido	Hirieran	o	Hiriesen

Pretérito indefinido	Pretérito anterior		Pretérito pluscuamperfecto			
Herí	Hube	herido	Hubiera	o	Hubiese	herido
Heriste	Hubiste	herido	Hubieras	o	Hubieses	herido
Hirió	Hubo	herido	Hubiera	o	Hubiese	herido
Herimos	Hubimos	herido	Hubiéramos	o	Hubiésemos	herido
Heristeis	Hubisteis	herido	Hubierais	o	Hubieseis	herido
Hirieron	Hubieron	herido	Hubieran	o	Hubiesen	herido

Futuro imperfecto	Futuro perfecto		Futuro imperfecto	Futuro perfecto	
Heriré	Habré	herido	Hiriere	Hubiere	herido
Herirás	Habrás	herido	Hirieres	Hubieres	herido
Herirá	Habrá	herido	Hiriere	Hubiere	herido
Heriremos	Habremos	herido	Hiriéremos	Hubiéremos	herido
Heriréis	Habréis	herido	Hiriereis	Hubiereis	herido
Herirán	Habrán	herido	Hirieren	Hubieren	herido

Condicional simple	Condicional compuesto		IMPERATIVO
Heriría	Habría	herido	Hiere
Herirías	Habrías	herido	Hiera
Heriría	Habría	herido	Hiramos
Heriríamos	Habríamos	herido	
Heriríais	Habríais	herido	**Her**id
Herirían	Habrían	herido	Hieran

FORMAS NO PERSONALES

Simples	Compuestas
INFINITIVO: **Herv**ir	Haber hervido
GERUNDIO: Hirviendo	Habiendo hervido
PARTICIPIO: **Herv**ido	

INDICATIVO

Presente	Pretérito perfecto		Presente	Pretérito perfecto	
Hiervo	He	hervido	Hierva	Haya	hervido
Hierves	Has	hervido	Hiervas	Hayas	hervido
Hierve	Ha	hervido	Hierva	Haya	hervido
Hervimos	Hemos	hervido	Hirvamos	Hayamos	hervido
Hervís	Habéis	hervido	Hirváis	Hayáis	hervido
Hierven	Han	hervido	Hiervan	Hayan	hervido

SUBJUNTIVO

Pretérito imperfecto	Pretérito pluscuamperfecto		Pretérito imperfecto		
Hervía	Había	hervido	Hirviera	o	Hirviese
Hervías	Habías	hervido	Hirvieras	o	Hirvieses
Hervía	Había	hervido	Hirviera	o	Hirviese
Hervíamos	Habíamos	hervido	Hirviéramos	o	Hirviésemos
Hervíais	Habíais	hervido	Hirvierais	o	Hirvieseis
Hervían	Habían	hervido	Hirvieran	o	Hirviesen

Pretérito indefinido	Pretérito anterior		Pretérito pluscuamperfecto			
Herví	Hube	hervido	Hubiera	o	Hubiese	hervido
Herviste	Hubiste	hervido	Hubieras	o	Hubieses	hervido
Hirvió	Hubo	hervido	Hubiera	o	Hubiese	hervido
Hervimos	Hubimos	hervido	Hubiéramos	o	Hubiésemos	hervido
Hervisteis	Hubisteis	hervido	Hubierais	o	Hubieseis	hervido
Hirvieron	Hubieron	hervido	Hubieran	o	Hubiesen	hervido

Futuro imperfecto	Futuro perfecto		Futuro imperfecto	Futuro perfecto	
Herviré	Habré	hervido	Hirviere	Hubiere	hervido
Hervirás	Habrás	hervido	Hirvieres	Hubieres	hervido
Hervirá	Habrá	hervido	Hirviere	Hubiere	hervido
Herviremos	Habremos	hervido	Hirviéremos	Hubiéremos	hervido
Herviréis	Habréis	hervido	Hirviereis	Hubiereis	hervido
Hervirán	Habrán	hervido	Hirvieren	Hubieren	hervido

Condicional simple	Condicional compuesto		IMPERATIVO
Herviría	Habría	hervido	Hierve
Hervirías	Habrías	hervido	Hierva
Herviría	Habría	hervido	Hirvamos
Herviríamos	Habríamos	hervido	
Herviríais	Habríais	hervido	**Herv**id
Hervirían	Habrían	hervido	Hiervan

FORMAS NO PERSONALES

Simples		Compuestas	
INFINITIVO: **Hu**ir		Haber huido	
GERUNDIO: Huyendo		Habiendo huido	
PARTICIPIO: **Hu**ido			

INDICATIVO

Presente	Pretérito perfecto	
Huyo	He	huido
Huyes	Has	huido
Huye	Ha	huido
Huimos	Hemos	huido
Huís	Habéis	huido
Huyen	Han	huido

Pretérito imperfecto	Pretérito pluscuamperfecto	
Huía	Había	huido
Huías	Habías	huido
Huía	Había	huido
Huíamos	Habíamos	huido
Huíais	Habíais	huido
Huían	Habían	huido

Pretérito indefinido	Pretérito anterior	
Huí	Hube	huido
Huiste	Hubiste	huido
Huyó	Hubo	huido
Huimos	Hubimos	huido
Huisteis	Hubisteis	huido
Huyeron	Hubieron	huido

Futuro imperfecto	Futuro perfecto	
Huiré	Habré	huido
Huirás	Habrás	huido
Huirá	Habrá	huido
Huiremos	Habremos	huido
Huiréis	Habréis	huido
Huirán	Habrán	huido

Condicional simple	Condicional compuesto	
Huiría	Habría	huido
Huirías	Habrías	huido
Huiría	Habría	huido
Huiríamos	Habríamos	huido
Huiríais	Habríais	huido
Huirían	Habrían	huido

SUBJUNTIVO

Presente	Pretérito perfecto	
Huya	Haya	huido
Huyas	Hayas	huido
Huya	Haya	huido
Huyamos	Hayamos	huido
Huyáis	Hayáis	huido
Huyan	Hayan	huido

Pretérito imperfecto		
Huyera	o	Huyese
Huyeras	o	Huyeses
Huyera	o	Huyese
Huyéramos	o	Huyésemos
Huyerais	o	Huyeseis
Huyeran	o	Huyesen

Pretérito pluscuamperfecto			
Hubiera	o	Hubiese	huido
Hubieras	o	Hubieses	huido
Hubiera	o	Hubiese	huido
Hubiéramos	o	Hubiésemos	huido
Hubierais	o	Hubieseis	huido
Hubieran	o	Hubiesen	huido

Futuro imperfecto	Futuro perfecto	
Huyere	Hubiere	huido
Huyeres	Hubieres	huido
Huyere	Hubiere	huido
Huyéremos	Hubiéremos	huido
Huyereis	Hubiereis	huido
Huyeren	Hubieren	huido

IMPERATIVO

Huye	
	Huya
	Huyamos
Huid	
	Huyan

INCLUIR

FORMAS NO PERSONALES

Simples	Compuestas
INFINITIVO: **Inclu**ir	Haber incluido
GERUNDIO: Incluyendo	Habiendo incluido
PARTICIPIO: **Inclu**ido	

INDICATIVO

Presente	Pretérito perfecto		Presente	Pretérito perfecto	
Incluyo	He	incluido	Incluya	Haya	incluido
Incluyes	Has	incluido	Incluyas	Hayas	incluido
Incluye	Ha	incluido	Incluya	Haya	incluido
Incluimos	Hemos	incluido	Incluyamos	Hayamos	incluido
Incluís	Habéis	incluido	Incluyáis	Hayáis	incluido
Incluyen	Han	incluido	Incluyan	Hayan	incluido

SUBJUNTIVO

Pretérito imperfecto	Pretérito pluscuamperfecto		Pretérito imperfecto		
Incluía	Había	incluido	Incluyera	o	Incluyese
Incluías	Habías	incluido	Incluyeras	o	Incluyeses
Incluía	Había	incluido	Incluyera	o	incluyese
Incluíamos	Habíamos	incluido	Incluyéramos	o	Incluyésemos
Incluíais	Habíais	incluido	Incluyerais	o	Incluyeseis
Incluían	Habían	incluido	Incluyeran	o	Incluyesen

Pretérito indefinido	Pretérito anterior		Pretérito pluscuamperfecto			
Incluí	Hube	incluido	Hubiera	o	Hubiese	incluido
Incluiste	Hubiste	incluido	Hubieras	o	Hubieses	incluido
Incluyó	Hubo	incluido	Hubiera	o	Hubiese	incluido
Incluimos	Hubimos	incluido	Hubiéramos	o	Hubiésemos	incluido
Incluisteis	Hubisteis	incluido	Hubierais	o	Hubieseis	incluido
Incluyeron	Hubieron	incluido	Hubieran	o	Hubiesen	incluido

Futuro imperfecto	Futuro perfecto		Futuro imperfecto	Futuro perfecto	
Incluiré	Habré	incluido	Incluyere	Hubiere	incluido
Incluirás	Habrás	incluido	Incluyeres	Hubieres	incluido
Incluirá	Habrá	incluido	Incluyere	Hubiere	incluido
Incluiremos	Habremos	incluido	Incluyéremos	Hubiéremos	incluido
Incluiréis	Habréis	incluido	Incluyereis	Hubiereis	incluido
Incluirán	Habrán	incluido	Incluyeren	Hubieren	incluido

Condicional simple	Condicional compuesto		IMPERATIVO
Incluiría	Habría	incluido	Incluye
Incluirías	Habrías	incluido	Incluya
Incluiría	Habría	incluido	Incluyamos
Incluiríamos	Habríamos	incluido	
Incluiríais	Habríais	incluido	**Inclu**id
Incluirían	Habrían	incluido	Incluyan

INTRODUCIR

FORMAS NO PERSONALES

Simples		Compuestas	
INFINITIVO:	**Introduc**ir	Haber	introducido
GERUNDIO:	**Introduc**iendo	Habiendo	introducido
PARTICIPIO:	**Introduc**ido		

INDICATIVO

Presente	Pretérito perfecto		Presente	Pretérito perfecto	
Introduzco	He	introducido	Introduzca	Haya	introducido
Introduces	Has	introducido	Introduzcas	Hayas	introducido
Introduce	Ha	introducido	Introduzca	Haya	introducido
Introducimos	Hemos	introducido	Introduzcamos	Hayamos	introducido
Introducís	Habéis	introducido	Introduzcáis	Hayáis	introducido
Introducen	Han	introducido	Introduzcan	Hayan	introducido

SUBJUNTIVO

Pretérito imperfecto	Pretérito pluscuamperfecto		Pretérito imperfecto		
Introducía	Había	introducido	Introdujera	o	Introdujese
Introducías	Habías	introducido	Introdujeras	o	Introdujeses
Introducía	Había	introducido	Introdujera	o	Introdujese
Introducíamos	Habíamos	introducido	Introdujéramos	o	Introdujésemos
Introducíais	Habíais	introducido	Introdujerais	o	Introdujeseis
Introducían	Habían	introducido	Introdujeran	o	Introdujesen

Pretérito indefinido	Pretérito anterior		Pretérito pluscuamperfecto			
Introduje	Hube	introducido	Hubiera	o	Hubiese	introducido
Introdujiste	Hubiste	introducido	Hubieras	o	Hubieses	introducido
Introdujo	Hubo	introducido	Hubiera	o	Hubiese	introducido
Introdujimos	Hubimos	introducido	Hubiéramos	o	Hubiésemos	introducido
Introdujisteis	Hubisteis	introducido	Hubierais	o	Hubieseis	introducido
Introdujeron	Hubieron	introducido	Hubieran	o	Hubiesen	introducido

Futuro imperfecto	Futuro perfecto		Futuro imperfecto	Futuro perfecto	
Introduciré	Habré	introducido	Introdujere	Hubiere	introducido
Introducirás	Habrás	introducido	Introdujeres	Hubieres	introducido
Introducirá	Habrá	introducido	Introdujere	Hubiere	introducido
Introduciremos	Habremos	introducido	Introdujéremos	Hubiéremos	introducido
Introduciréis	Habréis	introducido	Introdujereis	Hubiereis	introducido
Introducirán	Habrán	introducido	Introdujeren	Hubieren	introducido

Condicional simple	Condicional compuesto		IMPERATIVO
Introduciría	Habría	introducido	**Introduc**e
Introducirías	Habrías	introducido	Introduzca
Introduciría	Habría	introducido	Introduzcamos
Introduciríamos	Habríamos	introducido	
Introduciríais	Habríais	introducido	**Introduc**id
Introducirían	Habrían	introducido	Introduzcan

IR

Simples	Compuestas
INFINITIVO: Ir	Haber ido
GERUNDIO: Yendo	Habiendo ido
PARTICIPIO: Ido	

INDICATIVO

Presente	Pretérito perfecto
Voy	He ido
Vas	Has ido
Va	Ha ido
Vamos	Hemos ido
Vais	Habéis ido
Van	Han ido

Pretérito imperfecto	Pretérito pluscuamperfecto
Iba	Había ido
Ibas	Habías ido
Iba	Había ido
Íbamos	Habíamos ido
Ibais	Habíais ido
Iban	Habían ido

Pretérito indefinido	Pretérito anterior
Fuí	Hube ido
Fuiste	Hubiste ido
Fue	Hubo ido
Fuimos	Hubimos ido
Fuisteis	Hubisteis ido
Fueron	Hubieron ido

Futuro imperfecto	Futuro perfecto
Iré	Habré ido
Irás	Habrás ido
Irá	Habrá ido
Iremos	Habremos ido
Iréis	Habréis ido
Irán	Habrán ido

Condicional simple	Condicional compuesto
Iría	Habría ido
Irías	Habrías ido
Iría	Habría ido
Iríamos	Habríamos ido
Iríais	Habríais ido
Irían	Habrían ido

SUBJUNTIVO

Presente	Pretérito perfecto
Vaya	Haya ido
Vayas	Hayas ido
Vaya	Haya ido
Vayamos	Hayamos ido
Vayáis	Hayáis ido
Vayan	Hayan ido

Pretérito imperfecto		
Fuera	o	Fuese
Fueras	o	Fueses
Fuera	o	Fuese
Fuéramos	o	Fuésemos
Fuerais	o	Fueseis
Fueran	o	Fuesen

Pretérito pluscuamperfecto		
Hubiera	o	Hubiese ido
Hubieras	o	Hubieses ido
Hubiera	o	Hubiese ido
Hubiéramos	o	Hubiésemos ido
Hubierais	o	Hubieseis ido
Hubieran	o	Hubiesen ido

Futuro imperfecto	Futuro perfecto
Fuere	Hubiere ido
Fueres	Hubieres ido
Fuere	Hubiere ido
Fuéremos	Hubiéremos ido
Fuereis	Hubiereis ido
Fueren	Hubieren ido

IMPERATIVO

Ve

Vaya

Vayamos

Id

Vayan

JUGAR

FORMAS NO PERSONALES

Simples		Compuestas	
INFINITIVO: **Jug**ar		Haber jugado	
GERUNDIO: **Jug**ando		Habiendo jugado	
PARTICIPIO: **Jug**ado			

INDICATIVO

SUBJUNTIVO

Presente	Pretérito perfecto	Presente	Pretérito perfecto
Juego	He jugado	Juegue	Haya jugado
Juegas	Has jugado	Juegues	Hayas jugado
Juega	Ha jugado	Juegue	Haya jugado
Jugamos	Hemos jugado	**Jug**uemos	Hayamos jugado
Jugáis	Habéis jugado	**Jug**uéis	Hayáis jugado
Juegan	Han jugado	Jueguen	Hayan jugado

Pretérito imperfecto	Pretérito pluscuamperfecto	Pretérito imperfecto	
Jugaba	Había jugado	**Jug**ara o **Jug**ase	
Jugabas	Habías jugado	**Jug**aras o **Jug**ases	
Jugaba	Había jugado	**Jug**ara o **Jug**ase	
Jugábamos	Habíamos jugado	**Jug**áramos o **Jug**ásemos	
Jugabais	Habíais jugado	**Jug**arais o **Jug**aseis	
Jugaban	Habían jugado	**Jug**aran o **Jug**asen	

Pretérito indefinido	Pretérito anterior	Pretérito pluscuamperfecto	
Jugué	Hube jugado	Hubiera o Hubiese jugado	
Jugaste	Hubiste jugado	Hubieras o Hubieses jugado	
Jugó	Hubo jugado	Hubiera o Hubiese jugado	
Jugamos	Hubimos jugado	Hubiéramos o Hubiésemos jugado	
Jugasteis	Hubisteis jugado	Hubierais o Hubieseis jugado	
Jugaron	Hubieron jugado	Hubieran o Hubiesen jugado	

Futuro imperfecto	Futuro perfecto	Futuro imperfecto	Futuro perfecto
Jugaré	Habré jugado	**Jug**are	Hubiere jugado
Jugarás	Habrás jugado	**Jug**ares	Hubieres jugado
Jugará	Habrá jugado	**Jug**are	Hubiere jugado
Jugaremos	Habremos jugado	**Jug**áremos	Hubiéremos jugado
Jugaréis	Habréis jugado	**Jug**areis	Hubiereis jugado
Jugarán	Habrán jugado	**Jug**aren	Hubieren jugado

Condicional simple	Condicional compuesto	IMPERATIVO	
Jugaría	Habría jugado	Juega	
Jugarías	Habrías jugado	Juegue	
Jugaría	Habría jugado	**Jug**uemos	
Jugaríamos	Habríamos jugado		
Jugaríais	Habríais jugado	**Jug**ad	
Jugarían	Habrían jugado	Jueguen	

LEER

FORMAS NO PERSONALES

Simples		Compuestas	
INFINITIVO: **L**eer		Haber leído	
GERUNDIO: Leyendo		Habiendo leído	
PARTICIPIO: **L**eído			

INDICATIVO

SUBJUNTIVO

Presente	Pretérito perfecto		Presente	Pretérito perfecto	
Leo	He	leído	**L**ea	Haya	leído
Lees	Has	leído	**L**eas	Hayas	leído
Lee	Ha	leído	**L**ea	Haya	leído
Leemos	Hemos	leído	**L**eamos	Hayamos	leído
Leéis	Habéis	leído	**L**eáis	Hayáis	leído
Leen	Han	leído	**L**ean	Hayan	leído

Pretérito imperfecto	Pretérito pluscuamperfecto		Pretérito imperfecto		
Leía	Había	leído	Leyera	o	Leyese
Leías	Habías	leído	Leyeras	o	Leyeses
Leía	Había	leído	Leyera	o	Leyese
Leíamos	Habíamos	leído	Leyéramos	o	Leyésemos
Leíais	Habíais	leído	Leyerais	o	Leyeseis
Leían	Habían	leído	Leyeran	o	Leyesen

Pretérito indefinido	Pretérito anterior		Pretérito pluscuamperfecto			
Leí	Hube	leído	Hubiera	o	Hubiese	leído
Leíste	Hubiste	leído	Hubieras	o	Hubieses	leído
Leyó	Hubo	leído	Hubiera	o	Hubiese	leído
Leímos	Hubimos	leído	Hubiéramos	o	Hubiésemos	leído
Leísteis	Hubisteis	leído	Hubierais	o	Hubieseis	leído
Leyeron	Hubieron	leído	Hubieran	o	Hubiesen	leído

Futuro imperfecto	Futuro perfecto		Futuro imperfecto	Futuro perfecto	
Leeré	Habré	leído	Leyere	Hubiere	leído
Leerás	Habrás	leído	Leyeres	Hubieres	leído
Leerá	Habrá	leído	Leyere	Hubiere	leído
Leeremos	Habremos	leído	Leyéremos	Hubiéremos	leído
Leeréis	Habréis	leído	Leyereis	Hubiereis	leído
Leerán	Habrán	leído	Leyeren	Hubieren	leído

Condicional simple	Condicional compuesto		IMPERATIVO	
Leería	Habría	leído	**L**ee	
Leerías	Habrías	leído	**L**ea	
Leería	Habría	leído	**L**eamos	
Leeríamos	Habríamos	leído		
Leeríais	Habríais	leído	**L**eed	
Leerían	Habrían	leído	**L**ean	

LUCIR

FORMAS NO PERSONALES

Simples		Compuestas	
INFINITIVO: **Luc**ir		Haber lucido	
GERUNDIO: **Luc**iendo		Habiendo lucido	
PARTICIPIO: **Luc**ido			

INDICATIVO		SUBJUNTIVO	

Presente	Pretérito perfecto	Presente	Pretérito perfecto
Luzco	He lucido	**Luz**ca	Haya lucido
Luces	Has lucido	**Luz**cas	Hayas lucido
Luce	Ha lucido	**Luz**ca	Haya lucido
Lucimos	Hemos lucido	**Luz**camos	Hayamos lucido
Lucís	Habéis lucido	**Luz**cáis	Hayáis lucido
Lucen	Han lucido	**Luz**can	Hayan lucido

Pretérito imperfecto	Pretérito pluscuamperfecto	Pretérito imperfecto	
Lucía	Había lucido	**Luc**iera o **Luc**iese	
Lucías	Habías lucido	**Luc**ieras o **Luc**ieses	
Lucía	Había lucido	**Luc**iera o **Luc**iese	
Lucíamos	Habíamos lucido	**Luc**iéramos o **Luc**iésemos	
Lucíais	Habíais lucido	**Luc**ierais o **Luc**ieseis	
Lucían	Habían lucido	**Luc**ieran o **Luc**iesen	

Pretérito indefinido	Pretérito anterior	Pretérito pluscuamperfecto	
Lucí	Hube lucido	Hubiera o Hubiese lucido	
Luciste	Hubiste lucido	Hubieras o Hubieses lucido	
Lució	Hubo lucido	Hubiera o Hubiese lucido	
Lucimos	Hubimos lucido	Hubiéramos o Hubiésemos lucido	
Lucisteis	Hubisteis lucido	Hubierais o Hubieseis lucido	
Lucieron	Hubieron lucido	Hubieran o Hubiesen lucido	

Futuro imperfecto	Futuro perfecto	Futuro imperfecto	Futuro perfecto
Luciré	Habré lucido	**Luc**iere	Hubiere lucido
Lucirás	Habrás lucido	**Luc**ieres	Hubieres lucido
Lucirá	Habrá lucido	**Luc**iere	Hubiere lucido
Luciremos	Habremos lucido	**Luc**iéremos	Hubiéremos lucido
Luciréis	Habréis lucido	**Luc**iereis	Hubiereis lucido
Lucirán	Habrán lucido	**Luc**ieren	Hubieren lucido

Condicional simple	Condicional compuesto	IMPERATIVO	
Luciría	Habría lucido	**Luc**e	
Lucirías	Habrías lucido	Luzca	
Luciría	Habría lucido	Luzcamos	
Luciríamos	Habríamos lucido		
Luciríais	Habríais lucido	**Luc**id	
Lucirían	Habrían lucido	Luzcan	

MEDIR

Simples		Compuestas	
INFINITIVO: **Med**ir		Haber medido	
GERUNDIO: Midiendo		Habiendo medido	
PARTICIPIO: **Med**ido			

INDICATIVO

Presente	Pretérito perfecto		Presente	Pretérito perfecto	
Mido	He	medido	Mida	Haya	medido
Mides	Has	medido	Midas	Hayas	medido
Mide	Ha	medido	Mida	Haya	medido
Medimos	Hemos	medido	Midamos	Hayamos	medido
Medís	Habéis	medido	Midáis	Hayáis	medido
Miden	Han	medido	Midan	Hayan	medido

Pretérito imperfecto	Pretérito pluscuamperfecto		Pretérito imperfecto		
Medía	Había	medido	Midiera	o	Midiese
Medías	Habías	medido	Midieras	o	Midieses
Medía	Había	medido	Midiera	o	Midiese
Medíamos	Habíamos	medido	Midiéramos	o	Midiésemos
Medíais	Habíais	medido	Midierais	o	Midieseis
Medían	Habían	medido	Midieran	o	Midiesen

Pretérito indefinido	Pretérito anterior		Pretérito pluscuamperfecto			
Medí	Hube	medido	Hubiera	o	Hubiese	medido
Mediste	Hubiste	medido	Hubieras	o	Hubieses	medido
Midió	Hubo	medido	Hubiera	o	Hubiese	medido
Medimos	Hubimos	medido	Hubiéramos	o	Hubiésemos	medido
Medisteis	Hubisteis	medido	Hubierais	o	Hubieseis	medido
Midieron	Hubieron	medido	Hubieran	o	Hubiesen	medido

Futuro imperfecto	Futuro perfecto		Futuro imperfecto	Futuro perfecto	
Mediré	Habré	medido	Midiere	Hubiere	medido
Medirás	Habrás	medido	Midieres	Hubieres	medido
Medirá	Habrá	medido	Midiere	Hubiere	medido
Mediremos	Habremos	medido	Midiéremos	Hubiéremos	medido
Mediréis	Habréis	medido	Midiereis	Hubiereis	medido
Medirán	Habrán	medido	Midieren	Hubieren	medido

Condicional simple	Condicional compuesto		IMPERATIVO	
Mediría	Habría	medido	Mide	
Medirías	Habrías	medido		Mida
Mediría	Habría	medido		Midamos
Mediríamos	Habríamos	medido		
Mediríais	Habríais	medido	**Med**id	
Medirían	Habrían	medido		Midan

MENTIR

FORMAS NO PERSONALES

Simples		Compuestas	
INFINITIVO: **Ment**ir		Haber mentido	
GERUNDIO: Mintiendo		Habiendo mentido	
PARTICIPIO: **Ment**ido			

INDICATIVO		SUBJUNTIVO	

Presente	Pretérito perfecto	Presente	Pretérito perfecto
Miento	He mentido	Mienta	Haya mentido
Mientes	Has mentido	Mientas	Hayas mentido
Miente	Ha mentido	Mienta	Haya mentido
Mentimos	Hemos mentido	Mintamos	Hayamos mentido
Mentís	Habéis mentido	Mintáis	Hayáis mentido
Mienten	Han mentido	Mientan	Hayan mentido

Pretérito imperfecto	Pretérito pluscuamperfecto	Pretérito imperfecto	
Mentía	Había mentido	Mintiera o Mintiese	
Mentías	Habías mentido	Mintieras o Mintieses	
Mentía	Había mentido	Mintiera o Mintiese	
Mentíamos	Habíamos mentido	Mintiéramos o Mintiésemos	
Mentíais	Habíais mentido	Mintierais o Mintieseis	
Mentían	Habían mentido	Mintieran o Mintiesen	

Pretérito indefinido	Pretérito anterior	Pretérito pluscuamperfecto	
Mentí	Hube mentido	Hubiera o Hubiese mentido	
Mentiste	Hubiste mentido	Hubieras o Hubieses mentido	
Mintió	Hubo mentido	Hubiera o Hubiese mentido	
Mentimos	Hubimos mentido	Hubiéramos o Hubiésemos mentido	
Mentisteis	Hubisteis mentido	Hubierais o Hubieseis mentido	
Mintieron	Hubieron mentido	Hubieran o Hubiesen mentido	

Futuro imperfecto	Futuro perfecto	Futuro imperfecto	Futuro perfecto
Mentiré	Habré mentido	Mintiere	Hubiere mentido
Mentirás	Habrás mentido	Mintieres	Hubieres mentido
Mentirá	Habrá mentido	Mintiere	Hubiere mentido
Mentiremos	Habremos mentido	Mintiéremos	Hubiéremos mentido
Mentiréis	Habréis mentido	Mintiereis	Hubiereis mentido
Mentirán	Habrán mentido	Mintieren	Hubieren mentido

Condicional simple	Condicional compuesto	IMPERATIVO	
Mentiría	Habría mentido	Miente	
Mentirías	Habrías mentido.	Mienta	
Mentiría	Habría mentido	Mintamos	
Mentiríamos	Habríamos mentido		
Mentiríais	Habíais mentido	**Ment**id	
Mentirían	Habrían mentido	Mientan	

MERENDAR

FORMAS NO PERSONALES

Simples		Compuestas	
INFINITIVO:	**Merend**ar	Haber	merendado
GERUNDIO:	**Merend**ando	Habiendo	merendado
PARTICIPIO:	**Merend**ado		

INDICATIVO			SUBJUNTIVO		

Presente	**Pretérito perfecto**		**Presente**	**Pretérito perfecto**	
Meriendo	He	merendado	Meriende	Haya	merendado
Meriendas	Has	merendado	Meriendes	Hayas	merendado
Merienda	Ha	merendado	Meriende	Haya	merendado
Merendamos	Hemos	merendado	**Merend**emos	Hayamos	merendado
Merendáis	Habéis	merendado	**Merend**éis	Hayáis	merendado
Meriendan	Han	merendado	Merienden	Hayan	merendado

Pretérito imperfecto	**Pretérito pluscuamperfecto**		**Pretérito imperfecto**		
Merendaba	Había	merendado	**Merend**ara	o	**Merend**ase
Merendabas	Habías	merendado	**Merend**aras	o	**Merend**ases
Merendaba	Había	merendado	**Merend**ara	o	**Merend**ase
Merendábamos	Habíamos	merendado	**Merend**áramos	o	**Merend**ásemos
Merendabais	Habíais	merendado	**Merend**arais	o	**Merend**aseis
Merendaban	Habían	merendado	**Merend**aran	o	**Merend**asen

Pretérito indefinido	**Pretérito anterior**		**Pretérito pluscuamperfecto**		
Merendé	Hube	merendado	Hubiera	o	Hubiese	merendado
Merendaste	Hubiste	merendado	Hubieras	o	Hubieses	merendado
Merendó	Hubo	merendado	Hubiera	o	Hubiese	merendado
Merendamos	Hubimos	merendado	Hubiéramos	o	Hubiésemos	merendado
Merendasteis	Hubisteis	merendado	Hubierais	o	Hubieseis	merendado
Merendaron	Hubieron	merendado	Hubieran	o	Hubiesen	merendado

Futuro imperfecto	**Futuro perfecto**		**Futuro imperfecto**	**Futuro perfecto**	
Merendaré	Habré	merendado	**Merend**are	Hubiere	merendado
Merendarás	Habrás	merendado	**Merend**ares	Hubieres	merendado
Merendará	Habrá	merendado	**Merend**are	Hubiere	merendado
Merendaremos	Habremos	merendado	**Merend**áremos	Hubiéremos	merendado
Merendaréis	Habréis	merendado	**Merend**areis	Hubiereis	merendado
Merendarán	Habrán	merendado	**Merend**aren	Hubieren	merendado

Condicional simple	**Condicional compuesto**		IMPERATIVO
Merendaría	Habría	merendado	Merienda
Merendarías	Habrías	merendado	Meriende
Merendaría	Habría	merendado	**Merend**emos
Merendaríamos	Habríamos	merendado	
Merendaríais	Habríais	merendado	**Merend**ad
Merendarían	Habrían	merendado	Merienden

MOLER

FORMAS NO PERSONALES

Simples		Compuestas	
INFINITIVO: **Mol**er		Haber molido	
GERUNDIO: **Mol**iendo		Habiendo molido	
PARTICIPIO: **Mol**ido			

INDICATIVO

SUBJUNTIVO

Presente	Pretérito perfecto		Presente	Pretérito perfecto	
Muelo	He	molido	Muela	Haya	molido
Mueles	Has	molido	Muelas	Hayas	molido
Muele	Ha	molido	Muela	Haya	molido
Molemos	Hemos	molido	**Mol**amos	Hayamos	molido
Moléis	Habéis	molido	**Mol**áis	Hayáis	molido
Muelen	Han	molido	Muelan	Hayan	molido

Pretérito imperfecto	Pretérito pluscuamperfecto		Pretérito imperfecto		
Molía	Había	molido	**Mol**iera	o	**Mol**iese
Molías	Habías	molido	**Mol**ieras	o	**Mol**ieses
Molía	Había	molido	**Mol**iera	o	**Mol**iese
Molíamos	Habíamos	molido	**Mol**iéramos	o	**Mol**iésemos
Molíais	Habíais	molido	**Mol**ierais	o	**Mol**ieseis
Molían	Habían	molido	**Mol**ieran	o	**Mol**iesen

Pretérito indefinido	Pretérito anterior		Pretérito pluscuamperfecto			
Molí	Hube	molido	Hubiera	o	Hubiese	molido
Moliste	Hubiste	molido	Hubieras	o	Hubieses	molido
Molió	Hubo	molido	Hubiera	o	Hubiese	molido
Molimos	Hubimos	molido	Hubiéramos	o	Hubiésemos	molido
Molisteis	Hubisteis	molido	Hubierais	o	Hubieseis	molido
Molieron	Hubieron	molido	Hubieran	o	Hubiesen	molido

Futuro imperfecto	Futuro perfecto		Futuro imperfecto	Futuro perfecto	
Moleré	Habré	molido	**Mol**iere	Hubiere	molido
Molerás	Habrás	molido	**Mol**ieres	Hubieres	molido
Molerá	Habrá	molido	**Mol**iere	Hubiere	molido
Moleremos	Habremos	molido	**Mol**iéremos	Hubiéremos	molido
Moleréis	Habréis	molido	**Mol**iereis	Hubiereis	molido
Molerán	Habrán	molido	**Mol**ieren	Hubieren	molido

Condicional simple	Condicional compuesto		IMPERATIVO
Molería	Habría	molido	Muele
Molerías	Habrías	molido	Muela
Molería	Habría	molido	**Mol**amos
Moleríamos	Habríamos	molido	
Moleríais	Habríais	molido	**Mol**ed
Molerían	Habrían	molido	Muelan

MORDER

FORMAS NO PERSONALES

Simples		Compuestas	
INFINITIVO: **Mord**er		Haber mordido	
GERUNDIO: **Mord**iendo		Habiendo mordido	
PARTICIPIO: **Mord**ido			

INDICATIVO

Presente	Pretérito perfecto	
Muerdo	He	mordido
Muerdes	Has	mordido
Muerde	Ha	mordido
Mordemos	Hemos	mordido
Mordéis	Habéis	mordido
Muerden	Han	mordido

Pretérito imperfecto	Pretérito pluscuamperfecto	
Mordía	Había	mordido
Mordías	Habías	mordido
Mordía	Había	mordido
Mordíamos	Habíamos	mordido
Mordíais	Habíais	mordido
Mordían	Habían	mordido

Pretérito indefinido	Pretérito anterior	
Mordí	Hube	mordido
Mordiste	Hubiste	mordido
Mordió	Hubo	mordido
Mordimos	Hubimos	mordido
Mordisteis	Hubisteis	mordido
Mordieron	Hubieron	mordido

Futuro imperfecto	Futuro perfecto	
Morderé	Habré	mordido
Morderás	Habrás	mordido
Morderá	Habrá	mordido
Morderemos	Habremos	mordido
Morderéis	Habréis	mordido
Morderán	Habrán	mordido

Condicional simple	Condicional compuesto	
Mordería	Habría	mordido
Morderías	Habrías	mordido
Mordería	Habría	mordido
Morderíamos	Habríamos	mordido
Morderíais	Habríais	mordido
Morderían	Habrían	mordido

SUBJUNTIVO

Presente	Pretérito perfecto	
Muerda	Haya	mordido
Muerdas	Hayas	mordido
Muerda	Haya	mordido
Mordamos	Hayamos	mordido
Mordáis	Hayáis	mordido
Muerdan	Hayan	mordido

Pretérito imperfecto		
Mordiera	o	**Mord**iese
Mordieras	o	**Mord**ieses
Mordiera	o	**Mord**iese
Mordiéramos	o	**Mord**iésemos
Mordierais	o	**Mord**ieseis
Mordieran	o	**Mord**iesen

Pretérito pluscuamperfecto			
Hubiera	o	Hubiese	mordido
Hubieras	o	Hubieses	mordido
Hubiera	o	Hubiese	mordido
Hubiéramos	o	Hubiésemos	mordido
Hubierais	o	Hubieseis	mordido
Hubieran	o	Hubiesen	mordido

Futuro imperfecto	Futuro perfecto	
Mordiere	Hubiere	mordido
Mordieres	Hubieres	mordido
Mordiere	Hubiere	mordido
Mordiéremos	Hubiéremos	mordido
Mordiereis	Hubiereis	mordido
Mordieren	Hubieren	mordido

IMPERATIVO

Muerde
Muerda
Mordamos
Morded
Muerdan

FORMAS NO PERSONALES

Simples		Compuestas	
INFINITIVO:	**Mor**ir	Haber	muerto
GERUNDIO:	Muriendo	Habiendo	muerto
PARTICIPIO:	Muerto		

INDICATIVO

Presente	Pretérito perfecto	
Muero	He	muerto
Mueres	Has	muerto
Muere	Ha	muerto
Morimos	Hemos	muerto
Morís	Habéis	muerto
Mueren	Han	muerto

Pretérito imperfecto	Pretérito pluscuamperfecto	
Moría	Había	muerto
Morías	Habías	muerto
Moría	Había	muerto
Moríamos	Habíamos	muerto
Moríais	Habíais	muerto
Morían	Habían	muerto

Pretérito indefinido	Pretérito anterior	
Morí	Hube	muerto
Moriste	Hubiste	muerto
Murió	Hubo	muerto
Morimos	Hubimos	muerto
Moristeis	Hubisteis	muerto
Murieron	Hubieron	muerto

Futuro imperfecto	Futuro perfecto	
Moriré	Habré	muerto
Morirás	Habrás	muerto
Morirá	Habrá	muerto
Moriremos	Habremos	muerto
Moriréis	Habréis	muerto
Morirán	Habrán	muerto

Condicional simple	Condicional compuesto	
Moriría	Habría	muerto
Morirías	Habrías	muerto
Moriría	Habría	muerto
Moriríamos	Habríamos	muerto
Moriríais	Habríais	muerto
Morirían	Habrían	muerto

SUBJUNTIVO

Presente	Pretérito perfecto	
Muera	Haya	muerto
Mueras	Hayas	muerto
Muera	Haya	muerto
Muramos	Hayamos	muerto
Muráis	Hayáis	muerto
Mueran	Hayan	muerto

Pretérito imperfecto		
Muriera	o	Muriese
Murieras	o	Murieses
Muriera	o	Muriese
Muriéramos	o	Muriésemos
Murierais	o	Murieseis
Murieran	o	Muriesen

Pretérito pluscuamperfecto			
Hubiera	o	Hubiese	muerto
Hubieras	o	Hubieses	muerto
Hubiera	o	Hubiese	muerto
Hubiéramos	o	Hubiésemos	muerto
Hubierais	o	Hubieseis	muerto
Hubieran	o	Hubiesen	muerto

Futuro imperfecto	Futuro perfecto	
Muriere	Hubiere	muerto
Murieres	Hubieres	muerto
Muriere	Hubiere	muerto
Muriéremos	Hubiéremos	muerto
Muriereis	Hubiereis	muerto
Murieren	Hubieren	muerto

IMPERATIVO

Muere
    Muera
    Muramos

Morid
    Mueran

MOVER

FORMAS NO PERSONALES

Simples		Compuestas	
INFINITIVO:	**Mov**er	Haber	movido
GERUNDIO:	**Mov**iendo	Habiendo	movido
PARTICIPIO:	**Mov**ido		

INDICATIVO

Presente	Pretérito perfecto	
Muevo	He	movido
Mueves	Has	movido
Mueve	Ha	movido
Movemos	Hemos	movido
Movéis	Habéis	movido
Mueven	Han	movido

Pretérito imperfecto	Pretérito pluscuamperfecto	
Movía	Había	movido
Movías	Habías	movido
Movía	Había	movido
Movíamos	Habíamos	movido
Movíais	Habíais	movido
Movían	Habían	movido

Pretérito indefinido	Pretérito anterior	
Moví	Hube	movido
Moviste	Hubiste	movido
Movió	Hubo	movido
Movimos	Hubimos	movido
Movisteis	Hubisteis	movido
Movieron	Hubieron	movido

Futuro imperfecto	Futuro perfecto	
Moveré	Habré	movido
Moverás	Habrás	movido
Moverá	Habrá	movido
Moveremos	Habremos	movido
Moveréis	Habréis	movido
Moverán	Habrán	movido

Condicional simple	Condicional compuesto	
Movería	Habría	movido
Moverías	Habrías	movido
Movería	Habría	movido
Moveríamos	Habríamos	movido
Moveríais	Habríais	movido
Moverían	Habrían	movido

SUBJUNTIVO

Presente	Pretérito perfecto	
Mueva	Haya	movido
Muevas	Hayas	movido
Mueva	Haya	movido
Movamos	Hayamos	movido
Mováis	Hayáis	movido
Muevan	Hayan	movido

Pretérito imperfecto		
Moviera	o	**Mov**iese
Movieras	o	**Mov**ieses
Moviera	o	**Mov**iese
Moviéramos	o	**Mov**iésemos
Movierais	o	**Mov**ieseis
Movieran	o	**Mov**iesen

Pretérito pluscuamperfecto			
Hubiera	o	Hubiese	movido
Hubieras	o	Hubieses	movido
Hubiera	o	Hubiese	movido
Hubiéramos	o	Hubiésemos	movido
Hubierais	o	Hubieseis	movido
Hubieran	o	Hubiesen	movido

Futuro imperfecto	Futuro perfecto	
Moviere	Hubiere	movido
Movieres	Hubieres	movido
Moviere	Hubiere	movido
Moviéremos	Hubiéremos	movido
Moviereis	Hubiereis	movido
Movieren	Hubieren	movido

IMPERATIVO

Mueve
Mueva
Movamos

Moved
Muevan

NACER

FORMAS NO PERSONALES

Simples

INFINITIVO: **Nac**er
GERUNDIO: **Nac**iendo
PARTICIPIO: **Nac**ido

Compuestas

Haber nacido
Habiendo nacido

INDICATIVO

Presente	Pretérito perfecto	
Nazco	He	nacido
Naces	Has	nacido
Nace	Ha	nacido
Nacemos	Hemos	nacido
Nacéis	Habéis	nacido
Nacen	Han	nacido

Pretérito imperfecto	Pretérito pluscuamperfecto	
Nacía	Había	nacido
Nacías	Habías	nacido
Nacía	Había	nacido
Nacíamos	Habíamos	nacido
Nacíais	Habíais	nacido
Nacían	Habían	nacido

Pretérito indefinido	Pretérito anterior	
Nací	Hube	nacido
Naciste	Hubiste	nacido
Nació	Hubo	nacido
Nacimos	Hubimos	nacido
Nacisteis	Hubisteis	nacido
Nacieron	Hubieron	nacido

Futuro imperfecto	Futuro perfecto	
Naceré	Habré	nacido
Nacerás	Habrás	nacido
Nacerá	Habrá	nacido
Naceremos	Habremos	nacido
Naceréis	Habréis	nacido
Nacerán	Habrán	nacido

Condicional simple	Condicional compuesto	
Nacería	Habría	nacido
Nacerías	Habrías	nacido
Nacería	Habría	nacido
Naceríamos	Habríamos	nacido
Naceríais	Habríais	nacido
Nacerían	Habrían	nacido

SUBJUNTIVO

Presente	Pretérito perfecto	
Nazca	Haya	nacido
Nazcas	Hayas	nacido
Nazca	Haya	nacido
Nazcamos	Hayamos	nacido
Nazcáis	Hayáis	nacido
Nazcan	Hayan	nacido

Pretérito imperfecto

Naciera	o	**Nac**iese
Nacieras	o	**Nac**ieses
Naciera	o	**Nac**iese
Naciéramos	o	**Nac**iésemos
Nacierais	o	**Nac**ieseis
Nacieran	o	**Nac**iesen

Pretérito pluscuamperfecto

Hubiera	o	Hubiese	nacido
Hubieras	o	Hubieses	nacido
Hubiera	o	Hubiese	nacido
Hubiéramos	o	Hubiésemos	nacido
Hubierais	o	Hubieseis	nacido
Hubieran	o	Hubiesen	nacido

Futuro imperfecto	Futuro perfecto	
Naciere	Hubiere	nacido
Nacieres	Hubieres	nacido
Naciere	Hubiere	nacido
Naciéremos	Hubiéremos	nacido
Naciereis	Hubiereis	nacido
Nacieren	Hubieren	nacido

IMPERATIVO

Nace
Nazca
Nazcamos

Naced
Nazcan

NEGAR

FORMAS NO PERSONALES

Simples		Compuestas	
INFINITIVO: **Neg**ar		Haber negado	
GERUNDIO: **Neg**ando		Habiendo negado	
PARTICIPIO: **Neg**ado			

INDICATIVO

Presente	Pretérito perfecto	
Niego	He	negado
Niegas	Has	negado
Niega	Ha	negado
Negamos	Hemos	negado
Negáis	Habéis	negado
Niegan	Han	negado

Pretérito imperfecto	Pretérito pluscuamperfecto	
Negaba	Había	negado
Negabas	Habías	negado
Negaba	Había	negado
Negábamos	Habíamos	negado
Negabais	Habíais	negado
Negaban	Habían	negado

Pretérito indefinido	Pretérito anterior	
Negué	Hube	negado
Negaste	Hubiste	negado
Negó	Hubo	negado
Negamos	Hubimos	negado
Negasteis	Hubisteis	negado
Negaron	Hubieron	negado

Futuro imperfecto	Futuro perfecto	
Negaré	Habré	negado
Negarás	Habrás	negado
Negará	Habrá	negado
Negaremos	Habremos	negado
Negaréis	Habréis	negado
Negarán	Habrán	negado

Condicional simple	Condicional compuesto	
Negaría	Habría	negado
Negarías	Habrías	negado
Negaría	Habría	negado
Negaríamos	Habríamos	negado
Negaríais	Habríais	negado
Negarían	Habrían	negado

SUBJUNTIVO

Presente	Pretérito perfecto	
Niegue	Haya	negado
Niegues	Hayas	negado
Niegue	Haya	negado
Neguemos	Hayamos	negado
Neguéis	Hayáis	negado
Nieguen	Hayan	negado

Pretérito imperfecto		
Negara	o	**Neg**ase
Negaras	o	**Neg**ases
Negara	o	**Neg**ase
Negáramos	o	**Neg**ásemos
Negarais	o	**Neg**aseis
Negaran	o	**Neg**asen

Pretérito pluscuamperfecto			
Hubiera	o	Hubiese	negado
Hubieras	o	Hubieses	negado
Hubiera	o	Hubiese	negado
Hubiéramos	o	Hubiésemos	negado
Hubierais	o	Hubieseis	negado
Hubieran	o	Hubiesen	negado

Futuro imperfecto	Futuro perfecto	
Negare	Hubiere	negado
Negares	Hubieres	negado
Negare	Hubiere	negado
Negáremos	Hubiéremos	negado
Negareis	Hubiereis	negado
Negaren	Hubieren	negado

IMPERATIVO

Niega
Niegue
Neguemos

Negad
Nieguen

144

OÍR

	Simples		Compuestas
INFINITIVO:	Oir	Haber	oído
GERUNDIO:	Oyendo	Habiendo	oído
PARTICIPIO:	Oido		

INDICATIVO

Presente	Pretérito perfecto		Presente	Pretérito perfecto	
Oigo	He	oído	Oiga	Haya	oído
Oyes	Has	oído	Oigas	Hayas	oído
Oye	Ha	oído	Oiga	Haya	oído
Oímos	Hemos	oído	Oigamos	Hayamos	oído
Oís	Habéis	oído	Oigáis	Hayáis	oído
Oyen	Han	oído	Oigan	Hayan	oído

Pretérito imperfecto	Pretérito pluscuamperfecto		Pretérito imperfecto		
Oía	Había	oído	Oyera	u	Oyese
Oías	Habías	oído	Oyeras	u	Oyeses
Oía	Había	oído	Oyera	u	Oyese
Oíamos	Habíamos	oído	Oyéramos	u	Oyésemos
Oíais	Habíais	oído	Oyerais	u	Oyeseis
Oían	Habían	oído	Oyeran	u	Oyesen

Pretérito indefinido	Pretérito anterior		Pretérito pluscuamperfecto			
Oí	Hube	oído	Hubiera	o	Hubiese	oído
Oíste	Hubiste	oído	Hubieras	o	Hubieses	oído
Oyó	Hubo	oído	Hubiera	o	Hubiese	oído
Oímos	Hubimos	oído	Hubiéramos	o	Hubiésemos	oído
Oísteis	Hubisteis	oído	Hubierais	o	Hubieseis	oído
Oyeron	Hubieron	oído	Hubieran	o	Hubiesen	oído

Futuro imperfecto	Futuro perfecto		Futuro imperfecto	Futuro perfecto	
Oiré	Habré	oído	Oyere	Hubiere	oído
Oirás	Habrás	oído	Oyeres	Hubieres	oído
Oirá	Habrá	oído	Oyere	Hubiere	oído
Oiremos	Habremos	oído	Oyéremos	Hubiéremos	oído
Oiréis	Habréis	oído	Oyereis	Hubiereis	oído
Oirán	Habrán	oído	Oyeren	Hubieren	oído

Condicional simple	Condicional compuesto		IMPERATIVO	
Oiría	Habría	oído		Oye
Oirías	Habrías	oído		Oiga
Oiría	Habría	oído		Oigamos
Oiríamos	Habríamos	oído		
Oiríais	Habríais	oído	**Oíd**	
Oirían	Habrían	oído		Oigan

OLER

FORMAS NO PERSONALES

Simples	Compuestas
INFINITIVO: **Ol**er	Haber olido
GERUNDIO: **Ol**iendo	Habiendo olido
PARTICIPIO: **Ol**ido	

INDICATIVO		SUBJUNTIVO	

Presente	Pretérito perfecto		Presente	Pretérito perfecto	
Huelo	He	olido	**Hue**la	Haya	olido
Hueles	Has	olido	**Hue**las	Hayas	olido
Huele	Ha	olido	**Hue**la	Haya	olido
Olemos	Hemos	olido	**Ol**amos	Hayamos	olido
Oléis	Habéis	olido	**Ol**áis	Hayáis	olido
Huelen	Han	olido	**Hue**lan	Hayan	olido

Pretérito imperfecto	Pretérito pluscuamperfecto		Pretérito imperfecto		
Olía	Había	olido	**Ol**iera	u	**Ol**iese
Olías	Habías	olido	**Ol**ieras	u	**Ol**ieses
Olía	Había	olido	**Ol**iera	u	**Ol**iese
Olíamos	Habíamos	olido	**Ol**iéramos	u	**Ol**iésemos
Olíais	Habíais	olido	**Ol**ierais	u	**Ol**ieseis
Olían	Habían	olido	**Ol**ieran	u	**Ol**iesen

Pretérito indefinido	Pretérito anterior		Pretérito pluscuamperfecto			
Olí	Hube	olido	Hubiera	o	Hubiese	olido
Oliste	Hubiste	olido	Hubieras	o	Hubieses	olido
Olió	Hubo	olido	Hubiera	o	Hubiese	olido
Olimos	Hubimos	olido	Hubiéramos	o	Hubiésemos	olido
Olisteis	Hubisteis	olido	Hubierais	o	Hubieseis	olido
Olieron	Hubieron	olido	Hubieran	o	Hubiesen	olido

Futuro imperfecto	Futuro perfecto		Futuro imperfecto	Futuro perfecto	
Oleré	Habré	olido	**Ol**iere	Hubiere	olido
Olerás	Habrás	olido	**Ol**ieres	Hubieres	olido
Olerá	Habrá	olido	**Ol**iere	Hubiere	olido
Oleremos	Habremos	olido	**Ol**iéremos	Hubiéremos	olido
Oleréis	Habréis	olido	**Ol**iereis	Hubiereis	olido
Olerán	Habrán	olido	**Ol**ieren	Hubieren	olido

Condicional simple	Condicional compuesto		IMPERATIVO	
Olería	Habría	olido		**Hue**le
Olerías	Habrías	olido		**Hue**la
Olería	Habría	olido		**Ol**amos
Oleríamos	Habríamos	olido		
Oleríais	Habríais	olido	**Ol**ed	
Olerían	Habrían	olido		**Hue**lan

PARECER

FORMAS NO PERSONALES

Simples		Compuestas	
INFINITIVO:	**Parec**er	Haber	parecido
GERUNDIO:	**Parec**iendo	Habiendo	parecido
PARTICIPIO:	**Parec**ido		

INDICATIVO

SUBJUNTIVO

Presente	Pretérito perfecto		Presente	Pretérito perfecto	
Parezco	He	parecido	Parezca	Haya	parecido
Pareces	Has	parecido	Parezcas	Hayas	parecido
Parece	Ha	parecido	Parezca	Haya	parecido
Parecemos	Hemos	parecido	Parezcamos	Hayamos	parecido
Parecéis	Habéis	parecido	Parezcáis	Hayáis	parecido
Parecen	Han	parecido	Parezcan	Hayan	parecido

Pretérito imperfecto	Pretérito pluscuamperfecto		Pretérito imperfecto		
Parecía	Había	parecido	**Parec**iera	o	**Parec**iese
Parecías	Habías	parecido	**Parec**ieras	o	**Parec**ieses
Parecía	Había	parecido	**Parec**iera	o	**Parec**iese
Parecíamos	Habíamos	parecido	**Parec**iéramos	o	**Parec**iésemos
Parecíais	Habíais	parecido	**Parec**ierais	o	**Parec**ieseis
Parecían	Habían	parecido	**Parec**ieran	o	**Parec**iesen

Pretérito indefinido	Pretérito anterior		Pretérito pluscuamperfecto			
Parecí	Hube	parecido	Hubiera	o	Hubiese	parecido
Pareciste	Hubiste	parecido	Hubieras	o	Hubieses	parecido
Pareció	Hubo	parecido	Hubiera	o	Hubiese	parecido
Parecimos	Hubimos	parecido	Hubiéramos	o	Hubiésemos	parecido
Parecisteis	Hubisteis	parecido	Hubierais	o	Hubieseis	parecido
Parecieron	Hubieron	parecido	Hubieran	o	Hubiesen	parecido

Futuro imperfecto	Futuro perfecto		Futuro imperfecto	Futuro perfecto	
Pareceré	Habré	parecido	**Parec**iere	Hubiere	parecido
Parecerás	Habrás	parecido	**Parec**ieres	Hubieres	parecido
Parecerá	Habrá	parecido	**Parec**iere	Hubiere	parecido
Pareceremos	Habremos	parecido	**Parec**iéremos	Hubiéremos	parecido
Pareceréis	Habréis	parecido	**Parec**iereis	Hubiereis	parecido
Parecerán	Habrán	parecido	**Parec**ieren	Hubieren	parecido

Condicional simple	Condicional compuesto		IMPERATIVO
Parecería	Habría	parecido	**Parec**e
Parecerías	Habrías	parecido	Parezca
Parecería	Habría	parecido	Parezcamos
Pareceríamos	Habríamos	parecido	
Pareceríais	Habríais	parecido	**Parec**ed
Parecerían	Habrían	parecido	Parezcan

PEDIR

FORMAS NO PERSONALES

Simples	Compuestas
INFINITIVO: **Ped**ir	Haber pedido
GERUNDIO: Pidiendo	Habiendo pedido
PARTICIPIO: **Ped**ido	

INDICATIVO · SUBJUNTIVO

INDICATIVO

Presente	Pretérito perfecto		Presente	Pretérito perfecto	
Pido	He	pedido	Pida	Haya	pedido
Pides	Has	pedido	Pidas	Hayas	pedido
Pide	Ha	pedido	Pida	Haya	pedido
Pedimos	Hemos	pedido	Pidamos	Hayamos	pedido
Pedís	Habéis	pedido	Pidáis	Hayáis	pedido
Piden	Han	pedido	Pidan	Hayan	pedido

Pretérito imperfecto	Pretérito pluscuamperfecto		Pretérito imperfecto		
Pedía	Había	pedido	Pidiera	o	Pidiese
Pedías	Habías	pedido	Pidieras	o	Pidieses
Pedía	Había	pedido	Pidiera	o	Pidiese
Pedíamos	Habíamos	pedido	Pidiéramos	o	Pidiésemos
Pedíais	Habíais	pedido	Pidierais	o	Pidieseis
Pedían	Habían	pedido	Pidieran	o	Pidiesen

Pretérito indefinido	Pretérito anterior		Pretérito pluscuamperfecto			
Pedí	Hube	pedido	Hubiera	o	Hubiese	pedido
Pediste	Hubiste	pedido	Hubieras	o	Hubieses	pedido
Pidió	Hubo	pedido	Hubiera	o	Hubiese	pedido
Pedimos	Hubimos	pedido	Hubiéramos	o	Hubiésemos	pedido
Pedisteis	Hubisteis	pedido	Hubierais	o	Hubieseis	pedido
Pidieron	Hubieron	pedido	Hubieran	o	Hubiesen	pedido

Futuro imperfecto	Futuro perfecto		Futuro imperfecto	Futuro perfecto	
Pediré	Habré	pedido	Pidiere	Hubiere	pedido
Pedirás	Habrás	pedido	Pidieres	Hubieres	pedido
Pedirá	Habrá	pedido	Pidiere	Hubiere	pedido
Pediremos	Habremos	pedido	Pidiéremos	Hubiéremos	pedido
Pediréis	Habréis	pedido	Pidiereis	Hubiereis	pedido
Pedirán	Habrán	pedido	Pidieren	Hubieren	pedido

Condicional simple	Condicional compuesto		IMPERATIVO
Pediría	Habría	pedido	Pide
Pedirías	Habrías	pedido	Pida
Pediría	Habría	pedido	Pidamos
Pediríamos	Habríamos	pedido	
Pediríais	Habríais	pedido	**Ped**id
Pedirían	Habrían	pedido	Pidan

148

PENSAR

FORMAS NO PERSONALES

Simples	Compuestas
INFINITIVO: **Pens**ar	Haber pensado
GERUNDIO: **Pens**ando	Habiendo pensado
PARTICIPIO: **Pens**ado	

INDICATIVO	SUBJUNTIVO

Presente	Pretérito perfecto	Presente	Pretérito perfecto
Pienso	He pensado	Piense	Haya pensado
Piensas	Has pensado	Pienses	Hayas pensado
Piensa	Ha pensado	Piense	Haya pensado
Pensamos	Hemos pensado	**Pens**emos	Hayamos pensado
Pensáis	Habéis pensado	**Pens**éis	Hayáis pensado
Piensan	Han pensado	Piensen	Hayan pensado

Pretérito imperfecto	Pretérito pluscuamperfecto	Pretérito imperfecto	
Pensaba	Había pensado	**Pens**ara	o **Pens**ase
Pensabas	Habías pensado	**Pens**aras	o **Pens**ases
Pensaba	Había pensado	**Pens**ara	o **Pens**ase
Pensábamos	Habíamos pensado	**Pens**áramos	o **Pens**ásemos
Pensabais	Habíais pensado	**Pens**arais	o **Pens**aseis
Pensaban	Habían pensado	**Pens**aran	o **Pens**asen

Pretérito indefinido	Pretérito anterior	Pretérito pluscuamperfecto		
Pensé	Hube pensado	Hubiera	o Hubiese pensado
Pensaste	Hubiste pensado	Hubieras	o Hubieses pensado
Pensó	Hubo pensado	Hubiera	o Hubiese pensado
Pensamos	Hubimos pensado	Hubiéramos	o Hubiésemos pensado
Pensasteis	Hubisteis pensado	Hubierais	o Hubieseis pensado
Pensaron	Hubieron pensado	Hubieran	o Hubiesen pensado

Futuro imperfecto	Futuro perfecto	Futuro imperfecto	Futuro perfecto
Pensaré	Habré pensado	**Pens**are	Hubiere pensado
Pensarás	Habrás pensado	**Pens**ares	Hubieres pensado
Pensará	Habrá pensado	**Pens**are	Hubiere pensado
Pensaremos	Habremos pensado	**Pens**áremos	Hubiéremos pensado
Pensaréis	Habréis pensado	**Pens**areis	Hubiereis pensado
Pensarán	Habrán pensado	**Pens**aren	Hubieren pensado

Condicional simple	Condicional compuesto	IMPERATIVO
Pensaría	Habría pensado	Piensa
Pensarías	Habrías pensado	Piense
Pensaría	Habría pensado	**Pens**emos
Pensaríamos	Habríamos pensado	
Pensaríais	Habríais pensado	**Pens**ad
Pensarían	Habrían pensado	Piensen

PERDER

FORMAS NO PERSONALES

Simples		Compuestas	
INFINITIVO:	**Perd**er	Haber	perdido
GERUNDIO:	**Perd**iendo	Habiendo	perdido
PARTICIPIO:	**Perd**ido		

INDICATIVO

Presente	Pretérito perfecto	
Pierdo	He	perdido
Pierdes	Has	perdido
Pierde	Ha	perdido
Perdemos	Hemos	perdido
Perdéis	Habéis	perdido
Pierden	Han	perdido

Pretérito imperfecto	Pretérito pluscuamperfecto	
Perdía	Había	perdido
Perdías	Habías	perdido
Perdía	Había	perdido
Perdíamos	Habíamos	perdido
Perdíais	Habíais	perdido
Perdían	Habían	perdido

Pretérito indefinido	Pretérito anterior	
Perdí	Hube	perdido
Perdiste	Hubiste	perdido
Perdió	Hubo	perdido
Perdimos	Hubimos	perdido
Perdisteis	Hubisteis	perdido
Perdieron	Hubieron	perdido

Futuro imperfecto	Futuro perfecto	
Perderé	Habré	perdido
Perderás	Habrás	perdido
Perderá	Habrá	perdido
Perderemos	Habremos	perdido
Perderéis	Habréis	perdido
Perderán	Habrán	perdido

Condicional simple	Condicional compuesto	
Perdería	Habría	perdido
Perderías	Habrías	perdido
Perdería	Habría	perdido
Perderíamos	Habríamos	perdido
Perderíais	Habríais	perdido
Perderían	Habrían	perdido

SUBJUNTIVO

Presente	Pretérito perfecto	
Pierda	Haya	perdido
Pierdas	Hayas	perdido
Pierda	Haya	perdido
Perdamos	Hayamos	perdido
Perdáis	Hayáis	perdido
Pierdan	Hayan	perdido

Pretérito imperfecto		
Perdiera	o	**Perd**iese
Perdieras	o	**Perd**ieses
Perdiera	o	**Perd**iese
Perdiéramos	o	**Perd**iésemos
Perdierais	o	**Perd**ieseis
Perdieran	o	**Perd**iesen

Pretérito pluscuamperfecto			
Hubiera	o	Hubiese	perdido
Hubieras	o	Hubieses	perdido
Hubiera	o	Hubiese	perdido
Hubiéramos	o	Hubiésemos	perdido
Hubierais	o	Hubieseis	perdido
Hubieran	o	Hubiesen	perdido

Futuro imperfecto	Futuro perfecto	
Perdiere	Hubiere	perdido
Perdieres	Hubieres	perdido
Perdiere	Hubiere	perdido
Perdiéremos	Hubiéremos	perdido
Perdiereis	Hubiereis	perdido
Perdieren	Hubieren	perdido

IMPERATIVO

Pierde
Pierda
Perdamos

Perded
Pierdan

PERECER

FORMAS NO PERSONALES

Simples		Compuestas	
INFINITIVO:	**Perec**er	Haber	perecido
GERUNDIO:	**Perec**iendo	Habiendo	perecido
PARTICIPIO:	**Perec**ido		

INDICATIVO / SUBJUNTIVO

Presente	Pretérito perfecto		Presente	Pretérito perfecto	
Perezco	He	perecido	Perezca	Haya	perecido
Pereces	Has	perecido	Perezcas	Hayas	perecido
Perece	Ha	perecido	Perezca	Haya	perecido
Perecemos	Hemos	perecido	Perezcamos	Hayamos	perecido
Perecéis	Habéis	perecido	Perezcáis	Hayáis	perecido
Perecen	Han	perecido	Perezcan	Hayan	perecido

Pretérito imperfecto	Pretérito pluscuamperfecto		Pretérito imperfecto		
Perecía	Había	perecido	**Perec**iera	o	**Perec**iese
Perecías	Habías	perecido	**Perec**ieras	o	**Perec**ieses
Perecía	Había	perecido	**Perec**iera	o	**Perec**iese
Perecíamos	Habíamos	perecido	**Perec**iéramos	o	**Perec**iésemos
Perecíais	Habíais	perecido	**Perec**ierais	o	**Perec**ieseis
Perecían	Habían	perecido	**Perec**ieran	o	**Perec**iesen

Pretérito indefinido	Pretérito anterior		Pretérito pluscuamperfecto		
Perecí	Hube	perecido	Hubiera	o	Hubiese	perecido
Pereciste	Hubiste	perecido	Hubieras	o	Hubieses	perecido
Pereció	Hubo	perecido	Hubiera	o	Hubiese	perecido
Perecimos	Hubimos	perecido	Hubiéramos	o	Hubiésemos	perecido
Perecisteis	Hubisteis	perecido	Hubierais	o	Hubieseis	perecido
Perecieron	Hubieron	perecido	Hubieran	o	Hubiesen	perecido

Futuro imperfecto	Futuro perfecto		Futuro imperfecto	Futuro perfecto	
Pereceré	Habré	perecido	**Perec**iere	Hubiere	perecido
Perecerás	Habrás	perecido	**Perec**ieres	Hubieres	perecido
Perecerá	Habrá	perecido	**Perec**iere	Hubiere	perecido
Pereceremos	Habremos	perecido	**Perec**iéremos	Hubiéremos	perecido
Pereceréis	Habréis	perecido	**Perec**iereis	Hubiereis	perecido
Perecerán	Habrán	perecido	**Perec**ieren	Hubieren	perecido

Condicional simple	Condicional compuesto		IMPERATIVO
Perecería	Habría	perecido	**Perec**e
Perecerías	Habrías	perecido	Perezca
Perecería	Habría	perecido	Perezcamos
Pereceríamos	Habríamos	perecido	
Pereceríais	Habríais	perecido	**Perec**ed
Perecerían	Habrían	perecido	Perezcan

151

POBLAR

FORMAS NO PERSONALES

Simples		Compuestas	
INFINITIVO:	**Pobl**ar	Haber	poblado
GERUNDIO:	**Pobl**ando	Habiendo	poblado
PARTICIPIO:	**Pobl**ado		

INDICATIVO

SUBJUNTIVO

Presente	Pretérito perfecto		Presente	Pretérito perfecto	
Pueblo	He	poblado	Pueble	Haya	poblado
Pueblas	Has	poblado	Puebles	Hayas	poblado
Puebla	Ha	poblado	Pueble	Haya	poblado
Poblamos	Hemos	poblado	**Pobl**emos	Hayamos	poblado
Pobláis	Habéis	poblado	**Pobl**éis	Hayáis	poblado
Pueblan	Han	poblado	Pueblen	Hayan	poblado

Pretérito imperfecto	Pretérito pluscuamperfecto		Pretérito imperfecto		
Poblaba	Había	poblado	**Pobl**ara	o	**Pobl**ase
Poblabas	Habías	poblado	**Pobl**aras	o	**Pobl**ases
Poblaba	Había	poblado	**Pobl**ara	o	**Pobl**ase
Poblábamos	Habíamos	poblado	**Pobl**áramos	o	**Pobl**ásemos
Poblabais	Habíais	poblado	**Pobl**arais	o	**Pobl**aseis
Poblaban	Habían	poblado	**Pobl**aran	o	**Pobl**asen

Pretérito indefinido	Pretérito anterior		Pretérito pluscuamperfecto			
Poblé	Hube	poblado	Hubiera	o	Hubiese	poblado
Poblaste	Hubiste	poblado	Hubieras	o	Hubieses	poblado
Pobló	Hubo	poblado	Hubiera	o	Hubiese	poblado
Poblamos	Hubimos	poblado	Hubiéramos	o	Hubiésemos	poblado
Poblasteis	Hubisteis	poblado	Hubierais	o	Hubieseis	poblado
Poblaron	Hubieron	poblado	Hubieran	o	Hubiesen	poblado

Futuro imperfecto	Futuro perfecto		Futuro imperfecto	Futuro perfecto	
Poblaré	Habré	poblado	**Pobl**are	Hubiere	poblado
Poblarás	Habrás	poblado	**Pobl**ares	Hubieres	poblado
Poblará	Habrá	poblado	**Pobl**are	Hubiere	poblado
Poblaremos	Habremos	poblado	**Pobl**áremos	Hubiéremos	poblado
Poblaréis	Habréis	poblado	**Pobl**areis	Hubiereis	poblado
Poblarán	Habrán	poblado	**Pobl**aren	Hubieren	poblado

Condicional simple	Condicional compuesto		IMPERATIVO
Poblaría	Habría	poblado	Puebla
Poblarías	Habrías	poblado	Pueble
Poblaría	Habría	poblado	**Pobl**emos
Poblaríamos	Habríamos	poblado	
Poblaríais	Habríais	poblado	**Pobl**ad
Poblarían	Habrían	poblado	Pueblen

PODER

FORMAS NO PERSONALES

Simples		Compuestas	
INFINITIVO:	**Pod**er	Haber	podido
GERUNDIO:	Pudiendo	Habiendo	podido
PARTICIPIO:	**Pod**ido		

INDICATIVO

Presente / Pretérito perfecto

Presente	Pretérito perfecto	
Puedo	He	podido
Puedes	Has	podido
Puede	Ha	podido
Podemos	Hemos	podido
Podéis	Habéis	podido
Pueden	Han	podido

Pretérito imperfecto / Pretérito pluscuamperfecto

Pretérito imperfecto	Pretérito pluscuamperfecto	
Podía	Había	podido
Podías	Habías	podido
Podía	Había	podido
Podíamos	Habíamos	podido
Podíais	Habíais	podido
Podían	Habían	podido

Pretérito indefinido / Pretérito anterior

Pretérito indefinido	Pretérito anterior	
Pude	Hube	podido
Pudiste	Hubiste	podido
Pudo	Hubo	podido
Pudimos	Hubimos	podido
Pudisteis	Hubisteis	podido
Pudieron	Hubieron	podido

Futuro imperfecto / Futuro perfecto

Futuro imperfecto	Futuro perfecto	
Podré	Habré	podido
Podrás	Habrás	podido
Podrá	Habrá	podido
Podremos	Habremos	podido
Podréis	Habréis	podido
Podrán	Habrán	podido

Condicional simple / Condicional compuesto

Condicional simple	Condicional compuesto	
Podría	Habría	podido
Podrías	Habrías	podido
Podría	Habría	podido
Podríamos	Habríamos	podido
Podríais	Habríais	podido
Podrían	Habrían	podido

SUBJUNTIVO

Presente / Pretérito perfecto

Presente	Pretérito perfecto	
Pueda	Haya	podido
Puedas	Hayas	podido
Pueda	Haya	podido
Podamos	Hayamos	podido
Podáis	Hayáis	podido
Puedan	Hayan	podido

Pretérito imperfecto

Pudiera	o	Pudiese
Pudieras	o	Pudieses
Pudiera	o	Pudiese
Pudiéramos	o	Pudiésemos
Pudierais	o	Pudieseis
Pudieran	o	Pudiesen

Pretérito pluscuamperfecto

Hubiera	o	Hubiese	podido
Hubieras	o	Hubieses	podido
Hubiera	o	Hubiese	podido
Hubiéramos	o	Hubiésemos	podido
Hubierais	o	Hubieseis	podido
Hubieran	o	Hubiesen	podido

Futuro imperfecto / Futuro perfecto

Futuro imperfecto	Futuro perfecto	
Pudiere	Hubiere	podido
Pudieres	Hubieres	podido
Pudiere	Hubiere	podido
Pudiéremos	Hubiéremos	podido
Pudiereis	Hubiereis	podido
Pudieren	Hubieren	podido

IMPERATIVO

Puede
Pueda
Podamos
Poded
Puedan

PONER

FORMAS NO PERSONALES

Simples		Compuestas	
INFINITIVO: **Pon**er		Haber puesto	
GERUNDIO: **Pon**iendo		Habiendo puesto	
PARTICIPIO: Puesto			

INDICATIVO / SUBJUNTIVO

Presente	Pretérito perfecto		Presente	Pretérito perfecto	
Pongo	He	puesto	Ponga	Haya	puesto
Pones	Has	puesto	Pongas	Hayas	puesto
Pone	Ha	puesto	Ponga	Haya	puesto
Ponemos	Hemos	puesto	Pongamos	Hayamos	puesto
Ponéis	Habéis	puesto	Pongáis	Hayáis	puesto
Ponen	Han	puesto	Pongan	Hayan	puesto

Pretérito imperfecto	Pretérito pluscuamperfecto		Pretérito imperfecto		
Ponía	Había	puesto	Pusiera	o	Pusiese
Ponías	Habías	puesto	Pusieras	o	Pusieses
Ponía	Había	puesto	Pusiera	o	Pusiese
Poníamos	Habíamos	puesto	Pusiéramos	o	Pusiésemos
Poníais	Habíais	puesto	Pusierais	o	Pusieseis
Ponían	Habían	puesto	Pusieran	o	Pusiesen

Pretérito indefinido	Pretérito anterior		Pretérito pluscuamperfecto			
Puse	Hube	puesto	Hubiera	o	Hubiese	puesto
Pusiste	Hubiste	puesto	Hubieras	o	Hubieses	puesto
Puso	Hubo	puesto	Hubiera	o	Hubiese	puesto
Pusimos	Hubimos	puesto	Hubiéramos	o	Hubiésemos	puesto
Pusisteis	Hubisteis	puesto	Hubierais	o	Hubieseis	puesto
Pusieron	Hubieron	puesto	Hubieran	o	Hubiesen	puesto

Futuro imperfecto	Futuro perfecto		Futuro imperfecto	Futuro perfecto	
Pondré	Habré	puesto	Pusiere	Hubiere	puesto
Pondrás	Habrás	puesto	Pusieres	Hubieres	puesto
Pondrá	Habrá	puesto	Pusiere	Hubiere	puesto
Pondremos	Habremos	puesto	Pusiéremos	Hubiéremos	puesto
Pondréis	Habréis	puesto	Pusiereis	Hubiereis	puesto
Pondrán	Habrán	puesto	Pusieren	Hubieren	puesto

Condicional simple	Condicional compuesto		IMPERATIVO	
Pondría	Habría	puesto	**Pon**	
Pondrías	Habrías	puesto		Ponga
Pondría	Habría	puesto		Pongamos
Pondríamos	Habríamos	puesto		
Pondríais	Habríais	puesto	**Pon**ed	
Pondrían	Habrían	puesto		Pongan

POSEER

FORMAS NO PERSONALES

Simples		Compuestas	
INFINITIVO:	**Pose**er	Haber	poseído
GERUNDIO:	**Pose**iendo	Habiendo	poseído
PARTICIPIO:	**Pose**ido		

INDICATIVO

Presente / Pretérito perfecto

Presente	Pretérito perfecto	
Poseo	He	poseído
Posees	Has	poseído
Posee	Ha	poseído
Poseemos	Hemos	poseído
Poseéis	Habéis	poseído
Poseen	Han	poseído

Pretérito imperfecto	Pretérito pluscuamperfecto	
Poseía	Había	poseído
Poseías	Habías	poseído
Poseía	Había	poseído
Poseíamos	Habíamos	poseído
Poseíais	Habíais	poseído
Poseían	Habían	poseído

Pretérito indefinido	Pretérito anterior	
Poseí	Hube	poseído
Poseíste	Hubiste	poseído
Poseyó	Hubo	poseído
Poseímos	Hubimos	poseído
Poseísteis	Hubisteis	poseído
Poseyeron	Hubieron	poseído

Futuro imperfecto	Futuro perfecto	
Poseeré	Habré	poseído
Poseerás	Habrás	poseído
Poseerá	Habrá	poseído
Poseeremos	Habremos	poseído
Poseeréis	Habréis	poseído
Poseerán	Habrán	poseído

Condicional simpie	Condicional compuesto	
Poseería	Habría	poseído
Poseerías	Habrías	poseído
Poseería	Habría	poseído
Poseeríamos	Habríamos	poseído
Poseeríais	Habríais	poseído
Poseerían	Habrían	poseído

SUBJUNTIVO

Presente / Pretérito perfecto

Presente	Pretérito perfecto	
Posea	Haya	poseído
Poseas	Hayas	poseído
Posea	Haya	poseído
Poseamos	Hayamos	poseído
Poseáis	Hayáis	poseído
Posean	Hayan	poseído

Pretérito imperfecto		
Poseyera	o	Poseyese
Poseyeras	o	Poseyeses
Poseyera	o	Poseyese
Poseyéramos	o	Poseyésemos
Poseyerais	o	Poseyeseis
Poseyeran	o	Poseyesen

Pretérito pluscuamperfecto

Hubiera	o	Hubiese	poseído
Hubieras	o	Hubieses	poseído
Hubiera	o	Hubiese	poseído
Hubiéramos	o	Hubiésemos	poseído
Hubierais	o	Hubieseis	poseído
Hubieran	o	Hubiesen	poseído

Futuro imperfecto	Futuro perfecto	
Poseyere	Hubiere	poseído
Poseyeres	Hubieres	poseído
Poseyere	Hubiere	poseído
Poseyéremos	Hubiéremos	poseído
Poseyereis	Hubiereis	poseído
Poseyeren	Hubieren	poseído

IMPERATIVO

Posee

Posea

Poseamos

Poseed

Posean

155

PREFERIR

FORMAS NO PERSONALES

Simples	Compuestas
INFINITIVO: **Prefer**ir	Haber preferido
GERUNDIO: Prefiriendo	Habiendo preferido
PARTICIPIO: **Prefer**ido	

INDICATIVO

Presente

Presente	Pretérito perfecto		Presente	Pretérito perfecto	
Prefiero	He	preferido	Prefiera	Haya	preferido
Prefieres	Has	preferido	Prefieras	Hayas	preferido
Prefiere	Ha	preferido	Prefiera	Haya	preferido
Preferimos	Hemos	preferido	Prefiramos	Hayamos	preferido
Preferís	Habéis	preferido	Prefiráis	Hayáis	preferido
Prefieren	Han	preferido	Prefieran	Hayan	preferido

Pretérito imperfecto	Pretérito pluscuamperfecto		Pretérito imperfecto		
Prefería	Había	preferido	Prefiriera	o	Prefiriese
Preferías	Habías	preferido	Prefirieras	o	Prefirieses
Prefería	Había	preferido	Prefiriera	o	Prefiriese
Preferíamos	Habíamos	preferido	Prefiriéramos	o	Prefiriésemos
Preferíais	Habíais	preferido	Prefirierais	o	Prefirieseis
Preferían	Habían	preferido	Prefirieran	o	Prefiriesen

Pretérito indefinido	Pretérito anterior		Pretérito pluscuamperfecto			
Preferí	Hube	preferido	Hubiera	o	Hubiese	preferido
Preferiste	Hubiste	preferido	Hubieras	o	Hubieses	preferido
Prefirió	Hubo	preferido	Hubiera	o	Hubiese	preferido
Preferimos	Hubimos	preferido	Hubiéramos	o	Hubiésemos	preferido
Preferisteis	Hubisteis	preferido	Hubierais	o	Hubieseis	preferido
Prefirieron	Hubieron	preferido	Hubieran	o	Hubiesen	preferido

Futuro imperfecto	Futuro perfecto		Futuro imperfecto	Futuro perfecto	
Preferiré	Habré	preferido	**Prefer**iere	Hubiere	preferido
Preferirás	Habrás	preferido	**Prefer**ieres	Hubieres	preferido
Preferirá	Habrá	preferido	**Prefer**iere	Hubiere	preferido
Preferiremos	Habremos	preferido	**Prefer**iéremos	Hubiéremos	preferido
Preferiréis	Habréis	preferido	**Prefer**iereis	Hubiereis	preferido
Preferirán	Habrán	preferido	**Prefer**ieren	Hubieren	preferido

Condicional simple	Condicional compuesto		IMPERATIVO
Preferiría	Habría	preferido	Prefiere
Preferirías	Habrías	preferido	Prefiera
Preferiría	Habría	preferido	Prefiramos
Preferiríamos	Habríamos	preferido	
Preferiríais	Habríais	preferido	**Prefer**id
Preferirían	Habrían	preferido	Prefieran

SUBJUNTIVO

156

PROBAR

FORMAS NO PERSONALES

Simples	Compuestas
INFINITIVO: **Prob**ar	Haber probado
GERUNDIO: **Prob**ando	Habiendo probado
PARTICIPIO: **Prob**ado	

INDICATIVO

Presente	Pretérito perfecto		Presente	Pretérito perfecto	
Pruebo	He	probado	Pruebe	Haya	probado
Pruebas	Has	probado	Pruebes	Hayas	probado
Prueba	Ha	probado	Pruebe	Haya	probado
Probamos	Hemos	probado	**Prob**emos	Hayamos	probado
Probáis	Habéis	probado	**Prob**éis	Hayáis	probado
Prueban	Han	probado	Prueben	Hayan	probado

Pretérito imperfecto	Pretérito pluscuamperfecto		Pretérito imperfecto		
Probaba	Había	probado	**Prob**ara	o	**Prob**ase
Probabas	Habías	probado	**Prob**aras	o	**Prob**ases
Probaba	Había	probado	**Prob**ara	o	**Prob**ase
Probábamos	Habíamos	probado	**Prob**áramos	o	**Prob**ásemos
Probabais	Habíais	probado	**Prob**arais	o	**Prob**aseis
Probaban	Habían	probado	**Prob**aran	o	**Prob**asen

Pretérito indefinido	Pretérito anterior		Pretérito pluscuamperfecto			
Probé	Hube	probado	Hubiera	o	Hubiese	probado
Probaste	Hubiste	probado	Hubieras	o	Hubieses	probado
Probó	Hubo	probado	Hubiera	o	Hubiese	probado
Probamos	Hubimos	probado	Hubiéramos	o	Hubiésemos	probado
Probasteis	Hubisteis	probado	Hubierais	o	Hubieseis	probado
Probaron	Hubieron	probado	Hubieran	o	Hubiesen	probado

Futuro imperfecto	Futuro perfecto		Futuro imperfecto	Futuro perfecto	
Probaré	Habré	probado	**Prob**are	Hubiere	probado
Probarás	Habrás	probado	**Prob**ares	Hubieres	probado
Probará	Habrá	probado	**Prob**are	Hubiere	probado
Probaremos	Habremos	probado	**Prob**áremos	Hubiéremos	probado
Probaréis	Habréis	probado	**Prob**areis	Hubiereis	probado
Probarán	Habrán	probado	**Prob**aren	Hubieren	probado

Condicional simple	Condicional compuesto		IMPERATIVO
Probaría	Habría	probado	Prueba
Probarías	Habrías	probado	Pruebe
Probaría	Habría	probado	**Prob**emos
Probaríamos	Habríamos	probado	
Probaríais	Habríais	probado	**Prob**ad
Probarían	Habrían	probado	Prueben

SUBJUNTIVO

157

PRODUCIR

FORMAS NO PERSONALES

Simples	Compuestas
INFINITIVO: **Produc**ir	Haber producido
GERUNDIO: **Produc**iendo	Habiendo producido
PARTICIPIO: **Produc**ido	

INDICATIVO

SUBJUNTIVO

Presente	Pretérito perfecto		Presente	Pretérito perfecto	
Produzco	He	producido	Produzca	Haya	producido
Produces	Has	producido	Produzcas	Hayas	producido
Produce	Ha	producido	Produzca	Haya	producido
Producimos	Hemos	producido	Produzcamos	Hayamos	producido
Producís	Habéis	producido	Produzcáis	Hayáis	producido
Producen	Han	producido	Produzcan	Hayan	producido

Pretérito imperfecto	Pretérito pluscuamperfecto		Pretérito imperfecto		
Producía	Había	producido	Produjera	o	Produjese
Producías	Habías	producido	Produjeras	o	Produjeses
Producía	Había	producido	Produjera	o	Produjese
Producíamos	Habíamos	producido	Produjéramos	o	Produjésemos
Producíais	Habíais	producido	Produjerais	o	Produjeseis
Producían	Habían	producido	Produjeran	o	Produjesen

Pretérito indefinido	Pretérito anterior		Pretérito pluscuamperfecto			
Produje	Hube	producido	Hubiera	o	Hubiese	producido
Produjiste	Hubiste	producido	Hubieras	o	Hubieses	producido
Produjo	Hubo	producido	Hubiera	o	Hubiese	producido
Produjimos	Hubimos	producido	Hubiéramos	o	Hubiésemos	producido
Produjisteis	Hubisteis	producido	Hubierais	o	Hubieseis	producido
Produjeron	Hubieron	producido	Hubieran	o	Hubiesen	producido

Futuro imperfecto	Futuro perfecto		Futuro imperfecto	Futuro perfecto	
Produciré	Habré	producido	Produjere	Hubiere	producido
Producirás	Habrás	producido	Produjeres	Hubieres	producido
Producirá	Habrá	producido	Produjere	Hubiere	producido
Produciremos	Habremos	producido	Produjéremos	Hubiéremos	producido
Produciréis	Habréis	producido	Produjereis	Hubiereis	producido
Producirán	Habrán	producido	Produjeren	Hubieren	producido

Condicional simple	Condicional compuesto		IMPERATIVO
Produciría	Habría	producido	**Produc**e
Producirías	Habrías	producido	Produzca
Produciría	Habría	producido	Produzcamos
Produciríamos	Habríamos	producido	
Produciríais	Habríais	producido	**Produc**id
Producirían	Habrían	producido	Produzcan

PUDRIR

FORMAS NO PERSONALES

Simples		Compuestas	
INFINITIVO:	**Pudr**ir	Haber	podrido
GERUNDIO:	**Pudr**iendo	Habiendo	podrido
PARTICIPIO:	Podrido		

INDICATIVO

Presente

Presente	Pretérito perfecto	
Pudro	He	podrido
Pudres	Has	podrido
Pudre	Ha	podrido
Pudrimos	Hemos	podrido
Pudrís	Habéis	podrido
Pudren	Han	podrido

Pretérito imperfecto	Pretérito pluscuamperfecto	
Pudría	Había	podrido
Pudrías	Habías	podrido
Pudría	Había	podrido
Pudríamos	Habíamos	podrido
Pudríais	Habíais	podrido
Pudrían	Habían	podrido

Pretérito indefinido	Pretérito anterior	
Pudrí	Hube	podrido
Pudriste	Hubiste	podrido
Pudrió	Hubo	podrido
Pudrimos	Hubimos	podrido
Pudristeis	Hubisteis	podrido
Pudrieron	Hubieron	podrido

Futuro imperfecto	Futuro perfecto	
Pudriré	Habré	podrido
Pudrirás	Habrás	podrido
Pudrirá	Habrá	podrido
Pudriremos	Habremos	podrido
Pudriréis	Habréis	podrido
Pudrirán	Habrán	podrido

Condicional simple	Condicional compuesto	
Pudriría	Habría	podrido
Pudrirías	Habrías	podrido
Pudriría	Habría	podrido
Pudriríamos	Habríamos	podrido
Pudriríais	Habríais	podrido
Pudrirían	Habrían	podrido

SUBJUNTIVO

Presente	Pretérito perfecto	
Pudra	Haya	podrido
Pudras	Hayas	podrido
Pudra	Haya	podrido
Pudramos	Hayamos	podrido
Pudráis	Hayáis	podrido
Pudran	Hayan	podrido

Pretérito imperfecto		
Pudriera	o	**Pudr**iese
Pudrieras	o	**Pudr**ieses
Pudriera	o	**Pudr**iese
Pudriéramos	o	**Pudr**iésemos
Pudrierais	o	**Pudr**ieseis
Pudrieran	o	**Pudr**iesen

Pretérito pluscuamperfecto			
Hubiera	o	Hubiese	podrido
Hubieras	o	Hubieses	podrido
Hubiera	o	Hubiese	podrido
Hubiéramos	o	Hubiésemos	podrido
Hubierais	o	Hubieseis	podrido
Hubieran	o	Hubiesen	podrido

Futuro imperfecto	Futuro perfecto	
Pudriere	Hubiere	podrido
Pudrieres	Hubieres	podrido
Pudriere	Hubiere	podrido
Pudriéremos	Hubiéremos	podrido
Pudriereis	Hubiereis	podrido
Pudrieren	Hubieren	podrido

IMPERATIVO

Pudre
Pudra
Pudramos
Pudrid
Pudran

QUEBRAR

FORMAS NO PERSONALES

Simples		Compuestas	
INFINITIVO:	**Queb**rar	Haber	quebrado
GERUNDIO:	**Queb**rando	Habiendo	quebrado
PARTICIPIO:	**Queb**rado		

INDICATIVO			SUBJUNTIVO

Presente / Pretérito perfecto / Presente / Pretérito perfecto

Presente	Pretérito perfecto		Presente	Pretérito perfecto	
Quiebro	He	quebrado	Quiebre	Haya	quebrado
Quiebras	Has	quebrado	Quiebres	Hayas	quebrado
Quiebra	Ha	quebrado	Quiebre	Haya	quebrado
Quebramos	Hemos	quebrado	**Queb**remos	Hayamos	quebrado
Quebráis	Habéis	quebrado	**Queb**réis	Hayáis	quebrado
Quiebran	Han	quebrado	Quiebren	Hayan	quebrado

Pretérito imperfecto / Pretérito pluscuamperfecto / Pretérito imperfecto

Pretérito imperfecto	Pretérito pluscuamperfecto		Pretérito imperfecto		
Quebraba	Había	quebrado	**Queb**rara	o	**Queb**rase
Quebrabas	Habías	quebrado	**Queb**raras	o	**Queb**rases
Quebraba	Había	quebrado	**Queb**rara	o	**Queb**rase
Quebrábamos	Habíamos	quebrado	**Queb**ráramos	o	**Queb**rásemos
Quebrabais	Habíais	quebrado	**Queb**rarais	o	**Queb**raseis
Quebraban	Habían	quebrado	**Queb**raran	o	**Queb**rasen

Pretérito indefinido / Pretérito anterior / Pretérito pluscuamperfecto

Pretérito indefinido	Pretérito anterior		Pretérito pluscuamperfecto		
Quebré	Hube	quebrado	Hubiera	o Hubiese	quebrado
Quebraste	Hubiste	quebrado	Hubieras	o Hubieses	quebrado
Quebró	Hubo	quebrado	Hubiera	o Hubiese	quebrado
Quebramos	Hubimos	quebrado	Hubiéramos	o Hubiésemos	quebrado
Quebrasteis	Hubisteis	quebrado	Hubierais	o Hubieseis	quebrado
Quebraron	Hubieron	quebrado	Hubieran	o Hubiesen	quebrado

Futuro imperfecto / Futuro perfecto / Futuro imperfecto / Futuro perfecto

Futuro imperfecto	Futuro perfecto		Futuro imperfecto	Futuro perfecto	
Quebraré	Habré	quebrado	**Queb**rare	Hubiere	quebrado
Quebrarás	Habrás	quebrado	**Queb**rares	Hubieres	quebrado
Quebrará	Habrá	quebrado	**Queb**rare	Hubiere	quebrado
Quebraremos	Habremos	quebrado	**Queb**ráremos	Hubiéremos	quebrado
Quebraréis	Habréis	quebrado	**Queb**rareis	Hubiereis	quebrado
Quebrarán	Habrán	quebrado	**Queb**raren	Hubieren	quebrado

Condicional simple / Condicional compuesto / IMPERATIVO

Condicional simple	Condicional compuesto		IMPERATIVO
Quebraría	Habría	quebrado	Quiebra
Quebrarías	Habrías	quebrado	Quiebre
Quebraría	Habría	quebrado	**Queb**remos
Quebraríamos	Habríamos	quebrado	
Quebraríais	Habríais	quebrado	**Queb**rad
Quebrarían	Habrían	quebrado	Quiebren

QUERER

Simples		Compuestas	
INFINITIVO: **Quer**er		Haber querido	
GERUNDIO: **Quer**iendo		Habiendo querido	
PARTICIPIO: **Quer**ido			

INDICATIVO

SUBJUNTIVO

Presente	Pretérito perfecto		Presente	Pretérito perfecto	
Quiero	He	querido	Quiera	Haya	querido
Quieres	Has	querido	Quieras	Hayas	querido
Quiere	Ha	querido	Quiera	Haya	querido
Queremos	Hemos	querido	**Quer**amos	Hayamos	querido
Queréis	Habéis	querido	**Quer**áis	Hayáis	querido
Quieren	Han	querido	Quieran	Hayan	querido

Pretérito imperfecto	Pretérito pluscuamperfecto		Pretérito imperfecto		
Quería	Había	querido	Quisiera	o	Quisiese
Querías	Habías	querido	Quisieras	o	Quisieses
Quería	Había	querido	Quisiera	o	Quisiese
Queríamos	Habíamos	querido	Quisiéramos	o	Quisiésemos
Queríais	Habíais	querido	Quisierais	o	Quisieseis
Querían	Habían	querido	Quisieran	o	Quisiesen

Pretérito indefinido	Pretérito anterior		Pretérito pluscuamperfecto			
Quise	Hube	querido	Hubiera	o	Hubiese	querido
Quisiste	Hubiste	querido	Hubieras	o	Hubieses	querido
Quiso	Hubo	querido	Hubiera	o	Hubiese	querido
Quisimos	Hubimos	querido	Hubiéramos	o	Hubiésemos	querido
Quisisteis	Hubisteis	querido	Hubierais	o	Hubieseis	querido
Quisieron	Hubieron	querido	Hubieran	o	Hubiesen	querido

Futuro imperfecto	Futuro perfecto		Futuro imperfecto	Futuro perfecto	
Querré	Habré	querido	Quisiere	Hubiere	querido
Querrás	Habrás	querido	Quisieres	Hubieres	querido
Querrá	Habrá	querido	Quisiere	Hubiere	querido
Querremos	Habremos	querido	Quisiéremos	Hubiéremos	querido
Querréis	Habréis	querido	Quisiereis	Hubiereis	querido
Querrán	Habrán	querido	Quisieren	Hubieren	querido

Condicional simple	Condicional compuesto		IMPERATIVO	
Querría	Habría	querido		Quiere
Querrías	Habrías	querido		Quiera
Querría	Habría	querido		**Quer**amos
Querríamos	Habríamos	querido		
Querríais	Habríais	querido		**Quer**ed
Querrían	Habrían	querido		Quieran

RECORDAR

FORMAS NO PERSONALES

Simples		Compuestas	
INFINITIVO:	**Record**ar	Haber	recordado
GERUNDIO:	**Record**ando	Habiendo	recordado
PARTICIPIO:	**Record**ado		

INDICATIVO		SUBJUNTIVO	

Presente	Pretérito perfecto		Presente	Pretérito perfecto	
Recuerdo	He	recordado	Recuerde	Haya	recordado
Recuerdas	Has	recordado	Recuerdes	Hayas	recordado
Recuerda	Ha	recordado	Recuerde	Haya	recordado
Recordamos	Hemos	recordado	**Record**emos	Hayamos	recordado
Recordáis	Habéis	recordado	**Record**éis	Hayáis	recordado
Recuerdan	Han	recordado	Recuerden	Hayan	recordado

Pretérito imperfecto	Pretérito pluscuamperfecto		Pretérito imperfecto		
Recordaba	Había	recordado	**Record**ara	o	**Record**ase
Recordabas	Habías	recordado	**Record**aras	o	**Record**ases
Recordaba	Había	recordado	**Record**ara	o	**Record**ase
Recordábamos	Habíamos	recordado	**Record**áramos	o	**Record**ásemos
Recordabais	Habíais	recordado	**Record**arais	o	**Record**aseis
Recordaban	Habían	recordado	**Record**aran	o	**Record**asen

Pretérito indefinido	Pretérito anterior		Pretérito pluscuamperfecto			
Recordé	Hube	recordado	Hubiera	o	Hubiese	recordado
Recordaste	Hubiste	recordado	Hubieras	o	Hubieses	recordado
Recordó	Hubo	recordado	Hubiera	o	Hubiese	recordado
Recordamos	Hubimos	recordado	Hubiéramos	o	Hubiésemos	recordado
Recordasteis	Hubisteis	recordado	Hubierais	o	Hubieseis	recordado
Recordaron	Hubieron	recordado	Hubieran	o	Hubiesen	recordado

Futuro imperfecto	Futuro perfecto		Futuro imperfecto	Futuro perfecto	
Recordaré	Habré	recordado	**Record**are	Hubiere	recordado
Recordarás	Habrás	recordado	**Record**ares	Hubieres	recordado
Recordará	Habrá	recordado	**Record**are	Hubiere	recordado
Recordaremos	Habremos	recordado	**Record**áremos	Hubiéremos	recordado
Recordaréis	Habréis	recordado	**Record**areis	Hubiereis	recordado
Recordarán	Habrán	recordado	**Record**aren	Hubieren	recordado

Condicional simple	Condicional compuesto		IMPERATIVO
Recordaría	Habría	recordado	Recuerda
Recordarías	Habrías	recordado	Recuerde
Recordaría	Habría	recordado	**Record**emos
Recordaríamos	Habríamos	recordado	
Recordaríais	Habríais	recordado	**Record**ad
Recordarían	Habrían	recordado	Recuerden

REFERIR

FORMAS NO PERSONALES

Simples		Compuestas	
INFINITIVO: **Refer**ir		Haber referido	
GERUNDIO: Refiriendo		Habiendo referido	
PARTICIPIO: **Refer**ido			

INDICATIVO

SUBJUNTIVO

Presente	Pretérito perfecto		Presente	Pretérito perfecto	
Refiero	He	referido	Refiera	Haya	referido
Refieres	Has	referido	Refieras	Hayas	referido
Refiere	Ha	referido	Refiera	Haya	referido
Referimos	Hemos	referido	Refiramos	Hayamos	referido
Referís	Habéis	referido	Refiráis	Hayáis	referido
Refieren	Han	referido	Refieran	Hayan	referido

Pretérito imperfecto	Pretérito pluscuamperfecto		Pretérito imperfecto		
Refería	Había	referido	Refiriera	o	Refiriese
Referías	Habías	referido	Refirieras	o	Refirieses
Refería	Había	referido	Refiriera	o	Refiriese
Referíamos	Habíamos	referido	Refiriéramos	o	Refiriésemos
Referíais	Habíais	referido	Refirierais	o	Refirieseis
Referían	Habían	referido	Refirieran	o	Refiriesen

Pretérito indefinido	Pretérito anterior		Pretérito pluscuamperfecto			
Referí	Hube	referido	Hubiera	o	Hubiese	referido
Referiste	Hubiste	referido	Hubieras	o	Hubieses	referido
Refirió	Hubo	referido	Hubiera	o	Hubiese	referido
Referimos	Hubimos	referido	Hubiéramos	o	Hubiésemos	referido
Referisteis	Hubisteis	referido	Hubierais	o	Hubieseis	referido
Refirieron	Hubieron	referido	Hubieran	o	Hubiesen	referido

Futuro imperfecto	Futuro perfecto		Futuro imperfecto	Futuro perfecto	
Referiré	Habré	referido	Refiriere	Hubiere	referido
Referirás	Habrás	referido	Refirieres	Hubieres	referido
Referirá	Habrá	referido	Refiriere	Hubiere	referido
Referiremos	Habremos	referido	Refiriéremos	Hubiéremos	referido
Referiréis	Habréis	referido	Refiriereis	Hubiereis	referido
Referirán	Habrán	referido	Refirieren	Hubieren	referido

Condicional simple	Condicional compuesto		IMPERATIVO
Referiría	Habría	referido	Refiere
Referirías	Habrías	referido	Refiera
Referiría	Habría	referido	Refiramos
Referiríamos	Habríamos	referido	
Referiríais	Habríais	referido	**Refer**id
Referirían	Habrían	referido	Refieran

REGAR

FORMAS NO PERSONALES

Simples	Compuestas
INFINITIVO: **Reg**ar	Haber regado
GERUNDIO: **Reg**ando	Habiendo regado
PARTICIPIO: **Reg**ado	

INDICATIVO		SUBJUNTIVO	

Presente	Pretérito perfecto	Presente	Pretérito perfecto
Riego	He regado	Riegue	Haya regado
Riegas	Has regado	Riegues	Hayas regado
Riega	Ha regado	Riegue	Haya regado
Regamos	Hemos regado	**Reg**uemos	Hayamos regado
Regáis	Habéis regado	**Reg**uéis	Hayáis regado
Riegan	Han regado	Rieguen	Hayan regado

Pretérito imperfecto	Pretérito pluscuamperfecto	Pretérito imperfecto	
Regaba	Había regado	**Reg**ara o **Reg**ase	
Regabas	Habías regado	**Reg**aras o **Reg**ases	
Regaba	Había regado	**Reg**ara o **Reg**ase	
Regábamos	Habíamos regado	**Reg**áramos o **Reg**ásemos	
Regabais	Habíais regado	**Reg**arais o **Reg**aseis	
Regaban	Habían regado	**Reg**aran o **Reg**asen	

Pretérito indefinido	Pretérito anterior	Pretérito pluscuamperfecto	
Regué	Hube regado	Hubiera o Hubiese regado	
Regaste	Hubiste regado	Hubieras o Hubieses regado	
Regó	Hubo regado	Hubiera o Hubiese regado	
Regamos	Hubimos regado	Hubiéramos o Hubiésemos regado	
Regasteis	Hubisteis regado	Hubierais o Hubieseis regado	
Regaron	Hubieron regado	Hubieran o Hubiesen regado	

Futuro imperfecto	Futuro perfecto	Futuro imperfecto	Futuro perfecto
Regaré	Habré regado	**Reg**are	Hubiere regado
Regarás	Habrás regado	**Reg**ares	Hubieres regado
Regará	Habrá regado	**Reg**are	Hubiere regado
Regaremos	Habremos regado	**Reg**áremos	Hubiéremos regado
Regaréis	Habréis regado	**Reg**areis	Hubiereis regado
Regarán	Habrán regado	**Reg**aren	Hubieren regado

Condicional simple	Condicional compuesto	IMPERATIVO	
Regaría	Habría regado	Riega	
Regarías	Habrías regado	Riegue	
Regaría	Habría regado	**Reg**uemos	
Regaríamos	Habríamos regado		
Regaríais	Habríais regado	**Reg**ad	
Regarían	Habrían regado	Rieguen	

FORMAS NO PERSONALES

Simples	Compuestas
INFINITIVO: **Reg**ir	Haber regido
GERUNDIO: Rigiendo	Habiendo regido
PARTICIPIO: **Reg**ido	

INDICATIVO

Presente	Pretérito perfecto
Rijo	He regido
Riges	Has regido
Rige	Ha regido
Regimos	Hemos regido
Regís	Habéis regido
Rigen	Han regido

Pretérito imperfecto	Pretérito pluscuamperfecto
Regía	Había regido
Regías	Habías regido
Regía	Había regido
Regíamos	Habíamos regido
Regíais	Habíais regido
Regían	Habían regido

Pretérito indefinido	Pretérito anterior
Regí	Hube regido
Registe	Hubiste regido
Rigió	Hubo regido
Regimos	Hubimos regido
Registeis	Hubisteis regido
Rigieron	Hubieron regido

Futuro imperfecto	Futuro perfecto
Regiré	Habré regido
Regirás	Habrás regido
Regirá	Habrá regido
Regiremos	Habremos regido
Regiréis	Habréis regido
Regirán	Habrán regido

Condicional simple	Condicional compuesto
Regiría	Habría regido
Regirías	Habrías regido
Regiría	Habría regido
Regiríamos	Habríamos regido
Regiríais	Habríais regido
Regirían	Habrían regido

SUBJUNTIVO

Presente	Pretérito perfecto
Rija	Haya regido
Rijas	Hayas regido
Rija	Haya regido
Rijamos	Hayamos regido
Rijáis	Hayáis regido
Rijan	Hayan regido

Pretérito imperfecto		
Rigiera	o	Rigiese
Rigieras	o	Rigieses
Rigiera	o	Rigiese
Rigiéramos	o	Rigiésemos
Rigierais	o	Rigieseis
Rigieran	o	Rigiesen

Pretérito pluscuamperfecto			
Hubiera	o	Hubiese	regido
Hubieras	o	Hubieses	regido
Hubiera	o	Hubiese	regido
Hubiéramos	o	Hubiésemos	regido
Hubierais	o	Hubieseis	regido
Hubieran	o	Hubiesen	regido

Futuro imperfecto	Futuro perfecto	
Rigiere	Hubiere	regido
Rigieres	Hubieres	regido
Rigiere	Hubiere	regido
Rigiéremos	Hubiéremos	regido
Rigiereis	Hubiereis	regido
Rigieren	Hubieren	regido

IMPERATIVO

Rige
Rija
Rijamos

Regid
Rijan

REÍR

Simples		Compuestas	
INFINITIVO:	**Reir**	Haber	reído
GERUNDIO:	Riendo	Habiendo	reído
PARTICIPIO:	**Reído**		

INDICATIVO

SUBJUNTIVO

Presente	Pretérito perfecto		Presente	Pretérito perfecto	
Río	He	reído	Ría	Haya	reído
Ríes	Has	reído	Rías	Hayas	reído
Ríe	Ha	reído	Ría	Haya	reído
Reímos	Hemos	reído	Riamos	Hayamos	reído
Reís	Habéis	reído	Riáis	Hayáis	reído
Ríen	Han	reído	Rían	Hayan	reído

Pretérito imperfecto	Pretérito pluscuamperfecto		Pretérito imperfecto		
Reía	Había	reído	Riera	o	Riese
Reías	Habías	reído	Rieras	o	Rieses
Reía	Había	reído	Riera	o	Riese
Reíamos	Habíamos	reído	Riéramos	o	Riésemos
Reíais	Habíais	reído	Rierais	o	Rieseis
Reían	Habían	reído	Rieran	o	Riesen

Pretérito indefinido	Pretérito anterior		Pretérito pluscuamperfecto		
Reí	Hube	reído	Hubiera	o Hubiese	reído
Reíste	Hubiste	reído	Hubieras	o Hubieses	reído
Rió	Hubo	reído	Hubiera	o Hubiese	reído
Reímos	Hubimos	reído	Hubiéramos	o Hubiésemos	reído
Reísteis	Hubisteis	reído	Hubierais	o Hubieseis	reído
Rieron	Hubieron	reído	Hubieran	o Hubiesen	reído

Futuro imperfecto	Futuro perfecto		Futuro imperfecto	Futuro perfecto	
Reiré	Habré	reído	Riere	Hubiere	reído
Reirás	Habrás	reído	Rieres	Hubieres	reído
Reirá	Habrá	reído	Riere	Hubiere	reído
Reiremos	Habremos	reído	Riéremos	Hubiéremos	reído
Reiréis	Habréis	reído	Riereis	Hubiereis	reído
Reirán	Habrán	reído	Rieren	Hubieren	reído

Condicional simple	Condicional compuesto		IMPERATIVO	
Reiría	Habría	reído		Ríe
Reirías	Habrías	reído		Ría
Reiría	Habría	reído		Riamos
Reiríamos	Habríamos	reído		
Reiríais	Habíais	reído	**Reíd**	
Reirían	Habrían	reído		Rían

RENDIR

FORMAS NO PERSONALES

Simples		Compuestas
INFINITIVO: **Rend**ir		Haber rendido
GERUNDIO: Rindiendo		Habiendo rendido
PARTICIPIO: **Rend**ido		

INDICATIVO

Presente	Pretérito perfecto	
Rindo	He	rendido
Rindes	Has	rendido
Rinde	Ha	rendido
Rendimos	Hemos	rendido
Rendís	Habéis	rendido
Rinden	Han	rendido

Pretérito imperfecto	Pretérito pluscuamperfecto	
Rendía	Había	rendido
Rendías	Habías	rendido
Rendía	Había	rendido
Rendíamos	Habíamos	rendido
Rendíais	Habíais	rendido
Rendían	Habían	rendido

Pretérito indefinido	Pretérito anterior	
Rendí	Hube	rendido
Rendiste	Hubiste	rendido
Rindió	Hubo	rendido
Rendimos	Hubimos	rendido
Rendisteis	Hubisteis	rendido
Rindieron	Hubieron	rendido

Futuro imperfecto	Futuro perfecto	
Rendiré	Habré	rendido
Rendirás	Habrás	rendido
Rendirá	Habrá	rendido
Rendiremos	Habremos	rendido
Rendiréis	Habréis	rendido
Rendirán	Habrán	rendido

Condicional simple	Condicional compuesto	
Rendiría	Habría	rendido
Rendirías	Habrías	rendido
Rendiría	Habría	rendido
Rendiríamos	Habríamos	rendido
Rendiríais	Habríais	rendido
Rendirían	Habrían	rendido

SUBJUNTIVO

Presente	Pretérito perfecto	
Rinda	Haya	rendido
Rindas	Hayas	rendido
Rinda	Haya	rendido
Rindamos	Hayamos	rendido
Rindáis	Hayáis	rendido
Rindan	Hayan	rendido

Pretérito imperfecto		
Rindiera	o	Rindiese
Rindieras	o	Rindieses
Rindiera	o	Rindiese
Rindiéramos	o	Rindiésemos
Rindierais	o	Rindieseis
Rindieran	o	Rindiesen

Pretérito pluscuamperfecto			
Hubiera	o	Hubiese	rendido
Hubieras	o	Hubieses	rendido
Hubiera	o	Hubiese	rendido
Hubiéramos	o	Hubiésemos	rendido
Hubierais	o	Hubieseis	rendido
Hubieran	o	Hubiesen	rendido

Futuro imperfecto	Futuro perfecto	
Rindiere	Hubiere	rendido
Rindieres	Hubieres	rendido
Rindiere	Hubiere	rendido
Rindiéremos	Hubiéremos	rendido
Rindiereis	Hubiereis	rendido
Rindieren	Hubieren	rendido

IMPERATIVO

Rinde
Rinda
Rindamos
Rendid
Rindan

RENOVAR

FORMAS NO PERSONALES

Simples		Compuestas	
INFINITIVO: **Renov**ar		Haber renovado	
GERUNDIO: **Renov**ando		Habiendo renovado	
PARTICIPIO: **Renov**ado			

INDICATIVO		SUBJUNTIVO	

Presente	Pretérito perfecto	Presente	Pretérito perfecto
Renuevo	He renovado	Renueve	Haya renovado
Renuevas	Has renovado	Renueves	Hayas renovado
Renueva	Ha renovado	Renueve	Haya renovado
Renovamos	Hemos renovado	**Renov**emos	Hayamos renovado
Renováis	Habéis renovado	**Renov**éis	Hayáis renovado
Renuevan	Han renovado	Renueven	Hayan renovado

Pretérito imperfecto	Pretérito pluscuamperfecto	Pretérito imperfecto	
Renovaba	Había renovado	**Renov**ara o **Renov**ase	
Renovabas	Habías renovado	**Renov**aras o **Renov**ases	
Renovaba	Había renovado	**Renov**ara o **Renov**ase	
Renovábamos	Habíamos renovado	**Renov**áramos o **Renov**ásemos	
Renovabais	Habíais renovado	**Renov**arais o **Renov**aseis	
Renovaban	Habían renovado	**Renov**aran o **Renov**asen	

Pretérito indefinido	Pretérito anterior	Pretérito pluscuamperfecto	
Renové	Hube renovado	Hubiera o Hubiese renovado	
Renovaste	Hubiste renovado	Hubieras o Hubieses renovado	
Renovó	Hubo renovado	Hubiera o Hubiese renovado	
Renovamos	Hubimos renovado	Hubiéramos o Hubiésemos renovado	
Renovasteis	Hubisteis renovado	Hubierais o Hubieseis renovado	
Renovaron	Hubieron renovado	Hubieran o Hubiesen renovado	

Futuro imperfecto	Futuro perfecto	Futuro imperfecto	Futuro perfecto
Renovaré	Habré renovado	**Renov**are	Hubiere renovado
Renovarás	Habrás renovado	**Renov**ares	Hubieres renovado
Renovará	Habrá renovado	**Renov**are	Hubiere renovado
Renovaremos	Habremos renovado	**Renov**áremos	Hubiéremos renovado
Renovaréis	Habréis renovado	**Renov**areis	Hubiereis renovado
Renovarán	Habrán renovado	**Renov**aren	Hubieren renovado

Condicional simple	Condicional compuesto	IMPERATIVO	
Renovaría	Habría renovado	Renueva	
Renovarías	Habrías renovado	Renueve	
Renovaría	Habría renovado	**Renov**emos	
Renovaríamos	Habríamos renovado		
Renovaríais	Habríais renovado	**Renov**ad	
Renovarían	Habrían renovado	Renueven	

REÑIR

FORMAS NO PERSONALES

Simples	Compuestas
INFINITIVO: **Reñir**	Haber reñido
GERUNDIO: Riñiendo	Habiendo reñido
PARTICIPIO: **Reñ**ido	

INDICATIVO

Presente

Presente	Pretérito perfecto
Riño	He reñido
Riñes	Has reñido
Riñe	Ha reñido
Reñimos	Hemos reñido
Reñís	Habéis reñido
Riñen	Han reñido

Pretérito imperfecto

Pretérito imperfecto	Pretérito pluscuamperfecto
Reñía	Había reñido
Reñías	Habías reñido
Reñía	Había reñido
Reñíamos	Habíamos reñido
Reñíais	Habíais reñido
Reñían	Habían reñido

Pretérito indefinido

Pretérito indefinido	Pretérito anterior
Reñí	Hube reñido
Reñiste	Hubiste reñido
Riñó	Hubo reñido
Reñimos	Hubimos reñido
Reñisteis	Hubisteis reñido
Riñieron	Hubieron reñido

Futuro imperfecto

Futuro imperfecto	Futuro perfecto
Reñiré	Habré reñido
Reñirás	Habrás reñido
Reñirá	Habrá reñido
Reñiremos	Habremos reñido
Reñiréis	Habréis reñido
Reñirán	Habrán reñido

Condicional simple

Condicional simple	Condicional compuesto
Reñiría	Habría reñido
Reñirías	Habrías reñido
Reñiría	Habría reñido
Reñiríamos	Habríamos reñido
Reñiríais	Habríais reñido
Reñirían	Habrían reñido

SUBJUNTIVO

Presente

Presente	Pretérito perfecto
Riña	Haya reñido
Riñas	Hayas reñido
Riña	Haya reñido
Riñamos	Hayamos reñido
Riñáis	Hayáis reñido
Riñan	Hayan reñido

Pretérito imperfecto

Riñiera	o	Riñiese
Riñieras	o	Riñieses
Riñiera	o	Riñiese
Riñiéramos	o	Riñiésemos
Riñierais	o	Riñieseis
Riñieran	o	Riñiesen

Pretérito pluscuamperfecto

Hubiera	o	Hubiese	reñido
Hubieras	o	Hubieses	reñido
Hubiera	o	Hubiese	reñido
Hubiéramos	o	Hubiésemos	reñido
Hubierais	o	Hubieseis	reñido
Hubieran	o	Hubiesen	reñido

Futuro imperfecto / Futuro perfecto

Futuro imperfecto	Futuro perfecto	
Riñiere	Hubiere	reñido
Riñieres	Hubieres	reñido
Riñiere	Hubiere	reñido
Riñiéremos	Hubiéremos	reñido
Riñiereis	Hubiereis	reñido
Riñieren	Hubieren	reñido

IMPERATIVO

Riñe
Riña
Riñamos
Reñid
Riñan

169

REPETIR

FORMAS NO PERSONALES

Simples		Compuestas	
INFINITIVO:	**Repet**ir	Haber	repetido
GERUNDIO:	Repitiendo	Habiendo	repetido
PARTICIPIO:	**Repet**ido		

INDICATIVO

Presente / Pretérito perfecto

Presente	Pretérito perfecto	
Repito	He	repetido
Repites	Has	repetido
Repite	Ha	repetido
Repetimos	Hemos	repetido
Repetís	Habéis	repetido
Repiten	Han	repetido

Pretérito imperfecto / Pretérito pluscuamperfecto

Pretérito imperfecto	Pretérito pluscuamperfecto	
Repetía	Había	repetido
Repetías	Habías	repetido
Repetía	Había	repetido
Repetíamos	Habíamos	repetido
Repetíais	Habíais	repetido
Repetían	Habían	repetido

Pretérito indefinido / Pretérito anterior

Pretérito indefinido	Pretérito anterior	
Repetí	Hube	repetido
Repetiste	Hubiste	repetido
Repitió	Hubo	repetido
Repetimos	Hubimos	repetido
Repetisteis	Hubisteis	repetido
Repitieron	Hubieron	repetido

Futuro imperfecto / Futuro perfecto

Futuro imperfecto	Futuro perfecto	
Repetiré	Habré	repetido
Repetirás	Habrás	repetido
Repetirá	Habrá	repetido
Repetiremos	Habremos	repetido
Repetiréis	Habréis	repetido
Repetirán	Habrán	repetido

Condicional simple / Condicional compuesto

Condicional simple	Condicional compuesto	
Repetiría	Habría	repetido
Repetirías	Habrías	repetido
Repetiría	Habría	repetido
Repetiríamos	Habríamos	repetido
Repetiríais	Habríais	repetido
Repetirían	Habrían	repetido

SUBJUNTIVO

Presente / Pretérito perfecto

Presente	Pretérito perfecto	
Repita	Haya	repetido
Repitas	Hayas	repetido
Repita	Haya	repetido
Repitamos	Hayamos	repetido
Repitáis	Hayáis	repetido
Repitan	Hayan	repetido

Pretérito imperfecto

Repitiera	o	Repitiese
Repitieras	o	Repitieses
Repitiera	o	Repitiese
Repitiéramos	o	Repitiésemos
Repitierais	o	Repitieseis
Repitieran	o	Repitiesen

Pretérito pluscuamperfecto

Hubiera	o	Hubiese	repetido
Hubieras	o	Hubieses	repetido
Hubiera	o	Hubiese	repetido
Hubiéramos	o	Hubiésemos	repetido
Hubierais	o	Hubieseis	repetido
Hubieran	o	Hubiesen	repetido

Futuro imperfecto / Futuro perfecto

Futuro imperfecto	Futuro perfecto	
Repitiere	Hubiere	repetido
Repitieres	Hubieres	repetido
Repitiere	Hubiere	repetido
Repitiéremos	Hubiéremos	repetido
Repitiereis	Hubiereis	repetido
Repitieren	Hubieren	repetido

IMPERATIVO

Repite
Repita
Repitamos

Repetid
Repitan

FORMAS NO PERSONALES

Simples		Compuestas	
INFINITIVO: **Restitu**ir		Haber restituido	
GERUNDIO: Restituyendo		Habiendo restituido	
PARTICIPIO: **Restitu**ido			

INDICATIVO

SUBJUNTIVO

Presente	Pretérito perfecto		Presente	Pretérito perfecto	
Restituyo	He	restituido	Restituya	Haya	restituido
Restituyes	Has	restituido	Restituyas	Hayas	restituido
Restituye	Ha	restituido	Restituya	Haya	restituido
Restituimos	Hemos	restituido	Restituyamos	Hayamos	restituido
Restituís	Habéis	restituido	Restituyáis	Hayáis	restituido
Restituyen	Han	restituido	Restituyan	Hayan	restituido

Pretérito imperfecto	Pretérito pluscuamperfecto		Pretérito imperfecto		
Restituía	Había	restituido	Restituyera	o	Restituyese
Restituías	Habías	restituido	Restituyeras	o	Restituyeses
Restituía	Había	restituido	Restituyera	o	Restituyese
Restituíamos	Habíamos	restituido	Restituyéramos	o	Restituyésemos
Restituíais	Habíais	restituido	Restituyerais	o	Restituyeseis
Restituían	Habían	restituido	Restituyeran	o	Restituyesen

Pretérito indefinido	Pretérito anterior		Pretérito pluscuamperfecto			
Restituí	Hube	restituido	Hubiera	o	Hubiese	restituido
Restituiste	Hubiste	restituido	Hubieras	o	Hubieses	restituido
Restituyó	Hubo	restituido	Hubiera	o	Hubiese	restituido
Restituimos	Hubimos	restituido	Hubiéramos	o	Hubiésemos	restituido
Restituisteis	Hubisteis	restituido	Hubierais	o	Hubieseis	restituido
Restituyeron	Hubieron	restituido	Hubieran	o	Hubiesen	restituido

Futuro imperfecto	Futuro perfecto		Futuro imperfecto	Futuro perfecto	
Restituiré	Habré	restituido	Restituyere	Hubiere	restituido
Restituirás	Habrás	restituido	Restituyeres	Hubieres	restituido
Restituirá	Habrá	restituido	Restituyere	Hubiere	restituido
Restituiremos	Habremos	restituido	Restituyéremos	Hubiéremos	restituido
Restituiréis	Habréis	restituido	Restituyereis	Hubiereis	restituido
Restituirán	Habrán	restituido	Restituyeren	Hubieren	restituido

Condicional simple	Condicional compuesto		IMPERATIVO	
Restituiría	Habría	restituido	Restituye	
Restituirías	Habrías	restituido	Restituya	
Restituiría	Habría	restituido	Restituyamos	
Restituiríamos	Habríamos	restituido		
Restituiríais	Habríais	restituido	**Restitu**id	
Restituirían	Habrían	restituido	Restituyan	

171

FORMAS NO PERSONALES

Simples		Compuestas	
INFINITIVO: **Retribu**ir		Haber retribuido	
GERUNDIO: Retribuyendo		Habiendo retribuido	
PARTICIPIO: **Retribu**ido			

INDICATIVO

Presente	Pretérito perfecto	
Retribuyo	He	retribuido
Retribuyes	Has	retribuido
Retribuye	Ha	retribuido
Retribuimos	Hemos	retribuido
Retribuís	Habéis	retribuido
Retribuyen	Han	retribuido

Pretérito imperfecto	Pretérito pluscuamperfecto	
Retribuía	Había	retribuido
Retribuías	Habías	retribuido
Retribuía	Había	retribuido
Retribuíamos	Habíamos	retribuido
Retribuíais	Habíais	retribuido
Retribuían	Habían	retribuido

Pretérito indefinido	Pretérito anterior	
Retribuí	Hube	retribuido
Retribuiste	Hubiste	retribuido
Retribuyó	Hubo	retribuido
Retribuimos	Hubimos	retribuido
Retribuisteis	Hubisteis	retribuido
Retribuyeron	Hubieron	retribuido

Futuro imperfecto	Futuro perfecto	
Retribuiré	Habré	retribuido
Retribuirás	Habrás	retribuido
Retribuirá	Habrá	retribuido
Retribuiremos	Habremos	retribuido
Retribuiréis	Habréis	retribuido
Retribuirán	Habrán	retribuido

Condicional simple	Condicional compuesto	
Retribuiría	Habría	retribuido
Retribuirías	Habrías	retribuido
Retribuiría	Habría	retribuido
Retribuiríamos	Habríamos	retribuido
Retribuiríais	Habríais	retribuido
Retribuirían	Habrían	retribuido

SUBJUNTIVO

Presente	Pretérito perfecto	
Retribuya	Haya	retribuido
Retribuyas	Hayas	retribuido
Retribuya	Haya	retribuido
Retribuyamos	Hayamos	retribuido
Retribuyáis	Hayáis	retribuido
Retribuyan	Hayan	retribuido

Pretérito imperfecto		
Retribuyera	o	Retribuyese
Retribuyeras	o	Retribuyeses
Retribuyera	o	Retribuyese
Retribuyéramos	o	Retribuyésemos
Retribuyerais	o	Retribuyeseis
Retribuyeran	o	Retribuyesen

Pretérito pluscuamperfecto			
Hubiera	o	Hubiese	retribuido
Hubieras	o	Hubieses	retribuido
Hubiera	o	Hubiese	retribuido
Hubiéramos	o	Hubiésemos	retribuido
Hubierais	o	Hubieseis	retribuido
Hubieran	o	Hubiesen	retribuido

Futuro imperfecto	Futuro perfecto	
Retribuyere	Hubiere	retribuido
Retribuyeres	Hubieres	retribuido
Retribuyere	Hubiere	retribuido
Retribuyéremos	Hubiéremos	retribuido
Retribuyereis	Hubiereis	retribuido
Retribuyeren	Hubieren	retribuido

IMPERATIVO

Retribuye
Retribuya
Retribuyamos

Retribuid
Retribuyan

FORMAS NO PERSONALES

Simples		Compuestas	
INFINITIVO:	**Reun**ir	Haber	reunido
GERUNDIO:	**Reun**iendo	Habiendo	reunido
PARTICIPIO:	**Reun**ido		

INDICATIVO		SUBJUNTIVO	

Presente	Pretérito perfecto		Presente	Pretérito perfecto	
Reúno	He	reunido	**Reún**a	Haya	reunido
Reúnes	Has	reunido	**Reún**as	Hayas	reunido
Reúne	Ha	reunido	**Reún**a	Haya	reunido
Reunimos	Hemos	reunido	**Reun**amos	Hayamos	reunido
Reunís	Habéis	reunido	**Reun**áis	Hayáis	reunido
Reúnen	Han	reunido	**Reún**an	Hayan	reunido

Pretérito imperfecto	Pretérito pluscuamperfecto		Pretérito imperfecto		
Reunía	Había	reunido	**Reun**iera	o	**Reun**iese
Reunías	Habías	reunido	**Reun**ieras	o	**Reun**ieses
Reunía	Había	reunido	**Reun**iera	o	**Reun**iese
Reuníamos	Habíamos	reunido	**Reun**iéramos	o	**Reun**iésemos
Reuníais	Habíais	reunido	**Reun**ierais	o	**Reun**ieseis
Reunían	Habían	reunido	**Reun**ieran	o	**Reun**iesen

Pretérito indefinido	Pretérito anterior		Pretérito pluscuamperfecto		
Reuní	Hube	reunido	Hubiera	o	Hubiese	reunido
Reuniste	Hubiste	reunido	Hubieras	o	Hubieses	reunido
Reunió	Hubo	reunido	Hubiera	o	Hubiese	reunido
Reunimos	Hubimos	reunido	Hubiéramos	o	Hubiésemos	reunido
Reunisteis	Hubisteis	reunido	Hubierais	o	Hubieseis	reunido
Reunieron	Hubieron	reunido	Hubieran	o	Hubiesen	reunido

Futuro imperfecto	Futuro perfecto		Futuro imperfecto	Futuro perfecto	
Reuniré	Habré	reunido	**Reun**iere	Hubiere	reunido
Reunirás	Habrás	reunido	**Reun**ieres	Hubieres	reunido
Reunirá	Habrá	reunido	**Reun**iere	Hubiere	reunido
Reuniremos	Habremos	reunido	**Reun**iéremos	Hubiéremos	reunido
Reuniréis	Habréis	reunido	**Reun**iereis	Hubiereis	reunido
Reunirán	Habrán	reunido	**Reun**ieren	Hubieren	reunido

Condicional simple	Condicional compuesto		IMPERATIVO
Reuniría	Habría	reunido	**Reún**e
Reunirías	Habrías	reunido	**Reún**a
Reuniría	Habría	reunido	**Reun**amos
Reuniríamos	Habríamos	reunido	
Reuniríais	Habríais	reunido	**Reun**id
Reunirían	Habrían	reunido	**Reún**an

REVENTAR

FORMAS NO PERSONALES

Simples		Compuestas	
INFINITIVO:	**Revent**ar	Haber	reventado
GERUNDIO:	**Revent**ando	Habiendo	reventado
PARTICIPIO:	**Revent**ado		

INDICATIVO

Presente	Pretérito perfecto	
Reviento	He	reventado
Revientas	Has	reventado
Revienta	Ha	reventado
Reventamos	Hemos	reventado
Reventáis	Habéis	reventado
Revientan	Han	reventado

Pretérito imperfecto	Pretérito pluscuamperfecto	
Reventaba	Había	reventado
Reventabas	Habías	reventado
Reventaba	Había	reventado
Reventábamos	Habíamos	reventado
Reventabais	Habíais	reventado
Reventaban	Habían	reventado

Pretérito indefinido	Pretérito anterior	
Reventé	Hube	reventado
Reventaste	Hubiste	reventado
Reventó	Hubo	reventado
Reventamos	Hubimos	reventado
Reventasteis	Hubisteis	reventado
Reventaron	Hubieron	reventado

Futuro imperfecto	Futuro perfecto	
Reventaré	Habré	reventado
Reventarás	Habrás	reventado
Reventará	Habrá	reventado
Reventaremos	Habremos	reventado
Reventaréis	Habréis	reventado
Reventarán	Habrán	reventado

Condicional simple	Condicional compuesto	
Reventaría	Habría	reventado
Reventarías	Habrías	reventado
Reventaría	Habría	reventado
Reventaríamos	Habríamos	reventado
Reventaríais	Habríais	reventado
Reventarían	Habrían	reventado

SUBJUNTIVO

Presente	Pretérito perfecto	
Reviente	Haya	reventado
Revientes	Hayas	reventado
Reviente	Haya	reventado
Reventemos	Hayamos	reventado
Reventéis	Hayáis	reventado
Revienten	Hayan	reventado

Pretérito imperfecto		
Reventara	o	**Revent**ase
Reventaras	o	**Revent**ases
Reventara	o	**Revent**ase
Reventáramos	o	**Revent**ásemos
Reventarais	o	**Revent**aseis
Reventaran	o	**Revent**asen

Pretérito pluscuamperfecto

Hubiera	o	Hubiese	reventado
Hubieras	o	Hubieses	reventado
Hubiera	o	Hubiese	reventado
Hubiéramos	o	Hubiésemos	reventado
Hubierais	o	Hubieseis	reventado
Hubieran	o	Hubiesen	reventado

Futuro imperfecto	Futuro perfecto	
Reventare	Hubiere	reventado
Reventares	Hubieres	reventado
Reventare	Hubiere	reventado
Reventáremos	Hubiéremos	reventado
Reventareis	Hubiereis	reventado
Reventaren	Hubieren	reventado

IMPERATIVO

Revienta
Reviente
Reventemos
Reventad
Revienten

174

RODAR

FORMAS NO PERSONALES

Simples	Compuestas
INFINITIVO: **Rod**ar	Haber rodado
GERUNDIO: **Rod**ando	Habiendo rodado
PARTICIPIO: **Rod**ado	

INDICATIVO

Presente	Pretérito perfecto		Presente	Pretérito perfecto	
Ruedo	He	rodado	Ruede	Haya	rodado
Ruedas	Has	rodado	Ruedes	Hayas	rodado
Rueda	Ha	rodado	Ruede	Haya	rodado
Rodamos	Hemos	rodado	**Rod**emos	Hayamos	rodado
Rodáis	Habéis	rodado	**Rod**éis	Hayáis	rodado
Ruedan	Han	rodado	Rueden	Hayan	rodado

SUBJUNTIVO

Pretérito imperfecto	Pretérito Pluscuamperfecto		Pretérito imperfecto		
Rodaba	Había	rodado	**Rod**ara	o	**Rod**ase
Rodabas	Habías	rodado	**Rod**aras	o	**Rod**ases
Rodaba	Había	rodado	**Rod**ara	o	**Rod**ase
Rodábamos	Habíamos	rodado	**Rod**áramos	o	**Rod**ásemos
Rodabais	Habíais	rodado	**Rod**arais	o	**Rod**aseis
Rodaban	Habían	rodado	**Rod**aran	o	**Rod**asen

Pretérito indefinido	Pretérito anterior		Pretérito pluscuamperfecto			
Rodé	Hube	rodado	Hubiera	o	Hubiese	rodado
Rodaste	Hubiste	rodado	Hubieras	o	Hubieses	rodado
Rodó	Hubo	rodado	Hubiera	o	Hubiese	rodado
Rodamos	Hubimos	rodado	Hubiéramos	o	Hubiésemos	rodado
Rodasteis	Hubisteis	rodado	Hubierais	o	Hubieseis	rodado
Rodaron	Hubieron	rodado	Hubieran	o	Hubiesen	rodado

Futuro imperfecto	Futuro perfecto		Futuro imperfecto	Futuro perfecto	
Rodaré	Habré	rodado	**Rod**are	Hubiere	rodado
Rodarás	Habrás	rodado	**Rod**ares	Hubieres	rodado
Rodará	Habrá	rodado	**Rod**are	Hubiere	rodado
Rodaremos	Habremos	rodado	**Rod**áremos	Hubiéremos	rodado
Rodaréis	Habréis	rodado	**Rod**areis	Hubiereis	rodado
Rodarán	Habrán	rodado	**Rod**aren	Hubieren	rodado

Condicional simple	Condicional compuesto	
Rodaría	Habría	rodado
Rodarías	Habrías	rodado
Rodaría	Habría	rodado
Rodaríamos	Habríamos	rodado
Rodaríais	Habríais	rodado
Rodarían	Habrían	rodado

IMPERATIVO

Rueda
Ruede
Rodemos

Rodad
Rueden

ROGAR

FORMAS NO PERSONALES

Simples		Compuestas	
INFINITIVO:	**Rog**ar	Haber	rogado
GERUNDIO:	**Rog**ando	Habiendo	rogado
PARTICIPIO:	**Rog**ado		

INDICATIVO

Presente	Pretérito perfecto	
Ruego	He	rogado
Ruegas	Has	rogado
Ruega	Ha	rogado
Rogamos	Hemos	rogado
Rogáis	Habéis	rogado
Ruegan	Han	rogado

Pretérito imperfecto	Pretérito pluscuamperfecto	
Rogaba	Había	rogado
Rogabas	Habías	rogado
Rogaba	Había	rogado
Rogábamos	Habíamos	rogado
Rogabais	Habíais	rogado
Rogaban	Habían	rogado

Pretérito indefinido	Pretérito anterior	
Rogué	Hube	rogado
Rogaste	Hubiste	rogado
Rogó	Hubo	rogado ·
Rogamos	Hubimos	rogado
Rogasteis	Hubisteis	rogado
Rogaron	Hubieron	rogado

Futuro imperfecto	Futuro perfecto	
Rogaré	Habré	rogado
Rogarás	Habrás	rogado
Rogará	Habrá	rogado
Rogaremos	Habremos	rogado
Rogaréis	Habréis	rogado
Rogarán	Habrán	rogado

Condicional simple	Condicional compuesto	
Rogaría	Habría	rogado
Rogarías	Habrías	rogado
Rogaría	Habría	rogado
Rogaríamos	Habríamos	rogado
Rogaríais	Habríais	rogado
Rogarían	Habrían	rogado

SUBJUNTIVO

Presente	Pretérito perfecto	
Ruegue	Haya	rogado
Ruegues	Hayas	rogado
Ruegue	Haya	rogado
Roguemos	Hayamos	rogado
Roguéis	Hayáis	rogado
Rueguen	Hayan	rogado

Pretérito imperfecto		
Rogara	o	**Rog**ase
Rogaras	o	**Rog**ases
Rogara	o	**Rog**ase
Rogáramos	o	**Rog**ásemos
Rogarais	o	**Rog**aseis
Rogaran	o	**Rog**asen

Pretérito pluscuamperfecto			
Hubiera	o	Hubiese	rogado
Hubieras	o	Hubieses	rogado
Hubiera	o	Hubiese	rogado
Hubiéramos	o	Hubiésemos	rogado
Hubierais	o	Hubieseis	rogado
Hubieran	o	Hubiesen	rogado

Futuro imperfecto	Futuro perfecto	
Rogare	Hubiere	rogado
Rogares	Hubieres	rogado
Rogare	Hubiere	rogado
Rogáremos	Hubiéremos	rogado
Rogareis	Hubiereis	rogado
Rogaren	Hubieren	rogado

IMPERATIVO

Ruega

Ruegue

Roguemos

Rogad

Rueguen

SABER

FORMAS NO PERSONALES

Simples		Compuestas	
INFINITIVO:	**Sab**er	Haber	sabido
GERUNDIO:	**Sab**iendo	Habiendo	sabido
PARTICIPIO:	**Sab**ido		

INDICATIVO

SUBJUNTIVO

Presente	Pretérito perfecto		Presente	Pretérito perfecto	
Sé	He	sabido	Sepa	Haya	sabido
Sabes	Has	sabido	Sepas	Hayas	sabido
Sabe	Ha	sabido	Sepa	Haya	sabido
Sabemos	Hemos	sabido	Sepamos	Hayamos	sabido
Sabéis	Habéis	sabido	Sepáis	Hayáis	sabido
Saben	Han	sabido	Sepan	Hayan	sabido

Pretérito imperfecto	Pretérito Pluscuamperfecto		Pretérito imperfecto		
Sabía	Había	sabido	Supiera	o	Supiese
Sabías	Habías	sabido	Supieras	o	Supieses
Sabía	Había	sabido	Supiera	o	Supiese
Sabíamos	Habíamos	sabido	Supiéramos	o	Supiésemos
Sabíais	Habíais	sabido	Supierais	o	Supieseis
Sabían	Habían	sabido	Supieran	o	Supiesen

Pretérito indefinido	Pretérito anterior		Pretérito pluscuamperfecto			
Supe	Hube	sabido	Hubiera	o	Hubiese	sabido
Supiste	Hubiste	sabido	Hubieras	o	Hubieses	sabido
Supo	Hubo	sabido	Hubiera	o	Hubiese	sabido
Supimos	Hubimos	sabido	Hubiéramos	o	Hubiésemos	sabido
Supisteis	Hubisteis	sabido	Hubierais	o	Hubieseis	sabido
Supieron	Hubieron	sabido	Hubieran	o	Hubiesen	sabido

Futuro imperfecto	Futuro perfecto		Futuro imperfecto	Futuro perfecto	
Sabré	Habré	sabido	Supiere	Hubiere	sabido
Sabrás	Habrás	sabido	Supieres	Hubieres	sabido
Sabrá	Habrá	sabido	Supiere	Hubiere	sabido
Sabremos	Habremos	sabido	Supiéremos	Hubiéremos	sabido
Sabréis	Habréis	sabido	Supiereis	Hubiereis	sabido
Sabrán	Habrán	sabido	Supieren	Hubieren	sabido

Condicional simple	Condicional compuesto		IMPERATIVO
Sabría	Habría	sabido	**Sab**e
Sabrías	Habrías	sabido	Sepa
Sabría	Habría	sabido	Sepamos
Sabríamos	Habríamos	sabido	
Sabríais	Habríais	sabido	**Sab**ed
Sabrían	Habrían	sabido	Sepan

FORMAS NO PERSONALES

Simples	Compuestas
INFINITIVO: **Sal**ir	Haber salido
GERUNDIO: **Sal**iendo	Habiendo salido
PARTICIPIO: **Sal**ido	

INDICATIVO

Presente	Pretérito perfecto
Salgo	He salido
Sales	Has salido
Sale	Ha salido
Salimos	Hemos salido
Salís	Habéis salido
Salen	Han salido

Pretérito imperfecto	Pretérito pluscuamperfecto
Salía	Había salido
Salías	Habías salido
Salía	Había salido
Salíamos	Habíamos salido
Salíais	Habíais salido
Salían	Habían salido

Pretérito indefinido	Pretérito anterior
Salí	Hube salido
Saliste	Hubiste salido
Salió	Hubo salido
Salimos	Hubimos salido
Salisteis	Hubisteis salido
Salieron	Hubieron salido

Futuro imperfecto	Futuro perfecto
Saldré	Habré salido
Saldrás	Habrás salido
Saldrá	Habrá salido
Saldremos	Habremos salido
Saldréis	Habréis salido
Saldrán	Habrán salido

Condicional simple	Condicional compuesto
Saldría	Habría salido
Saldrías	Habrías salido
Saldría	Habría salido
Saldríamos	Habríamos salido
Saldríais	Habríais salido
Salrían	Habrían salido

SUBJUNTIVO

Presente	Pretérito perfecto
Salga	Haya salido
Salgas	Hayas salido
Salga	Haya salido
Salgamos	Hayamos salido
Salgáis	Hayáis salido
Salgan	Hayan salido

Pretérito imperfecto		
Saliera	o	**Sal**iese
Salieras	o	**Sal**ieses
Saliera	o	**Sal**iese
Saliéramos	o	**Sal**iésemos
Salierais	o	**Sal**ieseis
Salieran	o	**Sal**iesen

Pretérito pluscuamperfecto		
Hubiera	o	Hubiese salido
Hubieras	o	Hubieses salido
Hubiera	o	Hubiese salido
Hubiéramos	o	Hubiésemos salido
Hubierais	o	Hubieseis salido
Hubieran	o	Hubiesen salido

Futuro imperfecto	Futuro perfecto
Saliere	Hubiere salido
Salieres	Hubieres salido
Saliere	Hubiere salido
Saliéremos	Hubiéremos salido
Saliereis	Hubiereis salido
Salieren	Hubieren salido

IMPERATIVO

Sal

    Salga

    Salgamos

Salid

    Salgan

SATISFACER

FORMAS NO PERSONALES

Simples		Compuestas	
INFINITIVO:	**Satisfacer**	Haber	satisfecho
GERUNDIO:	**Satisfaciendo**	Habiendo	satisfecho
PARTICIPIO:	Satisfecho		

INDICATIVO

Presente	Pretérito perfecto	
Satisfago	He	satisfecho
Satisfaces	Has	satisfecho
Satisface	Ha	satisfecho
Satisfacemos	Hemos	satisfecho
Satisfacéis	Habéis	satisfecho
Satisfacen	Han	satisfecho

Pretérito imperfecto	Pretérito pluscuamperfecto	
Satisfacía	Había	satisfecho
Satisfacías	Habías	satisfecho
Satisfacía	Había	satisfecho
Satisfacíamos	Habíamos	satisfecho
Satisfacíais	Habíais	satisfecho
Satisfacían	Habían	satisfecho

Pretérito indefinido	Pretérito anterior	
Satisfice	Hube	satisfecho
Satisficiste	Hubiste	satisfecho
Satisfizo	Hubo	satisfecho
Satisficimos	Hubimos	satisfecho
Satisficisteis	Hubisteis	satisfecho
Satisficieron	Hubieron	satisfecho

Futuro imperfecto	Futuro perfecto	
Satisfaré	Habré	satisfecho
Satisfarás	Habrás	satisfecho
Satisfará	Habrá	satisfecho
Satisfaremos	Habremos	satisfecho
Satisfaréis	Habréis	satisfecho
Satisfarán	Habrán	satisfecho

Condicional simple	Condicional compuesto	
Satisfaría	Había	satisfecho
Satisfarías	Habrías	satisfecho
Satisfaría	Había	satisfecho
Satisfaríamos	Habríamos	satisfecho
Satisfaríais	Habríais	satisfecho
Satisfarían	Habrían	satisfecho

SUBJUNTIVO

Presente	Pretérito perfecto	
Satisfaga	Haya	satisfecho
Satisfagas	Hayas	satisfecho
Satisfaga	Haya	satisfecho
Satisfagamos	Hayamos	satisfecho
Satisfagáis	Hayáis	satisfecho
Satisfagan	Hayan	satisfecho

Pretérito imperfecto		
Satisficiera	o	Satisficiese
Satisficieras	o	Satisficieses
Satisficiera	o	Satisficiese
Satisficiéramos	o	Satisficiésemos
Satisficierais	o	Satisficieseis
Satisficieran	o	Satisficiesen

Pretérito pluscuamperfecto			
Hubiera	o	Hubiese	satisfecho
Hubieras	o	Hubieses	satisfecho
Hubiera	o	Hubiese	satisfecho
Hubiéramos	o	Hubiésemos	satisfecho
Hubierais	o	Hubieseis	satisfecho
Hubieran	o	Hubiesen	satisfecho

Futuro imperfecto	Futuro perfecto	
Satisficiere	Hubiere	satisfecho
Satisficieres	Hubieres	satisfecho
Satisficiere	Hubiere	satisfecho
Satisficiéremos	Hubiéremos	satisfecho
Satisficiereis	Hubiereis	satisfecho
Satisficieren	Hubieren	satisfecho

IMPERATIVO

Satisface
Satisfaga
Satisfagamos

Satisfaced
Satisfagan

SEGAR

FORMAS NO PERSONALES

Simples	Compuestas
iNFINITIVO: **Seg**ar	Haber segado
GERUNDIO: **Seg**ando	Habiendo segado
PARTICIPIO: **Seg**ado	

INDICATIVO

Presente	Pretérito perfecto		Presente	Pretérito perfecto	
Siego	He	segado	Siegue	Haya	segado
Siegas	Has	segado	Siegues	Hayas	segado
Siega	Ha	segado	Siegue	Haya	segado
Segamos	Hemos	segado	**Seg**uemos	Hayamos	segado
Segáis	Habéis	segado	**Seg**uéis	Hayáis	segado
Siegan	Han	segado	Sieguen	Hayan	segado

SUBJUNTIVO

Pretérito imperfecto	Pretérito pluscuamperfecto		Pretérito imperfecto		
Segaba	Había	segado	**Seg**ara	o	**Seg**ase
Segabas	Habías	segado	**Seg**aras	o	**Seg**ases
Segaba	Había	segado	**Seg**ara	o	**Seg**ase
Segábamos	Habíamos	segado	**Seg**áramos	o	**Seg**ásemos
Segabais	Habíais	segado	**Seg**arais	o	**Seg**aseis
Segaban	Habían	segado	**Seg**aran	o	**Seg**asen

Pretérito indefinido	Pretérito anterior		Pretérito pluscuamperfecto			
Segué	Hube	segado	Hubiera	o	Hubiese	segado
Segaste	Hubiste	segado	Hubieras	o	Hubieses	segado
Segó	Hubo	segado	Hubiera	o	Hubiese	segado
Segamos	Hubimos	segado	Hubiéramos	o	Hubiésemos segado
Segasteis	Hubisteis	segado	Hubierais	o	Hubieseis	segado
Segaron	Hubieron	segado	Hubieran	o	Hubiesen	segado

Futuro imperfecto	Futuro perfecto		Futuro imperfecto	Futuro perfecto	
Segaré	Habré	segado	**Seg**are	Hubiere	segado
Segarás	Habrás	segado	**Seg**ares	Hubieres	segado
Segará	Habrá	segado	**Seg**are	Hubiere	segado
Segaremos	Habremos	segado	**Seg**áremos	Hubiéremos	segado
Segaréis	Habréis	segado	**Seg**areis	Hubiereis	segado
Segarán	Habrán	segado	**Seg**aren	Hubieren	segado

Condicional simple	Condicional compuesto		IMPERATIVO
Segaría	Habría	segado	Siega
Segarías	Habrías	segado	Siegue
Segaría	Habría	segado	**Seg**uemos
Segaríamos	Habríamos	segado	
Segaríais	Habríais	segado	**Seg**ad
Segarían	Habrían	segado	Sieguen

180

FORMAS NO PERSONALES

Simples		Compuestas	
INFINITIVO:	**Segu**ir	Haber	seguido
GERUNDIO:	Siguiendo	Habiendo	seguido
PARTICIPIO:	**Segu**ido		

INDICATIVO

Presente / Pretérito perfecto

Presente	Pretérito perfecto	
Sigo	He	seguido
Sigues	Has	seguido
Sigue	Ha	seguido
Seguimos	Hemos	seguido
Seguís	Habéis	seguido
Siguen	Han	seguido

Pretérito imperfecto / Pretérito pluscuamperfecto

Pretérito imperfecto	Pretérito pluscuamperfecto	
Seguía	Había	seguido
Seguías	Habías	seguido
Seguía	Había	seguido
Seguíamos	Habíamos	seguido
Seguíais	Habíais	seguido
Seguían	Habían	seguido

Pretérito indefinido / Pretérito anterior

Pretérito indefinido	Pretérito anterior	
Seguí	Hube	seguido
Seguiste	Hubiste	seguido
Siguió	Hubo	seguido
Seguimos	Hubimos	seguido
Seguisteis	Hubisteis	seguido
Siguieron	Hubieron	seguido

Futuro imperfecto / Futuro perfecto

Futuro imperfecto	Futuro perfecto	
Seguiré	Habré	seguido
Seguirás	Habrás	seguido
Seguirá	Habrá	seguido
Seguiremos	Habremos	seguido
Seguiréis	Habréis	seguido
Seguirán	Habrán	seguido

Condicional simple / Condicional compuesto

Condicional simple	Condicional compuesto	
Seguiría	Había	seguido
Seguirías	Habrías	seguido
Seguiría	Habría	seguido
Seguiríamos	Habríamos	seguido
Seguiríais	Habríais	seguido
Seguirían	Habrían	seguido

SUBJUNTIVO

Presente / Pretérito perfecto

Presente	Pretérito perfecto	
Siga	Haya	seguido
Sigas	Hayas	seguido
Siga	Haya	seguido
Sigamos	Hayamos	seguido
Sigáis	Hayáis	seguido
Sigan	Hayan	seguido

Pretérito imperfecto

Siguiera	o	Siguiese
Siguieras	o	Siguieses
Siguiera	o	Siguiese
Siguiéramos	o	Siguiésemos
Siguierais	o	Siguieseis
Siguieran	o	Siguiesen

Pretérito pluscuamperfecto

Hubiera	o	Hubiese	seguido
Hubieras	o	Hubieses	seguido
Hubiera	o	Hubiese	seguido
Hubiéramos	o	Hubiésemos	seguido
Hubierais	o	Hubieseis	seguido
Hubieran	o	Hubiesen	seguido

Futuro imperfecto / Futuro perfecto

Futuro imperfecto	Futuro perfecto	
Siguiere	Hubiere	seguido
Siguieres	Hubieres	seguido
Siguiere	Hubiere	seguido
Siguiéremos	Hubiéremos	seguido
Siguiereis	Hubiereis	seguido
Siguieren	Hubieren	seguido

IMPERATIVO

Sigue

Siga

Sigamos

Seguid

Sigan

FORMAS NO PERSONALES

Simples	Compuestas
INFINITIVO: **Sembr**ar	Haber sembrado
GERUNDIO: **Sembr**ando	Habiendo sembrado
PARTICIPIO: **Sembr**ado	

INDICATIVO

Presente	Pretérito perfecto
Siembro	He sembrado
Siembras	Has sembrado
Siembra	Ha sembrado
Sembramos	Hemos sembrado
Sembráis	Habéis sembrado
Siembran	Han sembrado

Pretérito imperfecto	Pretérito pluscuamperfecto
Sembraba	Había sembrado
Sembrabas	Habías sembrado
Sembraba	Había sembrado
Sembrábamos	Habíamos sembrado
Sembrabais	Habíais sembrado
Sembraban	Habían sembrado

Pretérito indefinido	Pretérito anterior
Sembré	Hube sembrado
Sembraste	Hubiste sembrado
Sembró	Hubo sembrado
Sembramos	Hubimos sembrado
Sembrasteis	Hubisteis sembrado
Sembraron	Hubieron sembrado

Futuro imperfecto	Futuro perfecto
Sembraré	Habré sembrado
Sembrarás	Habrás sembrado
Sembrará	Habrá sembrado
Sembraremos	Habremos sembrado
Sembraréis	Habréis sembrado
Sembrarán	Habrán sembrado

Condicional simple	Condicional compuesto
Sembraría	Habría sembrado
Sembrarías	Habrías sembrado
Sembraría	Habría sembrado
Sembraríamos	Habríamos sembrado
Sembraríais	Habríais sembrado
Sembrarían	Habrían sembrado

SUBJUNTIVO

Presente	Pretérito perfecto
Siembre	Haya sembrado
Siembres	Hayas sembrado
Siembre	Haya sembrado
Sembremos	Hayamos sembrado
Sembréis	Hayáis sembrado
Siembren	Hayan sembrado

Pretérito imperfecto		
Sembrara	o	**Sembr**ase
Sembraras	o	**Sembr**ases
Sembrara	o	**Sembr**ase
Sembráramos	o	**Sembr**ásemos
Sembrarais	o	**Sembr**aseis
Sembraran	o	**Sembr**asen

Pretérito pluscuamperfecto		
Hubiera	o	Hubiese sembrado
Hubieras	o	Hubieses sembrado
Hubiera	o	Hubiese sembrado
Hubiéramos	o	Hubiésemos sembrado
Hubierais	o	Hubieseis sembrado
Hubieran	o	Hubiesen sembrado

Futuro imperfecto	Futuro perfecto
Sembrare	Hubiere sembrado
Sembrares	Hubieres sembrado
Sembrare	Hubiere sembrado
Sembráremos	Hubiéremos sembrado
Sembrareis	Hubiereis sembrado
Sembraren	Hubieren sembrado

IMPERATIVO

Siembra
Siembre
Sembremos

Sembrad
Siembren

FORMAS NO PERSONALES

Simples	Compuestas
INFINITIVO: **Sent**ar	Haber sentado
GERUNDIO: **Sent**ando	Habiendo sentado
PARTICIPIO: **Sent**ado	

INDICATIVO

Presente	Pretérito perfecto
Siento	He sentado
Sientas	Has sentado
Sienta	Ha sentado
Sentamos	Hemos sentado
Sentáis	Habéis sentado
Sientan	Han sentado

Pretérito imperfecto	Pretérito pluscuamperfecto
Sentaba	Había sentado
Sentabas	Habías sentado
Sentaba	Había sentado
Sentábamos	Habíamos sentado
Sentabais	Habíais sentado
Sentaban	Habían sentado

Pretérito indefinido	Pretérito anterior
Senté	Hube sentado
Sentaste	Hubiste sentado
Sentó	Hubo sentado
Sentamos	Hubimos sentado
Sentasteis	Hubisteis sentado
Sentaron	Hubieron sentado

Futuro imperfecto	Futuro perfecto
Sentaré	Habré sentado
Sentarás	Habrás sentado
Sentará	Habrá sentado
Sentaremos	Habremos sentado
Sentaréis	Habréis sentado
Sentarán	Habrán sentado

Condicional simple	Condicional compuesto
Sentaría	Habría sentado
Sentarías	Habrías sentado
Sentaría	Habría sentado
Sentaríamos	Habríamos sentado
Sentaríais	Habríais sentado
Sentarían	Habrían sentado

SUBJUNTIVO

Presente	Pretérito perfecto
Siente	Haya sentado
Sientes	Hayas sentado
Siente	Haya sentado
Sentemos	Hayamos sentado
Sentéis	Hayáis sentado
Sienten	Hayan sentado

Pretérito imperfecto

Sentara	o	**Sent**ase
Sentaras	o	**Sent**ases
Sentara	o	**Sent**ase
Sentáramos	o	**Sent**ásemos
Sentarais	o	**Sent**aseis
Sentaran	o	**Sent**asen

Pretérito pluscuamperfecto

Hubiera	o	Hubiese	sentado
Hubieras	o	Hubieses	sentado
Hubiera	o	Hubiese	sentado
Hubiéramos	o	Hubiésemos	sentado
Hubierais	o	Hubieseis	sentado
Hubieran	o	Hubiesen	sentado

Futuro imperfecto	Futuro perfecto
Sentare	Hubiere sentado
Sentares	Hubieres sentado
Sentare	Hubiere sentado
Sentáremos	Hubiéremos sentado
Sentareis	Hubiereis sentado
Sentaren	Hubieren sentado

IMPERATIVO

Sienta
Siente
Sentemos
Sentad
Sienten

FORMAS NO PERSONALES

Simples		Compuestas	
INFINITIVO:	Sentir	Haber	sentido
GERUNDIO:	Sintiendo	Habiendo	sentido
PARTICIPIO:	Sentido		

INDICATIVO

Presente	Pretérito perfecto	
Siento	He	sentido
Sientes	Has	sentido
Siente	Ha	sentido
Sentimos	Hemos	sentido
Sentís	Habéis	sentido
Sienten	Han	sentido

Pretérito imperfecto	Pretérito pluscuamperfecto	
Sentía	Había	sentido
Sentías	Habías	sentido
Sentía	Había	sentido
Sentíamos	Habíamos	sentido
Sentíais	Habíais	sentido
Sentían	Habían	sentido

Pretérito indefinido	Pretérito anterior	
Sentí	Hube	sentido
Sentiste	Hubiste	sentido
Sintió	Hubo	sentido
Sentimos	Hubimos	sentido
Sentisteis	Hubisteis	sentido
Sintieron	Hubieron	sentido

Futuro imperfecto	Futuro perfecto	
Sentiré	Habré	sentido
Sentirás	Habrás	sentido
Sentirá	Habrá	sentido
Sentiremos	Habremos	sentido
Sentiréis	Habréis	sentido
Sentirán	Habrán	sentido

Condicional simple	Condicional compuesto	
Sentiría	Habría	sentido
Sentirías	Habrías	sentido
Sentiría	Habría	sentido
Sentiríamos	Habríamos	sentido
Sentiríais	Habríais	sentido
Sentirían	Habrían	sentido

SUBJUNTIVO

Presente	Pretérito perfecto	
Sienta	Haya	sentido
Sientas	Hayas	sentido
Sienta	Haya	sentido
Sintamos	Hayamos	sentido
Sintáis	Hayáis	sentido
Sientan	Hayan	sentido

Pretérito imperfecto		
Sintiera	o	Sintiese
Sintieras	o	Sintieses
Sintiera	o	Sintiese
Sintiéramos	o	Sintiésemos
Sintierais	o	Sintieseis
Sintieran	o	Sintiesen

Pretérito pluscuamperfecto			
Hubiera	o	Hubiese	sentido
Hubieras	o	Hubieses	sentido
Hubiera	o	Hubiese	sentido
Hubiéramos	o	Hubiésemos	sentido
Hubierais	o	Hubieseis	sentido
Hubieran	o	Hubiesen	sentido

Futuro imperfecto	Futuro perfecto	
Sintiere	Hubiere	sentido
Sintieres	Hubieres	sentido
Sintiere	Hubiere	sentido
Sintiéremos	Hubiéremos	sentido
Sintiereis	Hubiereis	sentido
Sintieren	Hubieren	sentido

IMPERATIVO

Siente
Sienta
Sintamos
Sentid
Sientan

SERRAR

FORMAS NO PERSONALES

Simples		Compuestas	
INFINITIVO:	**Serr**ar	Haber	serrado
GERUNDIO:	**Serr**ando	Habiendo	serrado
PARTICIPIO:	**Serr**ado		

INDICATIVO

Presente	Pretérito perfecto	
Sierro	He	serrado
Sierras	Has	serrado
Sierra	Ha	serrado
Serramos	Hemos	serrado
Serráis	Habéis	serrado
Sierran	Han	serrado

Pretérito imperfecto	Pretérito pluscuamperfecto	
Serraba	Había	serrado
Serrabas	Habías	serrado
Serraba	Había	serrado
Serrábamos	Habíamos	serrado
Serrabais	Habíais	serrado
Serraban	Habían	serrado

Pretérito indefinido	Pretérito anterior	
Serré	Hube	serrado
Serraste	Hubiste	serrado
Serró	Hubo	serrado
Serramos	Hubimos	serrado
Serrasteis	Hubisteis	serrado
Serraron	Hubieron	serrado

Futuro imperfecto	Futuro perfecto	
Serraré	Habré	serrado
Serrarás	Habrás	serrado
Serrará	Habrá	serrado
Serraremos	Habremos	serrado
Serraréis	Habréis	serrado
Serrarán	Habrán	serrado

Condicional simple	Condicional compuesto	
Serraría	Habría	serrado
Serrarías	Habrías	serrado
Serraría	Habría	serrado
Serraríamos	Habríamos	serrado
Serraríais	Habríais	serrado
Serrarían	Habrían	serrado

SUBJUNTIVO

Presente	Pretérito perfecto	
Sierre	Haya	serrado
Sierres	Hayas	serrado
Sierre	Haya	serrado
Serremos	Hayamos	serrado
Serréis	Hayáis	serrado
Sierren	Hayan	serrado

Pretérito imperfecto		
Serrara	o	**Serr**ase
Serraras	o	**Serr**ases
Serrara	o	**Serr**ase
Serráramos	o	**Serr**ásemos
Serrarais	o	**Serr**aseis
Serraran	o	**Serr**asen

Pretérito pluscuamperfecto			
Hubiera	o	Hubiese	serrado
Hubieras	o	Hubieses	serrado
Hubiera	o	Hubiese	serrado
Hubiéramos	o	Hubiésemos	serrado
Hubierais	o	Hubieseis	serrado
Hubieran	o	Hubiesen	serrado

Futuro imperfecto	Futuro perfecto	
Serrare	Hubiere	serrado
Serrares	Hubieres	serrado
Serarre	Hubiere	serrado
Serráremos	Hubiéremos	serrado
Serrareis	Hubiereis	serrado
Serraren	Hubieren	serrado

IMPERATIVO

Sierra
    Sierre
    Serremos

Serrad
    Sierren

SERVIR

FORMAS NO PERSONALES

Simples		Compuestas	
INFINITIVO: **Servir**		Haber servido	
GERUNDIO: Sirviendo		Habiendo servido	
PARTICIPIO: **Serv**ido			

INDICATIVO		SUBJUNTIVO	

Presente	Pretérito perfecto	Presente	Pretérito perfecto
Sirvo	He servido	Sirva	Haya servido
Sirves	Has servido	Sirvas	Hayas servido
Sirve	Ha servido	Sirva	Haya servido
Servimos	Hemos servido	Sirvamos	Hayamos servido
Servís	Habéis servido	Sirváis	Hayáis servido
Sirven	Han servido	Sirvan	Hayan servido

Pretérito imperfecto	Pretérito pluscuamperfecto	Pretérito imperfecto	
Servía	Había servido	Sirviera o Sirviese	
Servías	Habías servido	Sirvieras o Sirvieses	
Servía	Había servido	Sirviera o Sirviese	
Servíamos	Habíamos servido	Sirviéramos o Sirviésemos	
Servíais	Habíais servido	Sirvierais o Sirvieseis	
Servían	Habían servido	Sirvieran o Sirviesen	

Pretérito indefinido	Pretérito anterior	Pretérito pluscuamperfecto	
Serví	Hube servido	Hubiera o Hubiese servido	
Serviste	Hubiste servido	Hubieras o Hubieses servido	
Sirvió	Hubo servido	Hubiera o Hubiese servido	
Servimos	Hubimos servido	Hubiéramos o Hubiésemos servido	
Servisteis	Hubisteis servido	Hubierais o Hubieseis servido	
Sirvieron	Hubieron servido	Hubieran o Hubiesen servido	

Futuro imperfecto	Futuro perfecto	Futuro imperfecto	Futuro perfecto
Serviré	Habré servido	Sirviere	Hubiere servido
Servirás	Habrás servido	Sirvieres	Hubieres servido
Servirá	Habrá servido	Sirviere	Hubiere servido
Serviremos	Habremos servido	Sirviéremos	Hubiéremos servido
Serviréis	Habréis servido	Sirviereis	Hubiereis servido
Servirán	Habrán servido	Sirvieren	Hubieren servido

Condicional simple	Condicional compuesto	IMPERATIVO	
Serviría	Habría servido	Sirve	
Servirías	Habrías servido	Sirva	
Serviría	Habría servido	Sirvamos	
Serviríamos	Habríamos servido		
Serviríais	Habríais servido	**Serv**id	
Servirían	Habrían servido	Sirvan	

SOLDAR

FORMAS NO PERSONALES

Simples		Compuestas	
INFINITIVO: **Sold**ar		Haber soldado	
GERUNDIO: **Sold**ando		Habiendo soldado	
PARTICIPIO: **Sold**ado			

INDICATIVO

SUBJUNTIVO

Presente	Pretérito perfecto		Presente	Pretérito perfecto	
Sueldo	He	soldado	Suelde	Haya	soldado
Sueldas	Has	soldado	Sueldes	Hayas	soldado
Suelda	Ha	soldado	Suelde	Haya	soldado
Soldamos	Hemos	soldado	**Sold**emos	Hayamos	soldado
Soldáis	Habéis	soldado	**Sold**éis	Hayáis	soldado
Sueldan	Han	soldado	Suelden	Hayan	soldado

Pretérito imperfecto	Pretérito pluscuamperfecto		Pretérito imperfecto		
Soldaba	Había	soldado	**Sold**ara	o	**Sold**ase
Soldabas	Habías	soldado	**Sold**aras	o	**Sold**ases
Soldaba	Había	soldado	**Sold**ara	o	**Sold**ase
Soldábamos	Habíamos	soldado	**Sold**áramos	o	**Sold**ásemos
Soldabais	Habíais	soldado	**Sold**arais	o	**Sold**aseis
Soldaban	Habían	soldado	**Sold**aran	o	**Sold**asen

Pretérito indefinido	Pretérito anterior		Pretérito pluscuamperfecto			
Soldé	Hube	soldado	Hubiera	o	Hubiese	soldado
Soldaste	Hubiste	soldado	Hubieras	o	Hubieses	soldado
Soldó	Hubo	soldado	Hubiera	o	Hubiese	soldado
Soldamos	Hubimos	soldado	Hubiéramos	o	Hubiésemos	soldado
Soldasteis	Hubisteis	soldado	Hubierais	o	Hubieseis	soldado
Soldaron	Hubieron	soldado	Hubieran	o	Hubiesen	soldado

Futuro imperfecto	Futuro perfecto		Futuro imperfecto	Futuro perfecto	
Soldaré	Habré	soldado	**Sold**are	Hubiere	soldado
Soldarás	Habrás	soldado	**Sold**ares	Hubieres	soldado
Soldará	Habrá	soldado	**Sold**are	Hubiere	soldado
Soldaremos	Habremos	soldado	**Sold**áremos	Hubiéremos	soldado
Soldaréis	Habréis	soldado	**Sold**areis	Hubiereis	soldado
Soldarán	Habrán	soldado	**Sold**aren	Hubieren	soldado

Condicional simple	Condicional compuesto		IMPERATIVO
Soldaría	Habría	soldado	Suelda
Soldarías	Habrías	soldado	Suelde
Soldaría	Habría	soldado	**Sold**emos
Soldaríamos	Habríamos	soldado	
Soldaríais	Habríais	soldado	**Sold**ad
Soldarían	Habrían	soldado	Suelden

SOLTAR

FORMAS NO PERSONALES

Simples	Compuestas
INFINITIVO: **Solt**ar	Haber soltado
GERUNDIO: **Solt**ando	Habiendo soltado
PARTICIPIO: **Solt**ado	

INDICATIVO

Presente	Pretérito perfecto
Suelto	He soltado
Sueltas	Has soltado
Suelta	Ha soltado
Soltamos	Hemos soltado
Soltáis	Habéis soltado
Sueltan	Han soltado

Pretérito imperfecto	Pretérito pluscuamperfecto
Soltaba	Había soltado
Soltabas	Habías soltado
Soltaba	Había soltado
Soltábamos	Habíamos soltado
Soltabais	Habíais soltado
Soltaban	Habían soltado

Pretérito indefinido	Pretérito anterior
Solté	Hube soltado
Soltaste	Hubiste soltado
Soltó	Hubo soltado
Soltamos	Hubimos soltado
Soltasteis	Hubisteis soltado
Soltaron	Hubieron soltado

Futuro imperfecto	Futuro perfecto
Soltaré	Habré soltado
Soltarás	Habrás soltado
Soltará	Habrá soltado
Soltaremos	Habremos soltado
Soltaréis	Habréis soltado
Soltarán	Habrán soltado

Condicional simple	Condicional compuesto
Soltaría	Habría soltado
Soltarías	Habrías soltado
Soltaría	Habría soltado
Soltaríamos	Habríamos soltado
Soltaríais	Habríais soltado
Soltarían	Habrían soltado

SUBJUNTIVO

Presente	Pretérito perfecto
Suelte	Haya soltado
Sueltes	Hayas soltado
Suelte	Haya soltado
Soltemos	Hayamos soltado
Soltéis	Hayáis soltado
Suelten	Hayan soltado

Pretérito imperfecto		
Soltara	o	**Solt**ase
Soltaras	o	**Solt**ases
Soltara	o	**Solt**ase
Soltáramos	o	**Solt**ásemos
Soltarais	o	**Solt**aseis
Soltaran	o	**Solt**asen

Pretérito pluscuamperfecto			
Hubiera	o	Hubiese	soltado
Hubieras	o	Hubieses	soltado
Hubiera	o	Hubiese	soltado
Hubiéramos	o	Hubiésemos	soltado
Hubierais	o	Hubieseis	soltado
Hubieran	o	Hubiesen	soltado

Futuro imperfecto	Futuro perfecto
Soltare	Hubiere soltado
Soltares	Hubieres soltado
Soltare	Hubiere soltado
Soltáremos	Hubiéremos soltado
Soltareis	Hubiereis soltado
Soltaren	Hubieren soltado

IMPERATIVO

Suelta

Suelte

Soltemos

Soltad

Suelten

SOÑAR

FORMAS NO PERSONALES

Simples		Compuestas	
INFINITIVO:	**Soñ**ar	Haber	soñado
GERUNDIO:	**Soñ**ando	Habiendo	soñado
PARTICIPIO:	**Soñ**ado		

INDICATIVO

SUBJUNTIVO

Presente	Pretérito perfecto		Presente	Pretérito perfecto	
Sueño	He	soñado	Sueñe	Haya	soñado
Sueñas	Has	soñado	Sueñes	Hayas	soñado
Sueña	Ha	soñado	Sueñe	Haya	soñado
Soñamos	Hemos	soñado	**Soñ**emos	Hayamos	soñado
Soñáis	Habéis	soñado	**Soñ**éis	Hayáis	soñado
Sueñan	Han	soñado	Sueñen	Hayan	soñado

Pretérito imperfecto	Pretérito pluscuamperfecto		Pretérito imperfecto		
Soñaba	Había	soñado	**Soñ**ara	o	**Soñ**ase
Soñabas	Habías	soñado	**Soñ**aras	o	**Soñ**ases
Soñaba	Había	soñado	**Soñ**ara	o	**Soñ**ase
Soñábamos	Habíamos	soñado	**Soñ**áramos	o	**Soñ**ásemos
Soñabais	Habíais	soñado	**Soñ**arais	o	**Soñ**aseis
Soñaban	Habían	soñado	**Soñ**aran	o	**Soñ**asen

Pretérito indefinido	Pretérito anterior		Pretérito pluscuamperfecto			
Soñé	Hube	soñado	Hubiera	o	Hubiese	soñado
Soñaste	Hubiste	soñado	Hubieras	o	Hubieses	soñado
Soñó	Hubo	soñado	Hubiera	o	Hubiese	soñado
Soñamos	Hubimos	soñado	Hubiéramos	o	Hubiésemos	soñado
Soñasteis	Hubisteis	soñado	Hubierais	o	Hubieseis	soñado
Soñaron	Hubieron	soñado	Hubieran	o	Hubiesen	soñado

Futuro imperfecto	Futuro perfecto		Futuro imperfecto	Futuro perfecto	
Soñaré	Habré	soñado	**Soñ**are	Hubiere	soñado
Soñarás	Habrás	soñado	**Soñ**ares	Hubieres	soñado
Soñará	Habrá	soñado	**Soñ**are	Hubiere	soñado
Soñaremos	Habremos	soñado	**Soñ**áremos	Hubiéremos	soñado
Soñaréis	Habréis	soñado	**Soñ**areis	Hubiereis	soñado
Soñarán	Habrán	soñado	**Soñ**aren	Hubieren	soñado

Condicional simple	Condicional compuesto		IMPERATIVO
Soñaría	Habría	soñado	Sueña
Soñarías	Habrías	soñado	Sueñe
Soñaría	Habría	soñado	**Soñ**emos
Soñaríamos	Habríamos	soñado	
Soñaríais	Habríais	soñado	**Soñ**ad
Soñarían	Habrían	soñado	Sueñen

SUGERIR

FORMAS NO PERSONALES

Simples		Compuestas	
INFINITIVO: **Suger**ir		Haber	sugerido
GERUNDIO: Sugiriendo		Habiendo	sugerido
PARTICIPIO: **Suger**ido			

INDICATIVO

SUBJUNTIVO

Presente	Pretérito perfecto		Presente	Pretérito perfecto	
Sugiero	He	sugerido	Sugiera	Haya	sugerido
Sugieres	Has	sugerido	Sugieras	Hayas	sugerido
Sugiere	Ha	sugerido	Sugiera	Haya	sugerido
Sugerimos	Hemos	sugerido	Sugiramos	Hayamos	sugerido
Sugerís	Habéis	sugerido	Sugiráis	Hayáis	sugerido
Sugieren	Han	sugerido	Sugieran	Hayan	sugerido

Pretérito imperfecto	Pretérito pluscuamperfecto		Pretérito imperfecto		
Sugería	Había	sugerido	Sugiriera	o	Sugiriese
Sugerías	Habías	sugerido	Sugirieras	o	Sugirieses
Sugería	Había	sugerido	Sugiriera	o	Sugiriese
Sugeríamos	Habíamos	sugerido	Sugiriéramos	o	Sugiriésemos
Sugeríais	Habíais	sugerido	Sugirierais	o	Sugirieseis
Sugerían	Habían	sugerido	Sugirieran	o	Sugiriesen

Pretérito indefinido	Pretérito anterior		Pretérito pluscuamperfecto			
Sugerí	Hube	sugerido	Hubiera	o	Hubiese	sugerido
Sugeriste	Hubiste	sugerido	Hubieras	o	Hubieses	sugerido
Sugirió	Hubo	sugerido	Hubiera	o	Hubiese	sugerido
Sugerimos	Hubimos	sugerido	Hubiéramos	o	Hubiésemos	sugerido
Sugeristeis	Hubisteis	sugerido	Hubierais	o	Hubieseis	sugerido
Sugirieron	Hubieron	sugerido	Hubieran	o	Hubiesen	sugerido

Futuro imperfecto	Futuro perfecto		Futuro imperfecto	Futuro perfecto	
Sugeriré	Habré	sugerido	Sugiriere	Hubiere	sugerido
Sugerirás	Habrás	sugerido	Sugirieres	Hubieres	sugerido
Sugerirá	Habrá	sugerido	Sugiriere	Hubiere	sugerido
Sugeriremos	Habremos	sugerido	Sugiriéremos	Hubiéremos	sugerido
Sugeriréis	Habréis	sugerido	Sugiriereis	Hubiereis	sugerido
Sugerirán	Habrán	sugerido	Sugirieren	Hubieren	sugerido

Condicional simple	Condicional compuesto		IMPERATIVO	
Sugeriría	Habría	sugerido	Sugiere	
Sugerirías	Habrías	sugerido		Sugiera
Sugeriría	Habría	sugerido		Sugiramos
Sugeriríamos	Habríamos	sugerido		
Sugeriríais	Habríais	sugerido	**Suger**id	
Sugerirían	Habrían	sugerido		Sugieran

190

SUPONER

FORMAS NO PERSONALES

Simples		Compuestas	
INFINITIVO:	**Supon**er	Haber	supuesto
GERUNDIO:	**Supon**iendo	Habiendo	supuesto
PARTICIPIO:	Supuesto		

INDICATIVO

Presente	Pretérito perfecto	
Supongo	He	supuesto
Supones	Has	supuesto
Supone	Ha	supuesto
Suponemos	Hemos	supuesto
Suponéis	Habéis	supuesto
Suponen	Han	supuesto

Pretérito imperfecto	Pretérito pluscuamperfecto	
Suponía	Había	supuesto
Suponías	Habías	supuesto
Suponía	Había	supuesto
Suponíamos	Habíamos	supuesto
Suponíais	Habíais	supuesto
Suponían	Habían	supuesto

Pretérito indefinido	Pretérito anterior	
Supuse	Hube	supuesto
Supusiste	Hubiste	supuesto
Supuso	Hubo	supuesto
Supusimos	Hubimos	supuesto
Supusisteis	Hubisteis	supuesto
Supusieron	Hubieron	supuesto

Futuro imperfecto	Futuro perfecto	
Supondré	Habré	supuesto
Supondrás	Habrás	supuesto
Supondrá	Habrá	supuesto
Supondremos	Habremos	supuesto
Supondréis	Habréis	supuesto
Supondrán	Habrán	supuesto

Condicional simple	Condicional compuesto	
Supondría	Habría	supuesto
Supondrías	Habrías	supuesto
Supondría	Habría	supuesto
Supondríamos	Habríamos	supuesto
Supondríais	Habríais	supuesto
Supondrían	Habrían	supuesto

SUBJUNTIVO

Presente	Pretérito perfecto	
Suponga	Haya	supuesto
Supongas	Hayas	supuesto
Suponga	Haya	supuesto
Supongamos	Hayamos	supuesto
Supongáis	Hayáis	supuesto
Supongan	Hayan	supuesto

Pretérito imperfecto		
Supusiera	o	Supusiese
Supusieras	o	Supusieses
Supusiera	o	Supusiese
Supusiéramos	o	Supusiésemos
Supusierais	o	Supusieseis
Supusieran	o	Supusiesen

Pretérito pluscuamperfecto			
Hubiera	o	Hubiese	supuesto
Hubieras	o	Hubieses	supuesto
Hubiera	o	Hubiese	supuesto
Hubiéramos	o	Hubiésemos	supuesto
Hubierais	o	Hubieseis	supuesto
Hubieran	o	Hubiesen	supuesto

Futuro imperfecto	Futuro perfecto	
Supusiere	Hubiere	supuesto
Supusieres	Hubieres	supuesto
Supusiere	Hubiere	supuesto
Supusiéremos	Hubiéremos	supuesto
Supusiereis	Hubiereis	supuesto
Supusieren	Hubieren	supuesto

IMPERATIVO

Supón

Suponga
Supongamos

Suponed

Supongan

FORMAS NO PERSONALES

Simples	Compuestas
INFINITIVO: **Tañer**	Haber tañido
GERUNDIO: Tañendo	Habiendo tañido
PARTICIPIO: **Tañ**ido	

INDICATIVO

Presente	Pretérito perfecto
Taño	He tañido
Tañes	Has tañido
Tañe	Ha tañido
Tañemos	Hemos tañido
Tañéis	Habéis tañido
Tañen	Han tañido

Pretérito imperfecto	Pretérito pluscuamperfecto
Tañía	Había tañido
Tañías	Habías tañido
Tañía	Había tañido
Tañíamos	Habíamos tañido
Tañíais	Habíais tañido
Tañían	Habían tañido

Pretérito indefinido	Pretérito anterior
Tañí	Hube tañido
Tañiste	Hubiste tañido
Tañó	Hubo tañido
Tañimos	Hubimos tañido
Tañisteis	Hubisteis tañido
Tañeron	Hubieron tañido

Futuro imperfecto	Futuro perfecto
Tañeré	Habré tañido
Tañerás	Habrás tañido
Tañerá	Habrá tañido
Tañeremos	Habremos tañido
Tañeréis	Habréis tañido
Tañerán	Habrán tañido

Condicional simple	Condicional compuesto
Tañería	Habría tañido
Tañerías	Habrías tañido
Tañería	Habría tañido
Tañeríamos	Habríamos tañido
Tañeríais	Habríais tañido
Tañerían	Habrían tañido

SUBJUNTIVO

Presente	Pretérito perfecto
Taña	Haya tañido
Tañas	Hayas tañido
Taña	Haya tañido
Tañamos	Hayamos tañido
Tañáis	Hayáis tañido
Tañan	Hayan tañido

Pretérito imperfecto		
Tañera	o	Tañese
Tañeras	o	Tañeses
Tañera	o	Tañese
Tañéramos	o	Tañésemos
Tañerais	o	Tañeseis
Tañeran	o	Tañesen

Pretérito pluscuamperfecto

Hubiera	o	Hubiese	tañido
Hubieras	o	Hubieses	tañido
Hubiera	o	Hubiese	tañido
Hubiéramos	o	Hubiésemos	tañido
Hubierais	o	Hubieseis	tañido
Hubieran	o	Hubiesen	tañido

Futuro imperfecto	Futuro perfecto
Tañere	Hubiere tañido
Tañeres	Hubieres tañido
Tañere	Hubiere tañido
Tañéremos	Hubiéremos tañido
Tañereis	Hubiereis tañido
Tañeren	Hubieren tañido

IMPERATIVO

Tañe
Taña
Tañamos
Tañed
Tañan

Nota.—La pérdida de la **i** en las terceras personas del pretérito indefinido y pretérito imperfecto de subjuntivo, se da también en verbos como **gruñir, bullir, mullir, zambullir**, etc.

TEMBLAR

FORMAS NO PERSONALES

Simples		Compuestas	
INFINITIVO:	Temblar	Haber	temblado
GERUNDIO:	Temblando	Habiendo	temblado
PARTICIPIO:	Temblado		

INDICATIVO

Presente

Presente	Pretérito perfecto	
Tiemblo	He	temblado
Tiemblas	Has	temblado
Tiembla	Ha	temblado
Temblamos	Hemos	temblado
Tembláis	Habéis	temblado
Tiemblan	Han	temblado

Pretérito imperfecto	Pretérito pluscuamperfecto	
Temblaba	Había	temblado
Temblabas	Habías	temblado
Temblaba	Había	temblado
Temblábamos	Habíamos	temblado
Temblabais	Habíais	temblado
Temblaban	Habían	temblado

Pretérito indefinido	Pretérito anterior	
Temblé	Hube	temblado
Temblaste	Hubiste	temblado
Tembló	Hubo	temblado
Temblamos	Hubimos	temblado
Temblasteis	Hubisteis	temblado
Temblaron	Hubieron	temblado

Futuro imperfecto	Futuro perfecto	
Temblaré	Habré	temblado
Temblarás	Habrás	temblado
Temblará	Habrá	temblado
Temblaremos	Habremos	temblado
Temblaréis	Habréis	temblado
Temblarán	Habrán	temblado

Condicional simple	Condicional compuesto	
Temblaría	Habría	temblado
Temblarías	Habrías	temblado
Temblaría	Habría	temblado
Temblaríamos	Habríamos	temblado
Temblaríais	Habríais	temblado
Temblarían	Habrían	temblado

SUBJUNTIVO

Presente

Presente	Pretérito perfecto	
Tiemble	Haya	temblado
Tiembles	Hayas	temblado
Tiemble	Haya	temblado
Temblemos	Hayamos	temblado
Tembléis	Hayáis	temblado
Tiemblen	Hayan	temblado

Pretérito imperfecto

Temblara	o	Temblase
Temblaras	o	Temblases
Temblara	o	Temblase
Tembláramos	o	Temblásemos
Temblarais	o	Temblaseis
Temblaran	o	Temblasen

Pretérito pluscuamperfecto

Hubiera	o	Hubiese	temblado
Hubieras	o	Hubieses	temblado
Hubiera	o	Hubiese	temblado
Hubiéramos	o	Hubiésemos	temblado
Hubierais	o	Hubieseis	temblado
Hubieran	o	Hubiesen	temblado

Futuro imperfecto	Futuro perfecto	
Temblare	Hubiere	temblado
Temblares	Hubieres	temblado
Temblare	Hubiere	temblado
Tembláremos	Hubiéremos	temblado
Temblareis	Hubiereis	temblado
Temblaren	Hubieren	temblado

IMPERATIVO

Tiembla
Tiemble
Temblemos

Temblad
Tiemblen

TENDER

FORMAS NO PERSONALES

Simples		Compuestas	
INFINITIVO:	**Tend**er	Haber	tendido
GERUNDIO:	**Tend**iendo	Habiendo	tendido
PARTICIPIO:	**Tend**ido		

INDICATIVO

SUBJUNTIVO

Presente	Pretérito perfecto		Presente	Pretérito perfecto	
Tiendo	He	tendido	Tienda	Haya	tendido
Tiendes	Has	tendido	Tiendas	Hayas	tendido
Tiende	Ha	tendido	Tienda	Haya	tendido
Tendemos	Hemos	tendido	**Tend**amos	Hayamos	tendido
Tendéis	Habéis	tendido	**Tend**áis	Hayáis	tendido
Tienden	Han	tendido	Tiendan	Hayan	tendido

Pretérito imperfecto	Pretérito pluscuamperfecto		Pretérito imperfecto		
Tendía	Había	tendido	**Tend**iera	o	**Tend**iese
Tendías	Habías	tendido	**Tend**ieras	o	**Tend**ieses
Tendía	Había	tendido	**Tend**iera	o	**Tend**iese
Tendíamos	Habíamos	tendido	**Tend**iéramos	o	**Tend**iésemos
Tendíais	Habíais	tendido	**Tend**ierais	o	**Tend**ieseis
Tendían	Habían	tendido	**Tend**ieran	o	**Tend**iesen

Pretérito indefinido	Pretérito anterior		Pretérito pluscuamperfecto			
Tendí	Hube	tendido	Hubiera	o	Hubiese	tendido
Tendiste	Hubiste	tendido	Hubieras	o	Hubieses	tendido
Tendió	Hubo	tendido	Hubiera	o	Hubiese	tendido
Tendimos	Hubimos	tendido	Hubiéramos	o	Hubiésemos	tendido
Tendisteis	Hubisteis	tendido	Hubierais	o	Hubieseis	tendido
Tendieron	Hubieron	tendido	Hubieran	o	Hubiesen	tendido

Futuro imperfecto	Futuro perfecto		Futuro imperfecto	Futuro perfecto	
Tenderé	Habré	tendido	**Tend**iere	Hubiere	tendido
Tenderás	Habrás	tendido	**Tend**ieres	Hubieres	tendido
Tenderá	Habrá	tendido	**Tend**iere	Hubiere	tendido
Tenderemos	Habremos	tendido	**Tend**iéremos	Hubiéremos	tendido
Tenderéis	Habréis	tendido	**Tend**iereis	Hubiereis	tendido
Tenderán	Habrán	tendido	**Tend**ieren	Hubieren	tendido

Condicional simple	Condicional compuesto		IMPERATIVO
Tendería	Habría	tendido	Tiende
Tenderías	Habrías	tendido	Tienda
Tendería	Habría	tendido	**Tend**amos
Tenderíamos	Habríamos	tendido	
Tenderíais	Habríais	tendido	**Tend**ed
Tenderían	Habrían	tendido	Tiendan

TENER

Simples		Compuestas	
INFINITIVO: **Ten**er		Haber tenido	
GERUNDIO: **Ten**iendo		Habiendo tenido	
PARTICIPIO: **Ten**ido			

INDICATIVO   SUBJUNTIVO

Presente	Pretérito perfecto	Presente	Pretérito perfecto
Tengo	He tenido	Tenga	Haya tenido
Tienes	Has tenido	Tengas	Hayas tenido
Tiene	Ha tenido	Tenga	Haya tenido
Tenemos	Hemos tenido	Tengamos	Hayamos tenido
Tenéis	Habéis tenido	Tengáis	Hayáis tenido
Tienen	Han tenido	Tengan	Hayan tenido

Pretérito imperfecto	Pretérito pluscuamperfecto	Pretérito imperfecto	
Tenía	Había tenido	Tuviera o Tuviese	
Tenías	Habías tenido	Tuvieras o Tuvieses	
Tenía	Había tenido	Tuviera o Tuviese	
Teníamos	Habíamos tenido	Tuviéramos o Tuviésemos	
Teníais	Habíais tenido	Tuvierais o Tuvieseis	
Tenían	Habían tenido	Tuvieran o Tuviesen	

Pretérito indefinido	Pretérito anterior	Pretérito pluscuamperfecto	
Tuve	Hube tenido	Hubiera o Hubiese tenido	
Tuviste	Hubiste tenido	Hubieras o Hubieses tenido	
Tuvo	Hubo tenido	Hubiera o Hubiese tenido	
Tuvimos	Hubimos tenido	Hubiéramos o Hubiésemos tenido	
Tuvisteis	Hubisteis tenido	Hubierais o Hubieseis tenido	
Tuvieron	Hubieron tenido	Hubieran o Hubiesen tenido	

Futuro imperfecto	Futuro perfecto	Futuro imperfecto	Futuro perfecto
Tendré	Habré tenido	Tuviere	Hubiere tenido
Tendrás	Habrás tenido	Tuvieres	Hubieres tenido
Tendrá	Habrá tenido	Tuviere	Hubiere tenido
Tendremos	Habremos tenido	Tuviéremos	Hubiéremos tenido
Tendréis	Habréis tenido	Tuviereis	Hubiereis tenido
Tendrán	Habrán tenido	Tuvieren	Hubieren tenido

Condicional simple	Condicional compuesto	IMPERATIVO
Tendría	Habría tenido	**Ten**
Tendrías	Habrías tenido	Tenga
Tendría	Habría tenido	Tengamos
Tendríamos	Habríamos tenido	
Tendríais	Habríais tenido	**Ten**ed
Tendrían	Habrían tenido	Tengan

TEÑIR

FORMAS NO PERSONALES

Simples		Compuestas	
INFINITIVO: **Teñir**		Haber teñido	
GERUNDIO: Tiñiendo		Habiendo teñido	
PARTICIPIO: **Teñ**ido			

INDICATIVO

SUBJUNTIVO

Presente	Pretérito perfecto		Presente	Pretérito perfecto	
Tiño	He	teñido	Tiña	Haya	teñido
Tiñes	Has	teñido	Tiñas	Hayas	teñido
Tiñe	Ha	teñido	Tiña	Haya	teñido
Teñimos	Hemos	teñido	Tiñamos	Hayamos	teñido
Teñís	Habéis	teñido	Tiñáis	Hayáis	teñido
Tiñen	Han	teñido	Tiñan	Hayan	teñido

Pretérito imperfecto	Pretérito pluscuamperfecto		Pretérito imperfecto		
Teñía	Había	teñido	Tiñera	o	Tiñese
Teñías	Habías	teñido	Tiñeras	o	Tiñeses
Teñía	Había	teñido	Tiñera	o	Tiñese
Teñíamos	Habíamos	teñido	Tiñéramos	o	Tiñésemos
Teñíais	Habíais	teñido	Tiñerais	o	Tiñeseis
Teñían	Habían	teñido	Tiñeran	o	Tiñesen

Pretérito indefinido	Pretérito anterior		Pretérito pluscuamperfecto			
Teñí	Hube	teñido	Hubiera	o	Hubiese	teñido
Teñiste	Hubiste	teñido	Hubieras	o	Hubieses	teñido
Tiñió	Hubo	teñido	Hubiera	o	Hubiese	teñido
Teñimos	Hubimos	teñido	Hubiéramos	o	Hubiésemos	teñido
Teñisteis	Hubisteis	teñido	Hubierais	o	Hubieseis	teñido
Tiñieron	Hubieron	teñido	Hubieran	o	Hubiesen	teñido

Futuro imperfecto	Futuro perfecto		Futuro imperfecto	Futuro perfecto	
Teñiré	Habré	teñido	Tiñere	Hubiere	teñido
Teñirás	Habrás	teñido	Tiñeres	Hubieres	teñido
Teñirá	Habrá	teñido	Tiñere	Hubiere	teñido
Teñiremos	Habremos	teñido	Tiñéremos	Hubiéremos	teñido
Teñiréis	Habréis	teñido	Tiñereis	Hubiereis	teñido
Teñirán	Habrán	teñido	Tiñeren	Hubieren	teñido

Condicional simple	Condicional compuesto		IMPERATIVO	
Teñiría	Habría	teñido	Tiñe	
Teñirías	Habrías	teñido		Tiña
Teñiría	Habría	teñido		Tiñamos
Teñiríamos	Habríamos	teñido		
Teñiríais	Habríais	teñido	**Teñ**id	
Teñirían	Habrían	teñido		Tiñan

FORMAS NO PERSONALES

Simples		Compuestas	
INFINITIVO: **Torc**er		Haber	torcido
GERUNDIO: **Torc**iendo		Habiendo	torcido
PARTICIPIO: **Torc**ido			

INDICATIVO

Presente	Pretérito perfecto	
Tuerzo	He	torcido
Tuerces	Has	torcido
Tuerce	Ha	torcido
Torcemos	Hemos	torcido
Torcéis	Habéis	torcido
Tuercen	Han	torcido

Pretérito imperfecto	Pretérito pluscuamperfecto	
Torcía	Había	torcido
Torcías	Habías	torcido
Torcía	Había	torcido
Torcíamos	Habíamos	torcido
Torcíais	Habíais	torcido
Torcían	Habían	torcido

Pretérito indefinido	Pretérito anterior	
Torcí	Hube	torcido
Torciste	Hubiste	torcido
Torció	Hubo	torcido
Torcimos	Hubimos	torcido
Torcisteis	Hubisteis	torcido
Torcieron	Hubieron	torcido

Futuro imperfecto	Futuro perfecto	
Torceré	Habré	torcido
Torcerás	Habrás	torcido
Torcerá	Habrá	torcido
Torceremos	Habremos	torcido
Torceréis	Habréis	torcido
Torcerán	Habrán	torcido

Condicional simple	Condicional compuesto	
Torcería	Habría	torcido
Torcerías	Habrías	torcido
Torcería	Habría	torcido
Torceríamos	Habríamos	torcido
Torceríais	Habríais	torcido
Torcerían	Habrían	torcido

SUBJUNTIVO

Presente	Pretérito perfecto	
Tuerza	Haya	torcido
Tuerzas	Hayas	torcido
Tuerza	Haya	torcido
Torzamos	Hayamos	torcido
Torzáis	Hayáis	torcido
Tuerzan	Hayan	torcido

Pretérito imperfecto		
Torciera	o	**Torc**iese
Torcieras	o	**Torc**ieses
Torciera	o	**Torc**iese
Torciéramos	o	**Torc**iésemos
Torcierais	o	**Torc**ieseis
Torcieran	o	**Torc**iesen

Pretérito pluscuamperfecto			
Hubiera	o	Hubiese	torcido
Hubieras	o	Hubieses	torcido
Hubiera	o	Hubiese	torcido
Hubiéramos	o	Hubiésemos	torcido
Hubierais	o	Hubieseis	torcido
Hubieran	o	Hubiesen	torcido

Futuro imperfecto	Futuro perfecto	
Torciere	Hubiere	torcido
Torcieres	Hubieres	torcido
Torciere	Hubiere	torcido
Torciéremos	Hubiéremos	torcido
Torciereis	Hubiereis	torcido
Torcieren	Hubieren	torcido

IMPERATIVO

Tuerce	
	Tuerza
	Torzamos
Torced	
	Tuerzan

TOSTAR

FORMAS NO PERSONALES

Simples		Compuestas	
INFINITIVO:	**Tost**ar	Haber	tostado
GERUNDIO:	**Tost**ando	Habiendo	tostado
PARTICIPIO:	**Tost**ado		

INDICATIVO

Presente	Pretérito perfecto	
Tuesto	He	tostado
Tuestas	Has	tostado
Tuesta	Ha	tostado
Tostamos	Hemos	tostado
Tostáis	Habéis	tostado
Tuestan	Han	tostado

Pretérito imperfecto	Pretérito pluscuamperfecto	
Tostaba	Había	tostado
Tostabas	Habías	tostado
Tostaba	Había	tostado
Tostábamos	Habíamos	tostado
Tostabais	Habíais	tostado
Tostaban	Habían	tostado

Pretérito indefinido	Pretérito anterior	
Tosté	Hube	tostado
Tostaste	Hubiste	tostado
Tostó	Hubo	tostado
Tostamos	Hubimos	tostado
Tostasteis	Hubisteis	tostado
Tostaron	Hubieron	tostado

Futuro imperfecto	Futuro perfecto	
Tostaré	Habré	tostado
Tostarás	Habrás	tostado
Tostará	Habrá	tostado
Tostaremos	Habremos	tostado
Tostaréis	Habréis	tostado
Tostarán	Habrán	tostado

Condicional simple	Condicional compuesto	
Tostaría	Habría	tostado
Tostarías	Habrías	tostado
Tostaría	Habría	tostado
Tostaríamos	Habríamos	tostado
Tostaríais	Habríais	tostado
Tostarían	Habrían	tostado

SUBJUNTIVO

Presente	Pretérito perfecto	
Tueste	Haya	tostado
Tuestes	Hayas	tostado
Tueste	Haya	tostado
Tostemos	Hayamos	tostado
Tostéis	Hayáis	tostado
Tuesten	Hayan	tostado

Pretérito imperfecto		
Tostara	o	**Tost**ase
Tostaras	o	**Tost**ases
Tostara	o	**Tost**ase
Tostáramos	o	**Tost**ásemos
Tostarais	o	**Tost**aseis
Tostaran	o	**Tost**asen

Pretérito pluscuamperfecto			
Hubiera	o	Hubiese	tostado
Hubieras	o	Hubieses	tostado
Hubiera	o	Hubiese	tostado
Hubiéramos	o	Hubiésemos	tostado
Hubierais	o	Hubieseis	tostado
Hubieran	o	Hubiesen	tostado

Futuro imperfecto	Futuro perfecto	
Tostare	Hubiere	tostado
Tostares	Hubieres	tostado
Tostare	Hubiere	tostado
Tostáremos	Hubiéremos	tostado
Tostareis	Hubiereis	tostado
Tostaren	Hubieren	tostado

IMPERATIVO

Tuesta
Tueste
Tostemos

Tostad
Tuesten

TRADUCIR

FORMAS NO PERSONALES

Simples		Compuestas	
INFINITIVO: **Traduc**ir		Haber	traducido
GERUNDIO: **Traduc**iendo		Habiendo	traducido
PARTICIPIO: **Traduc**ido			

INDICATIVO		SUBJUNTIVO	

Presente	Pretérito perfecto		Presente	Pretérito perfecto	
Traduzco	He	traducido	Traduzca	Haya	traducido
Traduces	Has	traducido	Traduzcas	Hayas	traducido
Traduce	Ha	traducido	Traduzca	Haya	traducido
Traducimos	Hemos	traducido	Traduzcamos	Hayamos	traducido
Traducís	Habéis	traducido	Traduzcáis	Hayáis	traducido
Traducen	Han	traducido	Traduzcan	Hayan	traducido

Pretérito imperfecto	Pretérito pluscuamperfecto		Pretérito imperfecto		
Traducía	Había	traducido	Tradujera	o	Tradujese
Traducías	Habías	traducido	Tradujeras	o	Tradujeses
Traducía	Había	traducido	Tradujera	o	Tradujese
Traducíamos	Habíamos	traducido	Tradujéramos	o	Tradujésemos
Traducíais	Habíais	traducido	Tradujerais	o	Tradujeseis
Traducían	Habían	traducido	Tradujeran	o	Tradujesen

Pretérito indefinido	Pretérito anterior		Pretérito pluscuamperfecto			
Traduje	Hube	traducido	Hubiera	o	Hubiese	traducido
Tradujiste	Hubiste	traducido	Hubieras	o	Hubieses	traducido
Tradujo	Hubo	traducido	Hubiera	o	Hubiese	traducido
Tradujimos	Hubimos	traducido	Hubiéramos	o	Hubiésemos	traducido
Tradujisteis	Hubisteis	traducido	Hubierais	o	Hubieseis	traducido
Tradujeron	Hubieron	traducido	Hubieran	o	Hubiesen	traducido

Futuro imperfecto	Futuro perfecto		Futuro imperfecto	Futuro perfecto	
Traduciré	Habré	traducido	Tradujere	Hubiere	traducido
Traducirás	Habrás	traducido	Tradujeres	Hubieres	traducido
Traducirá	Habrá	traducido	Tradujere	Hubiere	traducido
Traduciremos	Habremos	traducido	Tradujéremos	Hubiéremos	traducido
Traduciréis	Habréis	traducido	Tradujereis	Hubiereis	traducido
Traducirán	Habrán	traducido	Tradujeren	Hubieren	traducido

Condicional simple	Condicional compuesto		IMPERATIVO
Traduciría	Habría	traducido	**Traduc**e
Traducirías	Habrías	traducido	Traduzca
Traduciría	Habría	traducido	Traduzcamos
Traduciríamos	Habríamos	traducido	
Traduciríais	Habríais	traducido	**Traduc**id
Traducirían	Habrían	traducido	Traduzcan

TRAER

FORMAS NO PERSONALES

Simples		Compuestas	
INFINITIVO:	**Tra**er	Haber	traído
GERUNDIO:	Trayendo	Habiendo	traído
PARTICIPIO:	**Tra**ído		

INDICATIVO		SUBJUNTIVO	

Presente	Pretérito perfecto		Presente	Pretérito perfecto	
Traigo	He	traído	Traiga	Haya	traído
Traes	Has	traído	Traigas	Hayas	traído
Trae	Ha	traído	Traiga	Haya	traído
Traemos	Hemos	traído	Traigamos	Hayamos	traído
Traéis	Habéis	traído	Traigáis	Hayáis	traído
Traen	Han	traído	Traigan	Hayan	traído

Pretérito imperfecto	Pretérito pluscuamperfecto		Pretérito imperfecto		
Traía	Había	traído	Trajera	o	Trajese
Traías	Habías	traído	Trajeras	o	Trajeses
Traía	Había	traído	Trajera	o	Trajese
Traíamos	Habíamos	traído	Trajéramos	o	Trajésemos
Traíais	Habíais	traído	Trajerais	o	Trajeseis
Traían	Habían	traído	Trajeran	o	Trajesen

Pretérito indefinido	Pretérito anterior		Pretérito pluscuamperfecto			
Traje	Hube	traído	Hubiera	o	Hubiese	traído
Trajiste	Hubiste	traído	Hubieras	o	Hubieses	traído
Trajo	Hubo	traído	Hubiera	o	Hubiese	traído
Trajimos	Hubimos	traído	Hubiéramos	o	Hubiésemos	traído
Trajisteis	Hubisteis	traído	Hubierais	o	Hubieseis	traído
Trajeron	Hubieron	traído	Hubieran	o	Hubiesen	traído

Futuro imperfecto	Futuro perfecto		Futuro imperfecto	Futuro perfecto	
Traeré	Habré	traído	Trajere	Hubiere	traído
Traerás	Habrás	traído	Trajeres	Hubieres	traído
Traerá	Habrá	traído	Trajere	Hubiere	traído
Traeremos	Habremos	traído	Trajéremos	Hubiéremos	traído
Traeréis	Habréis	traído	Trajereis	Hubiereis	traído
Traerán	Habrán	traído	Trajeren	Hubieren	traído

Condicional simple	Condicional compuesto		IMPERATIVO	
Traería	Habría	traído	**Tra**e	
Traerías	Habrías	traído		Traiga
Traería	Habría	traído		Traigamos
Traeríamos	Habríamos	traído		
Traeríais	Habríais	traído	**Tra**ed	
Traerían	Habrían	traído		Traigan

200

TROPEZAR

FORMAS NO PERSONALES

Simples	Compuestas
INFINITIVO: **Tropez**ar	Haber tropezado
GERUNDIO: **Tropez**ando	Habiendo tropezado
PARTICIPIO: **Tropez**ado	

INDICATIVO

Presente

Tropiezo	
Tropiezas	
Tropieza	
Tropezamos	
Tropezáis	
Tropiezan	

Pretérito perfecto

He	tropezado
Has	tropezado
Ha	tropezado
Hemos	tropezado
Habéis	tropezado
Han	tropezado

Pretérito imperfecto

| **Tropez**aba |
| **Tropez**abas |
| **Tropez**aba |
| **Tropez**ábamos |
| **Tropez**abais |
| **Tropez**aban |

Pretérito pluscuamperfecto

Había	tropezado
Habías	tropezado
Había	tropezado
Habíamos	tropezado
Habíais	tropezado
Habían	tropezado

Pretérito indefinido

| Tropecé |
| **Tropez**aste |
| **Tropez**ó |
| **Tropez**amos |
| **Tropez**asteis |
| **Tropez**aron |

Pretérito anterior

Hube	tropezado
Hubiste	tropezado
Hubo	tropezado
Hubimos	tropezado
Hubisteis	tropezado
Hubieron	tropezado

Futuro imperfecto

| **Tropez**aré |
| **Tropez**arás |
| **Tropez**ará |
| **Tropez**aremos |
| **Tropez**aréis |
| **Tropez**arán |

Futuro perfecto

Habré	tropezado
Habrás	tropezado
Habrá	tropezado
Habremos	tropezado
Habréis	tropezado
Habrán	tropezado

Condicional simple

| **Tropez**aría |
| **Tropez**arías |
| **Tropez**aría |
| **Tropez**aríamos |
| **Tropez**aríais |
| **Tropez**arían |

Condicional compuesto

Habría	tropezado
Habrías	tropezado
Habría	tropezado
Habríamos	tropezado
Habríais	tropezado
Habrían	tropezado

SUBJUNTIVO

Presente

| Tropiece |
| Tropieces |
| Tropiece |
| Tropecemos |
| Tropecéis |
| Tropiecen |

Pretérito perfecto

Haya	tropezado
Hayas	tropezado
Haya	tropezado
Hayamos	tropezado
Hayáis	tropezado
Hayan	tropezado

Pretérito imperfecto

Tropezara	o	**Tropez**ase
Tropezaras	o	**Tropez**ases
Tropezara	o	**Tropez**ase
Tropezáramos	o	**Tropez**ásemos
Tropezarais	o	**Tropez**aseis
Tropezaran	o	**Tropez**asen

Pretérito pluscuamperfecto

Hubiera	o	Hubiese	tropezado
Hubieras	o	Hubieses	tropezado
Hubiera	o	Hubiese	tropezado
Hubiéramos	o	Hubiésemos	tropezado
Hubierais	o	Hubieseis	tropezado
Hubieran	o	Hubiesen	tropezado

Futuro imperfecto

| **Tropez**are |
| **Tropez**ares |
| **Tropez**are |
| **Tropez**áremos |
| **Tropez**areis |
| **Tropez**aren |

Futuro perfecto

Hubiere	tropezado
Hubieres	tropezado
Hubiere	tropezado
Hubiéremos	tropezado
Hubiereis	tropezado
Hubieren	tropezado

IMPERATIVO

Tropieza
Tropiece
Tropecemos

Tropezad
Tropiecen

VALER

FORMAS NO PERSONALES

Simples	Compuestas
INFINITIVO: **Val**er	Haber valido
GERUNDIO: **Val**iendo	Habiendo valido
PARTICIPIO: **Val**ido	

INDICATIVO

Presente	Pretérito perfecto
Valgo	He valido
Vales	Has valido
Vale	Ha valido
Valemos	Hemos valido
Valéis	Habéis valido
Valen	Han valido

SUBJUNTIVO

Presente	Pretérito perfecto
Valga	Haya valido
Valgas	Hayas valido
Valga	Haya valido
Valgamos	Hayamos valido
Valgáis	Hayáis valido
Valgan	Hayan valido

Pretérito imperfecto / **Pretérito pluscuamperfecto**

Valía	Había valido
Valías	Habías valido
Valía	Había valido
Valíamos	Habíamos valido
Valíais	Habíais valido
Valían	Habían valido

Pretérito imperfecto (Subjuntivo)

Valiera	o Valiese
Valieras	o Valieses
Valiera	o Valiese
Valiéramos	o Valiésemos
Valierais	o Valieseis
Valieran	o Valiesen

Pretérito indefinido / **Pretérito anterior**

Valí	Hube valido
Valiste	Hubiste valido
Valió	Hubo valido
Valimos	Hubimos valido
Valisteis	Hubisteis valido
Valieron	Hubieron valido

Pretérito pluscuamperfecto

Hubiera	o Hubiese valido
Hubieras	o Hubieses valido
Hubiera	o Hubiese valido
Hubiéramos	o Hubiésemos valido
Hubierais	o Hubieseis valido
Hubieran	o Hubiesen valido

Futuro imperfecto / **Futuro perfecto**

Valdré	Habré valido
Valdrás	Habrás valido
Valdrá	Habrá valido
Valdremos	Habremos valido
Valdréis	Habréis valido
Valdrán	Habrán valido

Futuro imperfecto / Futuro perfecto (Subjuntivo)

Valiere	Hubiere valido
Valieres	Hubieres valido
Valiere	Hubiere valido
Valiéremos	Hubiéremos valido
Valiereis	Hubiereis valido
Valieren	Hubieren valido

Condicional simple / **Condicional compuesto**

Valdría	Habría valido
Valdrías	Habrías valido
Valdría	Habría valido
Valdríamos	Habríamos valido
Valdríais	Habríais valido
Valdrían	Habrían valido

IMPERATIVO

Val o **Val**e
Valga
Valgamos
Valed
Valgan

VENIR

FORMAS NO PERSONALES

Simples	Compuestas
INFINITIVO: **Ven**ir	Haber venido
GERUNDIO: Viniendo	Habiendo venido
PARTICIPIO: **Ven**ido	

INDICATIVO		SUBJUNTIVO	

Presente   **Pretérito perfecto**   **Presente**   **Pretérito perfecto**

Presente	Pretérito perfecto		Presente	Pretérito perfecto	
Vengo	He	venido	Venga	Haya	venido
Vienes	Has	venido	Vengas	Hayas	venido
Viene	Ha	venido	Venga	Haya	venido
Venimos	Hemos	venido	Vengamos	Hayamos	venido
Venís	Habéis	venido	Vengáis	Hayáis	venido
Vienen	Han	venido	Vengan	Hayan	venido

Pretérito imperfecto	Pretérito pluscuamperfecto		Pretérito imperfecto		
Venía	Había	venido	Viniera	o	Viniese
Venías	Habías	venido	Vinieras	o	Vinieses
Venía	Había	venido	Viniera	o	Viniese
Veníamos	Habíamos	venido	Viniéramos	o	Viniésemos
Veníais	Habíais	venido	Vinierais	o	Vinieseis
Venían	Habían	venido	Vinieran	o	Viniesen

Pretérito indefinido	Pretérito anterior		Pretérito pluscuamperfecto			
Vine	Hube	venido	Hubiera	o	Hubiese	venido
Viniste	Hubiste	venido	Hubieras	o	Hubieses	venido
Vino	Hubo	venido	Hubiera	o	Hubiese	venido
Vinimos	Hubimos	venido	Hubiéramos	o	Hubiésemos	venido
Vinisteis	Hubisteis	venido	Hubierais	o	Hubieseis	venido
Vinieron	Hubieron	venido	Hubieran	o	Hubiesen	venido

Futuro imperfecto	Futuro perfecto		Futuro imperfecto	Futuro perfecto	
Vendré	Habré	venido	Viniere	Hubiere	venido
Vendrás	Habrás	venido	Vinieres	Hubieres	venido
Vendrá	Habrá	venido	Viniere	Hubiere	venido
Vendremos	Habremos	venido	Viniéremos	Hubiéremos	venido
Vendréis	Habréis	venido	Viniereis	Hubiereis	venido
Vendrán	Habrán	venido	Vinieren	Hubieren	venido

Condicional simple	Condicional compuesto		IMPERATIVO
Vendría	Habría	venido	**Ven**
Vendrías	Habrías	venido	Venga
Vendría	Habría	venido	Vengamos
Vendríamos	Habríamos	venido	
Vendríais	Habríais	venido	**Ven**id
Vendrían	Habrían	venido	Vengan

VER

FORMAS NO PERSONALES

Simples	Compuestas
INFINITIVO: **Ver**	Haber visto
GERUNDIO: Viendo	Habiendo visto
PARTICIPIO: Visto	

INDICATIVO

Presente	Pretérito perfecto		Presente	Pretérito perfecto	
Veo	He	visto	**Ve**a	Haya	visto
Ves	Has	visto	**Ve**as	Hayas	visto
Ve	Ha	visto	**Ve**a	Haya	visto
Vemos	Hemos	visto	**Ve**amos	Hayamos	visto
Veis	Habéis	visto	**Ve**áis	Hayáis	visto
Ven	Han	visto	**Ve**an	Hayan	visto

Pretérito imperfecto	Pretérito pluscuamperfecto		Pretérito imperfecto		
Veía	Había	visto	Viera	o	Viese
Veías	Habías	visto	Vieras	o	Vieses
Veía	Había	visto	Viera	o	Viese
Veíamos	Habíamos	visto	Viéramos	o	Viésemos
Veíais	Habíais	visto	Vierais	o	Vieseis
Veían	Habían	visto	Vieran	o	Viesen

Pretérito indefinido	Pretérito anterior		Pretérito pluscuamperfecto			
Ví	Hube	visto	Hubiera	o	Hubiese	visto
Viste	Hubiste	visto	Hubieras	o	Hubieses	visto
Vió	Hubo	visto	Hubiera	o	Hubiese	visto
Vimos	Hubimos	visto	Hubiéramos	o	Hubiésemos	visto
Visteis	Hubisteis	visto	Hubierais	o	Hubieseis	visto
Vieron	Hubieron	visto	Hubieran	o	Hubiesen	visto

Futuro imperfecto	Futuro perfecto		Futuro imperfecto	Futuro perfecto	
Veré	Habré	visto	Viere	Hubiere	visto
Verás	Habrás	visto	Vieres	Hubieres	visto
Verá	Habrá	visto	Viere	Hubiere	visto
Veremos	Habremos	visto	Viéremos	Hubiéremos	visto
Veréis	Habréis	visto	Viereis	Hubiereis	visto
Verán	Habrán	visto	Vieren	Hubieren	visto

Condicional simple	Condicional compuesto		IMPERATIVO	
Vería	Habría	visto	**Ve**	
Verías	Habrías	visto		**Ve**a
Vería	Habría	visto		**Ve**amos
Veríamos	Habríamos	visto		
Veríais	Habríais	visto	**Ve**d	
Verían	Habrían	visto		**Ve**an

VESTIR

FORMAS NO PERSONALES

Simples		Compuestas	
INFINITIVO:	**Vest**ir	Haber	vestido
GERUNDIO:	Vistiendo	Habiendo	vestido
PARTICIPIO:	**Vest**ido		

INDICATIVO

Presente	Pretérito perfecto	
Visto	He	vestido
Vistes	Has	vestido
Viste	Ha	vestido
Vestimos	Hemos	vestido
Vestís	Habéis	vestido
Visten	Han	vestido

Pretérito imperfecto	Pretérito pluscuamperfecto	
Vestía	Había	vestido
Vestías	Habías	vestido
Vestía	Había	vestido
Vestíamos	Habíamos	vestido
Vestíais	Habíais	vestido
Vestían	Habían	vestido

Pretérito indefinido	Pretérito anterior	
Vestí	Hube	vestido
Vestiste	Hubiste	vestido
Vistió	Hubo	vestido
Vestimos	Hubimos	vestido
Vestisteis	Hubisteis	vestido
Vistieron	Hubieron	vestido

Futuro imperfecto	Futuro perfecto	
Vestiré	Habré	vestido
Vestirás	Habrás	vestido
Vestirá	Habrá	vestido
Vestiremos	Habremos	vestido
Vestiréis	Habréis	vestido
Vestirán	Habrán	vestido

Condicional simple	Condicional compuesto	
Vestiría	Habría	vestido
Vestirías	Habrías	vestido
Vestiría	Habría	vestido
Vestiríamos	Habríamos	vestido
Vestiríais	Habríais	vestido
Vestirían	Habrían	vestido

SUBJUNTIVO

Presente	Pretérito perfecto	
Vista	Haya	vestido
Vistas	Hayas	vestido
Vista	Haya	vestido
Vistamos	Hayamos	vestido
Vistáis	Hayáis	vestido
Vistan	Hayan	vestido

Pretérito imperfecto		
Vistiera	o	Vistiese
Vistieras	o	Vistieses
Vistiera	o	Vistiese
Vistiéramos	o	Vistiésemos
Vistierais	o	Vistieseis
Vistieran	o	Vistiesen

Pretérito pluscuamperfecto			
Hubiera	o	Hubiese	vestido
Hubieras	o	Hubieses	vestido
Hubiera	o	Hubiese	vestido
Hubiéramos	o	Hubiésemos	vestido
Hubierais	o	Hubieseis	vestido
Hubieran	o	Hubiesen	vestido

Futuro imperfecto	Futuro perfecto	
Vistiere	Hubiere	vestido
Vistieres	Hubieres	vestido
Vistiere	Hubiere	vestido
Vistiéremos	Hubiéremos	vestido
Vistiereis	Hubiereis	vestido
Vistieren	Hubieren	vestido

IMPERATIVO

Viste
    Vista
    Vistamos

Vestid
    Vistan

VOLAR

FORMAS NO PERSONALES

Simples	Compuestas
INFINITIVO: **Vol**ar	Haber volado
GERUNDIO: **Vol**ando	Habiendo volado
PARTICIPIO: **Vol**ado	

INDICATIVO		SUBJUNTIVO	

Presente	Pretérito perfecto	Presente	Pretérito perfecto
Vuelo	He volado	Vuele	Haya volado
Vuelas	Has volado	Vueles	Hayas volado
Vuela	Ha volado	Vuele	Haya volado
Volamos	Hemos volado	**Vol**emos	Hayamos volado
Voláis	Habéis volado	**Vol**éis	Hayáis volado
Vuelan	Han volado	Vuelen	Hayan volado

Pretérito imperfecto	Pretérito pluscuamperfecto	Pretérito imperfecto	
Volaba	Había volado	**Vol**ara o **Vol**ase	
Volabas	Habías volado	**Vol**aras o **Vol**ases	
Volaba	Había volado	**Vol**ara o **Vol**ase	
Volábamos	Habíamos volado	**Vol**áramos o **Vol**ásemos	
Volabais	Habíais volado	**Vol**arais o **Vol**aseis	
Volaban	Habían volado	**Vol**aran o **Vol**asen	

Pretérito indefinido	Pretérito anterior	Pretérito pluscuamperfecto	
Volé	Hube volado	Hubiera o Hubiese volado	
Volaste	Hubiste volado	Hubieras o Hubieses volado	
Voló	Hubo volado	Hubiera o Hubiese volado	
Volamos	Hubimos volado	Hubiéramos o Hubiésemos volado	
Volasteis	Hubisteis volado	Hubierais o Hubieseis volado	
Volaron	Hubieron volado	Hubieran o Hubiesen volado	

Futuro imperfecto	Futuro perfecto	Futuro imperfecto	Futuro perfecto
Volaré	Habré volado	**Vol**are	Hubiere volado
Volarás	Habrás volado	**Vol**ares	Hubieres volado
Volará	Habrá volado	**Vol**are	Hubiere volado
Volaremos	Habremos volado	**Vol**áremos	Hubiéremos volado
Volaréis	Habréis volado	**Vol**areis	Hubiereis volado
Volarán	Habrán volado	**Vol**aren	Hubieren volado

Condicional simple	Condicional compuesto	IMPERATIVO	
Volaría	Habría volado	Vuela	
Volarías	Habrías volado	Vuele	
Volaría	Habría volado	**Vol**emos	
Volaríamos	Habríamos volado		
Volaríais	Habríais volado	**Vol**ad	
Volarían	Habrían volado	Vuelen	

VOLCAR

FORMAS NO PERSONALES

Simples		Compuestas	
INFINITIVO:	**Volc**ar	Haber	volcado
GERUNDIO:	**Volc**ando	Habiendo	volcado
PARTICIPIO:	**Volc**ado		

INDICATIVO

SUBJUNTIVO

Presente	Pretérito perfecto		Presente	Pretérito perfecto	
Vuelco	He	volcado	Vuelque	Haya	volcado
Vuelcas	Has	volcado	Vuelques	Hayas	volcado
Vuelca	Ha	volcado	Vuelque	Haya	volcado
Volcamos	Hemos	volcado	Volquemos	Hayamos	volcado
Volcáis	Habéis	volcado	Volquéis	Hayáis	volcado
Vuelcan	Han	volcado	Vuelquen	Hayan	volcado

Pretérito imperfecto	Pretérito pluscuamperfecto		Pretérito imperfecto		
Volcaba	Había	volcado	**Volc**ara	o	**Volc**ase
Volcabas	Habías	volcado	**Volc**aras	o	**Volc**ases
Volcaba	Había	volcado	**Volc**ara	o	**Volc**ase
Volcábamos	Habíamos	volcado	**Volc**áramos	o	**Volc**ásemos
Volcabais	Habíais	volcado	**Volc**arais	o	**Volc**aseis
Volcaban	Habían	volcado	**Volc**aran	o	**Volc**asen

Pretérito indefinido	Pretérito anterior		Pretérito pluscuamperfecto		
Volqué	Hube	volcado	Hubiera	o Hubiese	volcado
Volcaste	Hubiste	volcado	Hubieras	o Hubieses	volcado
Volcó	Hubo	volcado	Hubiera	o Hubiese	volcado
Volcamos	Hubimos	volcado	Hubiéramos	o Hubiésemos	volcado
Volcasteis	Hubisteis	volcado	Hubierais	o Hubieseis	volcado
Volcaron	Hubieron	volcado	Hubieran	o Hubiesen	volcado

Futuro imperfecto	Futuro perfecto		Futuro imperfecto	Futuro perfecto	
Volcaré	Habré	volcado	**Volc**are	Hubiere	volcado
Volcarás	Habrás	volcado	**Volc**ares	Hubieres	volcado
Volcará	Habrá	volcado	**Volc**are	Hubiere	volcado
Volcaremos	Habremos	volcado	**Volc**áremos	Hubiéremos	volcado
Volcaréis	Habréis	volcado	**Volc**areis	Hubiereis	volcado
Volcarán	Habrán	volcado	**Volc**aren	Hubieren	volcado

Condicional simple	Condicional compuesto		IMPERATIVO
Volcaría	Habría	volcado	Vuelca
Volcarías	Habrías	volcado	Vuelque
Volcaría	Habría	volcado	Volquemos
Volcaríamos	Habríamos	volcado	
Volcaríais	Habríais	volcado	**Volc**ad
Volcarían	Habrían	volcado	Vuelquen

VOLVER

FORMAS NO PERSONALES

Simples		Compuestas	
INFINITIVO:	**Volv**er	Haber	vuelto
GERUNDIO:	**Volv**iendo	Habiendo	vuelto
PARTICIPIO:	Vuelto		

INDICATIVO

Presente / Pretérito perfecto

Presente	Pretérito perfecto	
Vuelvo	He	vuelto
Vuelves	Has	vuelto
Vuelve	Ha	vuelto
Volvemos	Hemos	vuelto
Volvéis	Habéis	vuelto
Vuelven	Han	vuelto

Pretérito imperfecto / Pretérito pluscuamperfecto

Pretérito imperfecto	Pretérito pluscuamperfecto	
Volvía	Había	vuelto
Volvías	Habías	vuelto
Volvía	Había	vuelto
Volvíamos	Habíamos	vuelto
Volvíais	Habíais	vuelto
Volvían	Habían	vuelto

Pretérito indefinido / Pretérito anterior

Pretérito indefinido	Pretérito anterior	
Volví	Hube	vuelto
Volviste	Hubiste	vuelto
Volvió	Hubo	vuelto
Volvimos	Hubimos	vuelto
Volvisteis	Hubisteis	vuelto
Volvieron	Hubieron	vuelto

Futuro imperfecto / Futuro perfecto

Futuro imperfecto	Futuro perfecto	
Volveré	Habré	vuelto
Volverás	Habrás	vuelto
Volverá	Habrá	vuelto
Volveremos	Habremos	vuelto
Volveréis	Habréis	vuelto
Volverán	Habrán	vuelto

Condicional simple / Condicional compuesto

Condicional simple	Condicional compuesto	
Volvería	Habría	vuelto
Volverías	Habrías	vuelto
Volvería	Habría	vuelto
Volveríamos	Habríamos	vuelto
Volveríais	Habríais	vuelto
Volverían	Habrían	vuelto

SUBJUNTIVO

Presente / Pretérito perfecto

Presente	Pretérito perfecto	
Vuelva	Haya	vuelto
Vuelvas	Hayas	vuelto
Vuelva	Haya	vuelto
Volvamos	Hayamos	vuelto
Volváis	Hayáis	vuelto
Vuelvan	Hayan	vuelto

Pretérito imperfecto

Volviera	o	**Volv**iese
Volvieras	o	**Volv**ieses
Volviera	o	**Volv**iese
Volviéramos	o	**Volv**iésemos
Volvierais	o	**Volv**ieseis
Volvieran	o	**Volv**iesen

Pretérito pluscuamperfecto

Hubiera	o	Hubiese	vuelto
Hubieras	o	Hubieses	vuelto
Hubiera	o	Hubiese	vuelto
Hubiéramos	o	Hubiésemos	vuelto
Hubierais	o	Hubieseis	vuelto
Hubieran	o	Hubiesen	vuelto

Futuro imperfecto / Futuro perfecto

Futuro imperfecto	Futuro perfecto	
Volviere	Hubiere	vuelto
Volvieres	Hubieres	vuelto
Volviere	Hubiere	vuelto
Volviéremos	Hubiéremos	vuelto
Volviereis	Hubiereis	vuelto
Volvieren	Hubieren	vuelto

IMPERATIVO

Vuelve
Vuelva
Volvamos

Volved
Vuelvan

YACER

FORMAS NO PERSONALES

Simples	Compuestas
INFINITIVO: **Yac**er	Haber yacido
GERUNDIO: **Yac**iendo	Habiendo yacido
PARTICIPIO: **Yac**ido	

INDICATIVO

Presente	Pretérito perfecto	
Yazco o Yazgo o Yago	He	yacido
Yaces	Has	yacido
Yace	Ha	yacido
Yacemos	Hemos	yacido
Yacéis	Habéis	yacido
Yacen	Han	yacido

Pretérito imperfecto	Pretérito pluscuamperfecto	
Yacía	Había	yacido
Yacías	Habías	yacido
Yacía	Había	yacido
Yacíamos	Habíamos	yacido
Yacíais	Habíais	yacido
Yacían	Habían	yacido

Pretérito indefinido	Pretérito anterior	
Yací	Hube	yacido
Yaciste	Hubiste	yacido
Yació	Hubo	yacido
Yacimos	Hubimos	yacido
Yacisteis	Hubisteis	yacido
Yacieron	Hubieron	yacido

Futuro imperfecto	Futuro perfecto	
Yaceré	Habré	yacido
Yacerás	Habrás	yacido
Yacerá	Habrá	yacido
Yaceremos	Habremos	yacido
Yaceréis	Habréis	yacido
Yacerán	Habrán	yacido

Condicional simple	Condicional compuesto	
Yacería	Habría	yacido
Yacerías	Habrías	yacido
Yacería	Habría	yacido
Yaceríamos	Habríamos	yacido
Yaceríais	Habríais	yacido
Yacerían	Habrían	yacido

SUBJUNTIVO

Presente	Pretérito perfecto	
Yazca o Yazga o Yaga	Haya	yacido
Yazcas o Yazgas o Yagas	Hayas	yacido
Yazca o Yazga o Yaga	Haya	yacido
Yazcamos o Yazgamos o Yagamos	Hayamos	yacido
Yazcáis o Yazgáis o Yagáis	Hayáis	yacido
Yazcan o Yazgan o Yagan	Hayan	yacido

Pretérito imperfecto		
Yaciera	o	**Yac**iese
Yacieras	o	**Yac**ieses
Yaciera	o	**Yac**iese
Yaciéramos	o	**Yac**iésemos
Yacierais	o	**Yac**ieseis
Yacieran	o	**Yac**iesen

Pretérito pluscuamperfecto			
Hubiera	o	Hubiese	yacido
Hubieras	o	Hubieses	yacido
Hubiera	o	Hubiese	yacido
Hubiéramos	o	Hubiésemos	yacido
Hubierais	o	Hubieseis	yacido
Hubieran	o	Hubiesen	yacido

Futuro imperfecto	Futuro perfecto	
Yaciere	Hubiere	yacido
Yacieres	Hubieres	yacido
Yaciere	Hubiere	yacido
Yaciéremos	Hubiéremos	yacido
Yaciereis	Hubiereis	yacido
Yacieren	Hubieren	yacido

IMPERATIVO

Yace o Yaz
Yazca o Yazga o Yaga
Yazcamos o Yazgamos o Yagamos

Yaced
Yazcan o Yazgan o Yagan

209

X. RÉGIMEN PREPOSICIONAL DE VERBOS

A

Abalanzarse contra, a, hacia, sobre
Abandonarse a, en
Abastecer(se) con, de
Abatirse, sobre
Abdicar de, en, por
Abismarse en
Abochornarse de, por
Abogar por, a favor de
Abonarse a
Aborrecer de
Abrasarse de, en
Abrazarse a, con
Abrigarse de, contra
Abrirse a
Abstenerse de
Abstraerse de, en
Aburrirse de, con
Abusar de
Acabar con, por, de
Acalorarse por, con
Acceder a
Aceptar a, por
Acercar(se) a, desde, con
Acertar en, con
Aclimatarse a
Acobardarse de, ante, por
Acogerse a, bajo, en
Acometer por, contra

Acomodarse a, en
Acompañarse de
Aconsejarse de, con
Acordarse de
Acostarse con, en
Acribillar a
Actuar de
Acudir a, con
Acusar(se) de, ante
Adaptar(se) a
Adelantar en, por
Adelantarse a
Adherirse a
Adiestrar(se) en
Admirarse de
Admitir en
Adoptar por
Adornar con
Adscribirse a
Advertir de
Afanarse por, en
Aferrarse a
Afianzarse en, sobre
Aficionarse a
Afiliarse a
Afincarse en
Afligirse por
Aflojar en
Aflorar a
Afluir a
Agarrarse a, de
Agobiarse con, por

Agregarse a
Ahogarse de, en
Ahondar en
Ahorcarse de
Aislar(se) de
Ajustarse a, en, con
Alegar en
Alegrarse de
Alejarse de
Aliarse con
Ajustarse a, en, con
Alegar en
Alegrarse de, con
Alejarse de
Aliarse con
Alimentarse con, de
Alinearse con, de
Aliviar de
Alternar con
Aludir a
Alzarse de, con, en
Amarrar a
Anegar de
Anegar(se) en
Anticiparse a
Anunciar en, por
Apañarse con
Apartar de
Apasionarse por
Apearse de
Apegarse a
Apelar a, ante

Apercibirse de
Apesadumbrarse de, por
Apiadarse de
Aplicarse a
Apoderarse de
Apostar por
Apostarse en
Apoyarse en, sobre
Aprestarse a
Aprovechar de
Aprovecharse de
Aprovisionarse de
Aproximarse a
Arder en, por
Armar(se) de, con
Arraigar en
Arramblar con
Arrancar de
Arremeter contra, con
Arrepentirse de
Arribar a
Arrimarse a
Asar a
Ascender de, a
Asegurar contra
Asegurarse de
Asemejarse a
Asentir a
Asesorarse con, de, en
Asimilarse a
Asir de
Asirse a
Asistir a
Asociarse a, con
Asomarse a, por
Asombrarse de, por
Aspirar a
Asquearse de
Asustarse de, por
Atar a, de
Atarearse con, en
Atascarse en
Ataviarse de, con
Atemorizarse de, por
Atender a
Atenerse a
Atentar contra
Aterrorizarse de, por
Atinar a, en
Atormentarse por, con

Atraer a
Atreverse con, a
Atribuir a
Atrincherarse en
Aumentar de, en
Ausentarse de
Avenirse a
Aventajar en
Aventurarse a
Avergonzarse de, por
Avisar de
Ayudar a
Ayudarse de

B

Bañarse en, con
Bastar con
Beber a, por
Beneficiarse de, con
Blasfemar contra
Borrar de
Bostezar de
Botar de
Bramar de
Brear a
Brincar de
Brincar a, por
Brindarse a
Bucear en
Burlarse de

C

Cabalgar a, en
Caer por, en, sobre, a, de
Calar(se) de
Callar de, por
Cambiar de
Cansarse de
Cargarse de
Carecer de
Casar(se) con
Castigar a, por
Cavar en
Cebarse en, con
Ceder a, ante, en
Cegarse de, por

Censurar de, por
Centrarse en
Ceñir, con, de
Ceñirse a
Cerciorarse de
Cerrarse a, en
Cesar de, en
Clavar a, en
Cobijarse de, bajo, en
Coincidir en
Cojear de
Colarse por
Colgar de, en
Colmar de
Colocarse de
Combatir con, por
Combinar con
Comenzar a, por
Compadecerse de
Comparar con
Compararse con, a
Comparecer ante
Compartir con
Compensar con, de
Competir con, por
Complacerse con, de, en
Componerse de
Comprometer(se) a
Comprometerse con
Comunicarse por, con
Concentrarse en
Concertar(se) con
Concluir con, en
Concurrir a
Condenar a
Condolerse de
Conducir a, por, en
Conectar con
Confesarse con, de
Confiar(se) a, en
Confirmarse de
Conformarse con, a
Confundir con
Confundirse de
Congeniar con, en
Congraciarse con
Congratularse de, por, con
Conjugar con
Conmutar con, por

Conocer por, en, de
Consentir en
Consistir en
Consolar(se) con
Conspirar contra
Constar de
Constituirse en
Consultar a, con
Consumirse de
Contagiarse de, con, por
Contaminarse de, con
Contar con
Contentarse con
Contrastar con
Contratar en, por
Contribuir a
Convalecer de
Convencer de
Convenir a, con, en
Convertir(se) en
Convidar a
Convivir con
Convocar a
Corresponder a
Cotejar con
Crecer de, en
Creer en
Cruzar(se) de, con
Cuadrar con
Cubrir de, con
Cuidarse de
Culpar de
Cumplir con
Curar de, a

Ch

Chiflarse por
Chivar(se) a
Chocar con, contra

D

Dar en, de, con, por, a, sobre
Darse a
Deberse a
Decaer en

Decidirse a, por
Decir con, de
Decrecer en
Dedicarse a
Deducir de
Defender de, contra
Defraudar en
Dejar de, en
Dejarse de
Delegar en
Deleitarse con, en
Deliberar sobre
Depender de
Deponer de
Depositar en
Derivar(se) de
Derramar por, sobre
Derribar de, por
Desafiar a
Desaguar en
Desahogarse con
Desalojar de
Desaparecer de
Desatarse en, de
Desbordar de
Descansar de
Descargar(se) de, en sobre, contra
Descender de, en
Descolgar(se) de, por
Descomponer(se) en
Desconfiar de
Descontar de
Descuidrse de
Desembarazarse de
Desembarcar de, en
Desembocar en
Desengañarse de
Desentenderse de
Desentonar con
Desertar de
Desesperar de
Desfallecer de
Deshacerse de, a, en
Desistir de
Desligarse de
Deslizarse por, sobre
Desmontar de
Despedir de
Despedirse de

Despeñarse de, por
Despertar de
Despoblar(se) de
Despojar(se) de
Desposeer de
Desprenderse de
Despreocuparse de
Despuntar por
Desquitarse de
Destacar en, por
Desterrar de, a
Destinar a
Destituir de
Desviar de
Determinarse a, por
Devolver a
Dictaminar sobre
Diferenciar a
Diferenciarse en, por
Diferir de, entre, por
Difundir entre, por
Diluir en
Dimanar de
Dimitir de
Dirigirse a, hacia
Discrepar de, con, en
Disculpar de, por
Discurrir por
Discutir de, sobre
Disentir de
Disfrazarse de
Disfrutar de
Disgustarse con
Disminuir en
Disolver en
Disparar contra
Dispensar de
Dispersar por, en, entre
Disponerse a
Disputar de, sobre, por
Distanciarse de
Distar de
Distinguir(se) de, por
Distraerse en, con
Distribuir en, entre
Divertirse con, en
Dividir con, en, entre, por
Divorciarse de
Divulgar entre
Dolerse de

Dormir en, sobre
Dotar de, con
Dudar de, sobre

E

Echar de, a, por, sobre, para, hacia
Echarse en, sobre
Ejercer de
Ejercitarse en
Elegir entre
Elevar a
Eliminar de
Emanciparse de
Embadurnarse con, de
Embarcar en, de
Embarcarse en
Embelesarse con, en
Emborracharse con, de
Embriagarse de, con
Emerger de
Emocionarse con, por
Empacharse con, de
Empaparse de, en
Emparejar(se) con
Emparentar con
Empatar a, con
Empecinarse en
Empedrar de, con
Empeñarse en
Empezar a, con, por
Emplear(se) de
Empotrar en
Enamorarse de
Encadenar(se) a
Encajar con, en
Encallar en
Encaminarse a, hacia, por
Encapricharse de, con
Encaramarse de, a
Encargarse de
Encasillarse en
Encauzar por
Encerrarse en, entre
Encomendarse a
Encontrarse con
Encuadrar(se) en

Encharcarse de, en
Enchufar a
Enemistarse con
Enfadarse con
Enflaquecer de, por
Enfrascarse en
Enfrentarse a, con
Enfurecerse con, contra
Engalanarse de, con
Engancharse en
Englobar en
Enloquecer de
Enmendarse de
Enmudecer de
Enojarse con, contra
Enorgullecerse de
Enredar(se) con, en
Enriquecerse con, en, de
Enrolarse en
Ensañarse con, contra, en
Enseñar a
Ensimismarse en
Ensuciarse con, de
Entender de, en
Entenderse con
Enterarse de
Entrar en, a
Entregar(se) a
Entremeterse en
Entresacar de
Entristecerse de, por, con
Entrometerse en
Entroncar con
Entusiasmarse por, con
Envolver en
Enzarzarse en
Equidistar de
Equipar(se) con, de
Equivaler a
Equivocarse de, con, en
Erigir(se) en
Escabullirse entre, de
Escandalizarse de, por
Escapar de
Escarbar en
Escoger de
Esconder a

Esconderse de
Esculpir en
Escurrir(se) entre, de
Esforzarse en, por
Esfumarse de, en
Esmerarse en, por
Espantarse de, por
Esparcir por
Especializarse en
Especular con, en, sobre
Esperar a, en, de
Establecerse en, de
Estar a, con, para, por, sobre
Estimar en
Estimular a
Estremecerse de
Estrenarse con, en
Evadirse de
Evaluar en
Examinar(se) de
Exceder a
Excederse de, en
Exceptuar en
Excitar a
Excluir de
Excusar(se) de, con
Exhortar a
Exiliar(se) a, de
Eximir de
Expansionarse con
Explayarse con, en
Exponerse a
Expresarse de, en
Expulsar de
Extenderse en, a
Extraer de
Extrañarse de
Extremarse en

F

Faltar a, en
Fallar en, a
Familiarizarse con
Favorecerse de
Felicitar(se) de, por
Fiar a, en

Fiarse de
Fichar por
Fijar a, en
Fijarse en
Florecer en
Fluctuar en, entre
Forrar de, con, en
Forrarse de
Fortificarse contra, en
Forzar a
Freír en
Fugarse de

Ganar en, a
Girar a, hacia
Gloriarse de, en
Gozar de, con
Grabar en
Graduarse en
Gravar con, en
Guardarse de
Guarecerse de
Guarnecer con, de
Guasearse de
Guiarse de, por
Gustar de

Habituarse a
Hablar de, sobre, en
Hacer de, por
Hacerse a, con
Hallarse con
Hartar(se) de
Helarse de
Henchir de
Herir de, en
Hervir en, de
Hincarse de, a
Hincharse de
Homologarse con
Honrarse con, en, de
Horrorizarse de
Huir de
Humillarse ante
Hundirse en

Identificarse con
Igualar a, en, con
Inbuir(se) de
Impacientarse por, con
Implicar en
Imponer sobre
Imponerse a
Importar a, de
Impregnarse de, con, en
Impulsar a
Incapacitar para
Incautarse de
Incidir en
Incitar a, contra
Inclinarse a, hacia, so-
  bre, por
Incluir en, entre
Incomunicar con
Incorporar(se) a
Incrementar(se) en
Incrustarse en
Inculcar a, en
Inculpar de
Incumbir a
Incurrir en
Indemnizar por, de
Independizar(se) de
Indigestarse con, por
Indignarse con, contra
Inducir a
Indultar de
Inferir de, por
Infestar de
Infiltrar(se) en, entre
Inflamar(se) de, en
Inflar(se) de
Influir en
Influirse de
Informar de, sobre
Ingresar en
Inhabilitar para
Inhibirse de
Iniciar en
Inmigrar a
Inmiscuirse en
Inocular en
Inquietarse con, por
Inscribir en

Insertar en
Insistir en
Inspirarse en
Instalar(se) en
Instar a
Instigar a
Instruir en, sobre
Insubordinarse contra
Integrar(se) en
Interceder por, en, ante
Interesar a
Interesarse en, por
Interferir(se) en
Internar(se) en
Interponer(se) entre, en
Intervenir en
Intimar a
Introducir(se) en, entre
Inundar de
Invertir en
Investir de, con
Invitar a
Involucrar en
Inyectar en
Ir por, a, en, de, contra,
Irritarse con
Irrumpir en

Jactarse de
Jubilar(se) de
Jugar a, con
Juntar con
Juntarse con
Jurar por, sobre
Justificarse de
Juzgar de, por

Lamentarse de, por
Lanzar(se) contra, sobre
Largarse de
Lagar a
Levantar de, en, contra
Levantarse con, en, de
Liarse con, a

Librar de
Lidiar con, contra
Ligar con
Ligarse a
Limitarse a
Lindar con
Litigar con, contra
Localizar en
Lucrarse de, con
Luchar con, contra
Llamar a, de, por
Llamarse a
Llegar a
Llevar a
Llevarse con
Llorar de, por

Maldecir de
Malgastar en
Manchar(se) de, con, en
Mandar a, de
Mantener(se) de, con
Maquinar contra
Marcar a
Matar(se) de, por
Matizar con, de
Mediar con, entre, en, por
Medir por
Medirse con, en
Meditar en, sobre
Mermar en
Merodear por
Meter en
Meterse a, con, en, en-
    tre, de
Mezclar(se) con, en
Militar en
Mirar a, hacia, por
Mirarse a, en
Mojar en
Mojarse en
Molestar(se) con, por
Mondarse de
Montar a, en
Morir a, de, por
Morirse de
Mover(se) a

Mudar(se) de, a
Multiplicar por
Murmurar de

Nacer a
Nadar en
Navegar en
Necesitar de
Negarse a
Negociar en, con
Nombrar para
Notificar de
Nutrirse con, de

Obcecarse por, con, en
Obedecer a
Obligar a
Obsesionarse con, por
Obstinarse en
Ocultar a, de
Ocuparse en, de, con
Ofenderse con, por
Oficiar de
Ofrecer a
Ofrecerse de, en, a, para
Oler a
Olvidarse de
Operarse de
Opinar de, sobre
Oponer(se) a
Opositar a
Optar a, por
Orar por
Ordenar de
Organizar en
Orientar(se) a, hacia
Oscilar entre

Pactar con
Padecer de, por
Pararse a

Parecerse a, de
Participar en, de, a
Partir de, hacia, a, para
Pasar de, por, a
Pasarse de
Pasear(se) en, por
Pecar de, por
Pedir por
Pegar a, en, contra
Pegarse con, a
Pelarse con, por
Penetrar en, por
Pensar en, sobre
Percatarse de
Peregrinar por
Permanecer en
Permutar con, por
Perseverar en
Persistir en
Personarse ante
Persuadir de
Pertenecer a
Pesar sobre, de, por
Picarse con, por
Planear sobre
Plantar en
Plasmar(se) en
Pleitear con, contra, a
    favor de
Poblar de, con
Poner(se) a, en
Poner de, por
Ponerse de, en, por
Porfiar con
Posar ante, para
Posarse en, sobre
Postrarse de, por
Precaverse contra, de
Preceder a
Preciarse de
Precipitarse de, en
Preguntar por
Prendarse de
Prender a, en
Preparar(se) a, para
Prescindir de
Presentarse a
Preservar(se) de, contra
Presumir de
Prevalecer sobre, entre

Prevenir de, contra
Pringarse de, con
Privar(se) de
Probar a
Proceder a, contra, de
Procesar por
Prodigarse en
Progresar en
Prometer por, en
Promover a
Propagar por
Propasarse con, en
Proponer para
Prorrumpir en
Proseguir en, con
Proteger de, contra
Protestar de, contra, por
Proveer de, con
Provenir de
Pudrirse de
Pugnar por
Pujar por
Purificarse de

Q

Quedar en, a
Quejarse de, por
Querellarse de, por, a
Quitarse de

R

Rabiar de, por
Rayar en, con
Rebajar de
Rebajarse a
Rebosar de, en
Rebozar de
Recaer en
Recargar de
Recatarse de
Recelar de
Reclamar de, a
Recogerse en
Recomendar a
Reconciliar(se) con
Reconocer por

Reconvertir en
Recordarse de
Recostarse en
Recrearse en, con
Recurrir a, contra
Redimir de
Redondear en
Reducir a, en
Redundar en
Reemplazar por, en
Referirse a
Reflejar en, sobre
Regalarse con
Regar con, de
Rehacerse de
Reintegrarse a
Reírse de
Relevar de
Rellenar de
Remitir(se) a
Remontar(se) a, sobre, hasta
Renacer a
Rendirse a, de
Renegar de
Renunciar a
Reparar en, de
Repartir en, entre, por
Repercutir en
Reponerse de
Reposar de
Reprender de
Reprimirse de
Requerir de, para
Resbalar(se) de
Rescatar de
Resentirse de, por
Resguardar(se) de
Residir en
Resignarse a, con
Resistirse a
Resolverse a
Responder a, de
Responsabilizarse de
Restablecerse de
Restar de
Restituir a
Restringirse a
Resucitar de, entre
Resultar de, en

Resumir en
Retirar(se) a, de
Retorcerse de
Retractarse de
Retraerse a, de
Retroceder en, a, hacia
Reventar de, por
Revestir con, de
Revocar con, de
Revolcarse en, por
Rezar por, con
Rivalizar con, en
Rociar de, con
Rodear(se) de
Romper a, en, con
Rozar con

S

Saber a
Sacar de
Saciar(se) de, con
Salir de, a, por, con
Salirse con
Salpicar de
Saltar de, a, por
Salvar de
Satisfacer a
Saturar de
Secar(se) a, de
Sembrar de
Semejarse a, en
Sentarse en, a, sobre
Sentenciar a
Ser de
Servir a, para
Servirse de
Significarse por
Simpatizar con
Sincerarse con
Situar(se) en
Sobreponerse a
Sobresalir de, entre, por, en
Sobrevivir a
Solidarizarse con
Soltar(se) a, en, con
Someter(se) a
Soñar con

Sospechar de
Sostener con, en
Subir a, de
Suscribirse a
Sustraer de
Sustraerse a
Suceder en
Sufrir de
Sujetarse a
Sumarse a
Sumergir en
Sumirse en
Supeditar(se) a
Suplicar a
Suplir con, por
Suprimir de
Suspender de, en
Suspenderse de, en
Suspirar de, por

T

Tachar de
Tardar en
Tasar en
Tejer de, con
Temblar de
Temer a, de, por
Tener en, por, de
Tenerse en
Tentar a, con
Teñir con, en, de

Terciar en, con
Terminar en
Testificar contra
Tildar de
Tirar a, de
Tiritar de
Tocar en, con, a
Tomar a, por
Topar con
Trabajar a, de
Traducir a
Traducirse en
Traficar con, en
Transferir de
Transformar en
Transigir con, en
Transitar por
Transpirar por
Trascender de
Trasladar a
Tratar de, sobre, con, en
Trepar a, por
Triunfar sobre, en
Tropezar con, contra, en

U

Ufanarse de
Ultrajar de, con
Unir(se) en
Untar en, con, de
Usar de

V

Vaciar de
Vacilar en, entre
Valer por
Valerse de, por
Valorar en
Variar de, en
Velar por, sobre
Vencer en
Vender por
Vengarse de
Venir de, en
Verse con
Versar sobre
Verter a, en
Vestirse a, de
Vigilar por, sobre
Vincular(se) a
Volver a, por, de, en
Votar por

Y

Yacer con, en

Z

Zambullirse en

XI. ÍNDICE GENERAL DE VERBOS ESPAÑOLES; REGULARES E IRREGULARES

Los verbos destacados en negrita son los que aparecen conjugados en la página que se indica; para los demás, se señala la página del modelo que rige su conjugación.

Acuchillar, 12
Acudir, 14
Acumular, 12
Acusar, 12
Adaptar, 12
Adecentar, 12
Adecuar, 12
Adeudar, 12
Adherir, 184
Adiestrar, 12
Adivinar, 12
Adjetivar, 12
Adjuntar, 12
Administrar, 12
Admirar, 12
Admitir, 14
Adobar, 12
Adolecer, 115
Adoptar, 12
Adorar, 12
Adormecer, 115
Adornar, 12
Adquirir, 50
Adsorber, 13
Aducir, 86
Adulterar, 12
Advertir, 51
Afear, 12
Afeitar, 12
Afilar, 12
Afiliar, 12
Afinar, 12
Afincar, 12
Afluir, 129
Afrentar, 12
Agachar, 12
Agarrar, 12
Agitar, 12
Agolpar, 12
Agradar, 12
Agradecer, 52
Agredir, 31
Agravar, 12
Agrietar, 12
Ahuyentar, 12

Ajustar, 12
Alargar, 12
Albergar, 12
Alcanzar, 12
Alentar, 59
Aligerar, 12
Alimentar, 12
Almorzar, 53
Alojar, 12
Alquilar, 12
Aludir, 14
Amanecer, 38
Amansar, 12
Amar, 12
Amargar, 12
Amasar, 12
Amenazar, 12
Amenizar, 12
Amoblar, 54
Amontonar, 12
Amortizar, 12
Analizar, 12
Andar, 55
Animar, 12
Anochecer, 115
Anteponer, 154
Anunciar, 12
Añadir, 14
Apacentar, 59
Apagar, 12
Aparcar, 12
Aparecer, 56
Apartar, 12
Apetecer, 57
Aplacar, 12
Aplaudir, 14
Aplicar, 12
Aportar, 12
Apostar, 58
Apretar, 59
Aprobar, 60
Aproximar, 12
Arder, 13
Argüir, 129
Arrancar, 12

Arrendar, 61
Arrepentirse, 184
Arrinconar, 12
Arrugar, 12
Ascender, 62
Asentar, 59
Asentir, 63
Aserrar, 59
Asir, 64
Asolar, 188
Aspirar, 12
Atacar, 65
Atardecer, 115
Atender, 66
Atenerse, 195
Atentar, 59
Aterrizar, 12
Aterrorizar, 12
Atestar, 12
Atraer, 67
Atravesar, 68
Atribuir, 69
Aullar, 70
Avalar, 12
Avenir, 203
Aventajar, 12
Avergonzar, 71
Ayudar, 12

B

Bailar, 12
Bajar, 12
Balbucir, 32
Bandear, 12
Bañar, 12
Barajar, 12
Barnizar, 12
Barrer, 13
Bastar, 12
Batir, 14
Beber, 13
Bendecir, 72
Besar, 12

223

BIBLIOGRAFÍA

ALONSO MORO, J.: *Verbos Españoles,* Madrid: Difusión, 1988.
ALSINA, R.: *Todos los Verbos Castellanos Conjugados,* Barcelona: Teide, 1984.
KEMPIN, C. C. de: *Verbos Españoles,* Lausanne: Payot, 1959.
PORTO DAPENA, J. A.: *El Verbo y su Conjugación,* Madrid: Arco/Libro, 1987.
REAL ACADEMIA ESPAÑOLA: *Esbozo de una Nueva Gramática de la Lengua Española,* Madrid: Espasa Calpe, 1973.
SECO, M.: *Gramática Esencial del Español,* Madrid: Aguilar, 1972.
SECO, R.: *Manual de Gramática Española,* Madrid: Aguilar, 1971.